A. VOLDBEN

NOSTRADAMUS

und die großen Weissagungen über die Zukunft der Menschheit

Die Ereignisse unserer Zeit von Sehern vorausgesagt

LANGEN MÜLLER

Titel der italienischen Originalausgabe:
A. Voldben, Dopo Nostradamus, Le grandi profezie
sul futuro dell' umanità, Edizioni Mediterranee, Rom
Deutsche Übersetzung: Lotte Wagner, Florenz

Nach der 7. Auflage (Mai 1981) der italienischen Originalausgabe überarbeitete und wesentlich erweiterte Neuauflage des früher unter dem Titel »Die großen Weissagungen über die Zukunft der Menschheit« bei Langen-Müller erschienenen Buches von A. Voldben.

Deutsche Übersetzung der Texterweiterung nach der 7. italienischen Auflage: Christel Galliani, München

9. Auflage 1991

Inhalt

Zur Einführung

Lies alles, was vorhergesagt wurde, davon sondere ab, was sich bereits vollzogen hat, das übrige wird noch geschehen.

Augustinus

Diese Seiten enthalten eine Sammlung der wichtigsten Prophezeiungen, die sich nach den allgemeinen Auslegungen auf das Ende der Zeiten beziehen. Sie stammen aus verschiedenen Quellen und zeigen im wesentlichen eine merkwürdige Übereinstimmung in der Darstellung der wichtigsten Ereignisse, die das Ende dieses Jahrhunderts kennzeichnen sollen.

Bei unserer Darlegung dieser Tatsachen haben wir die chronologische Reihenfolge absichtlich außer acht gelassen. Niemand kennt sie und am wenigsten die Hersteller von Phantasiekalendern, welche die Tatsachen mit Daten versehen.

Das Chaos der gegenwärtigen Zeit läßt für die Zukunft nichts Gutes ahnen. Alle spüren, daß etwas in der Luft liegt, auch wenn es für viele nur ein immer größeres Anwachsen von Unordnung und Verwirrung bedeutet. In Wahrheit handelt es sich um einen Auflösungsprozeß, der für das Leben selbst notwendig ist. Auch das Samenkorn muß zerfallen, bevor es zur Ähre und dann zu Brot werden kann. In den menschlichen Dingen muß sich alles verändern und umwandeln, um das Leben zu verwirklichen: Sonst wäre es kein Leben, sondern nur Tod. Was sich erneuert, lebt gerade deshalb, weil es die Phase des Verfalls in sich birgt, die wiederum ein Abstieg zu einem neuen Aufstieg ist.

Nach allen Prophezeiungen wird die Welt in den vor uns liegenden dreißig Jahren schreckliche Erschütterungen erleben. Die zyklische Notwendigkeit einer periodischen Erneuerung wird zuerst zur Zerstörung von all dem führen, was jahrhundertelang die Grundlage der Kultur bildete, um in der zweiten Phase auf anderen Fundamenten eine neue Gesellschaft entstehen zu lassen.

Wer Augen hat, zu sehen, und einen Geist, zu verstehen, wird sich leicht davon überzeugen, daß, was seit geraumer Zeit vorausgesagt wurde, bereits Wirklichkeit zu werden begonnen hat. Seit Jahren erleben wir täglich, wie das alte Gebäude Stein für Stein niedergerissen wird; wir bemerken, wie die Säulen schwanken, die man für uneinstürzbar gehalten hatte. Familie, Staat, Autorität, Religion und Gesellschaft befinden sich heute schon in einem Zustand, den man noch vor ein paar Jahren für unvorstellbar gehalten hätte: Die Werte der Autorität, der Moral und des Eigentums werden heute ganz anders eingeschätzt als früher. Ständig wachsende aggressive Mächte lassen keinen Augenblick davon ab, alles einzureißen. So sehen wir heute zum Teil schon viele Trümmer, und was bis jetzt noch standgehalten hat, bröckelt jeden Augenblick weiter ab, so daß es uns schon an einen allgemeinen Trümmerhaufen als Epilog des tragischen Kampfes denken läßt. Aber Leben heißt Werden, immer besser werden. Was fällt, hat seine Funktion in der Zeit gebührend erfüllt und ist für die neue Zeit nicht mehr geeignet.

Wir stehen am Abschluß einer der größten Epochen der Menschheitsgeschichte. Schon seit dem Ende des vergangenen Jahrhunderts bildeten sich und wuchsen mit immer größerer Deutlichkeit die Elemente, die das Ende bestimmen sollten. Es gibt fast nichts, das nicht dahin wiese. Die negativen zerstörerischen Elemente wollen sich den Anschein einer neuen Gesellschaft geben. Sie stiften Verwirrung und führen die Ahnungslosen hinters Licht. Aber sie werden bestimmt nicht die Konstrukteure der neuen Gesellschaft sein, denn sonst würde diese noch schlechter als unsere jetzige.

Ein Bau, der dauern soll, kann nur auf die Liebe gegründet sein. Nur bessere Menschen sind imstande, eine bessere Gesellschaft zu gründen. Die anderen bilden sich ein, sie könnten sie auf der Basis materialistischer Anschauungen errichten und mit Gewalt aufrechterhalten, die Strukturen erneuern, ohne sich selbst zu erneuern. Nur oberflächliche materialistische Doktrinen können dieser Illusion zum Opfer fallen, denn sie kennen die wahren Gesetze des Lebens nicht.

Was in diesen Jahren geschieht – Revolten, Konflikte, Kriege, und mehr noch, das unsere Zeit kennzeichnende Chaos mit den sozialen Erschütterungen, dem Sittenverfall und dem allgemeinen Materialismus –, gehört zu einem Auflösungsprozeß, den die Gesellschaft durchmachen muß, wenn sie vollkommen erneuert wiedererstehen soll. In den Prophezeiungen, die wir in diesem Buch zitieren, angefangen bei der ältesten über das Kali-yuga bis zu den jüngsten prophetisch-inspirierten Mitteilungen, wird das mit ungewöhnlicher Klarheit wiederholt. Das Ende des Adamsgeschlechts wird mit dramatischen Tönen beschrieben. Bis vor kurzem wurden viele Dinge nur schlecht oder überhaupt nicht verstanden. Je mehr sich die Zeiten dem Ende nähern, desto häufiger erscheinen Warnzeichen, während neue Tatsachen geschehen und alles viel offenbarer wird. Wir leben in einer qualvollen Zeit, auch wenn es vielen nicht bewußt wird. Genauso geschah es vor der Sintflut, als die Menschen – wie es in der Bibel heißt – aßen, tranken und Hochzeit feierten, als ob alles wie sonst wäre ... Und es kam die Sintflut, und alles verschwand. Die Bevölkerung des Erdballs war noch nie so zahlreich wie heute: vier Milliarden Menschen. Gegen Ende des Jahrhunderts rechnet man mit einer Verdoppelung. Es sieht aus, als seien für das große Finale alle Schauspieler auf die Bühne gekommen. Auch deshalb gleicht das Leben heute einem ungeheuren Wirrwarr. Aber mitten in diesem Chaos lassen sich die Gärstoffe neuen Lebens schon erkennen.

Die Aussichten für die fernere Zukunft, wenn alles abgeschlossen sein wird, sind positiv, wenn man sie unter allen Gesichtspunkten betrachtet. Es wird eine bessere Gesellschaft geben, von Menschen, die geistig weiter fortgeschritten sind und in einer glücklichen, weil auf der Liebe gegründeten Welt leben werden. Weder der materielle Vorteil noch die Herrschsucht oder die Lust auf nur sinnliche Genüsse werden die Menschen zu ihren Handlungen anspornen, sondern einzig und allein die Liebe zueinander, Selbstlosigkeit und die Freude am Guten.

Das Ziel ist hochgesteckt und sichtbar, aber der Weg dorthin ist schwer und qualvoll.

Das dunkle Zeitalter

Ein aufmerksamer, einigermaßen sensibler Beobachter der menschlichen Dinge nimmt schon heute die Vorzeichen großer Veränderungen wahr, die in der menschlichen Gesellschaft bevorstehen. Überall manifestiert sich ein Gefühl des Provisorischen, es wird in jeder menschlichen Aktivität deutlich. Das heutige Leben wird durch dieses – auf jedem Gebiet und in jedem Daseinsbereich verbreitete – Gefühl gekennzeichnet. Pläne für das Morgen werden nicht gemacht, man lebt einen Tag um den anderen. Nichts Bleibendes wird mehr erschaffen, nichts mehr dafür getan, um später Anteil an der Überlieferung zu haben. Die Nachfahren interessieren nicht mehr; ebensowenig blickt man auf die zurück, die einem vorangegangen sind und die man für überholt hält. Diese Konsum- und Wegwerfgesellschaft erschafft keine Werke mehr, wie man sie einst erschuf, auf daß sie Jahrhunderte überdauern. Die Konsumorientiertheit entspricht diesem Gefühl des nahenden Endes: Alles wird für den Augenblick gemacht, zum Gebrauchen und Wegwerfen. Dies ist eine Gesellschaft aus Menschen, die von ihrem eigenen Egoismus gepeinigt werden. Eine in sich selbst verschlossene Gesellschaft, die sich in verzweifelter, unfruchtbarer Götzenbildung selbst verzehrt.

Wir erleben einen fortschreitenden Verfall aller Werte, und dieser ungute Zustand äußert sich im Geist vieler als dunkle Vorahnung eines bevorstehenden Endes. Man spürt, daß diese Zeit der Unordnung noch ein wenig so weitergehen kann, aber nicht bis ins Unendliche.

Dann und wann werden da und dort Berichte über das bevorstehende Ende der Welt veröffentlicht. Aber darum geht es nicht. Paramahansa Yogananda erklärte, von der *United Press* befragt, daß keine Auflösung der Erde in Sicht sei. Er erklärte, daß unser Planet in seiner jetzigen Gestalt noch zwei Milliarden Jahre aufsteigender und absteigender Äquinoktialzyklen vor sich habe. Im Kommentar der Zeitschrift *Time* hieß es, das sei doch eine beruhigende Erklärung. Aber wir brauchen, was uns betrifft, keine Sorge zu tragen, auch wenn es sich um einen etwas kürzeren Zeitraum handelte.

»Die hinduistischen Schriften sagten, daß ein Planet wie unsere Erde sich aus einem der beiden folgenden Gründe auflöst: alle Bewohner in ihrer Gesamtheit werden entweder absolut gut oder absolut böse. Der Weltgeist erzeugt damit eine Kraft, die die gefangenen und in der Form unserer Erde zusammengehaltenen Atome befreit.« So schreibt Yogananda.

Die erste Hypothese ist sicherlich nicht aktuell, ebenso wie die zweite, selbst in Anbetracht der allgemeinen Degeneration dieser Epoche, nicht aktuell ist. Man muß daher nicht an das Ende der Welt glauben, auch wenn verantwortungslose Menschen in ihrem Wahnsinn und in der Illusion, den Gegner niederzuzwingen, die schrecklichste Vernichtungswaffe einsetzen sollten.

In der hinduistischen Lehre hat die heutige Zeit den Namen Kali-yuga, das dunkle Zeitalter, das zu einem großen Äquinoktialzyklus namens Manvantara gehört. Dieser Zyklus dauert insgesamt 25 920 Jahre, das sind die Erdenjahre, welche die Sonne braucht, um wieder an die Stelle zurückzukehren, wo sie sich zur Frühlingsgleiche befindet. Der Zyklus besteht aus vier Phasen: Devapara-yuga, Tetra-yuga, Satya-yuga und Kali-yuga, sie sind wie die Jahreszeiten eines großen kosmischen Jahres.

Das Leben des gesamten Universums verläuft wie das des Individuums in wechselnden, wiederkehrenden Zyklen, in einer geordneten Progression, nach einem göttlichen Plan und durch Gesetze bestimmt. Während dieser Zeitabschnitte vollziehen sich auf unserem Planeten grandiose Phänomene wie die Dislokation der Pole und das darauf folgende Schmelzen der Eismassen sowie das Untergehen und Auftauchen des festen Landes mit der natürlichen Verschiebung klimatischer Zonen und dem Entstehen und Vergehen verschiedener Rassen und Kulturen.

Die uralten Überlieferungen des Hinduismus sind durch die chaldäische, die hebräische, die ägyptische und die griechische Kultur ins Abendland gelangt. So schreibt Hesiod von den vier Phasen der Menschheitsgeschichte: Die erste ist das goldene Zeitalter, die zweite das silberne, die dritte das kupferne und die vierte das eherne. Das entspricht der orientalischen Einteilung. Was die Dauer betrifft, so sind die vier Yuga des Manvantara, obschon alle durch 25 920 teilbar, doch nicht gleich. Wenn wir also für den gesamten Zyklus die Zahl 10 annehmen, dann entfallen auf die erste, die längste Phase 4, auf die zweite 3, auf die dritte 2 und auf die letzte, die kürzeste 1. Das steht in Einklang mit den verschiedenen anderen Prophezeiungen, die alle von der kurzen Dauer des schlimmsten Zeitalters sprechen, denn die Gewalttätigkeiten wirken unmittelbar in ihrer zerstörerischen Kraft, während die schöpferischen Handlungen das konstruktive, langsame Werden eines dauerhaften Werkes zeigen.

Die heutige Menschheit befindet sich am tiefsten Punkt des gegenwärtigen Yuga. Wir leben im dunklen Zeitalter und sind dabei, zum niedrigsten Punkt der Parabel zu gelangen. Dann wird der Wiederaufstieg beginnen.

Über die Phase, die der gegenwärtigen dunklen Zeit folgen wird, sind sich alle Prophezeiungen einig; denn der

Zyklus wird wieder mit einer glücklichen Epoche, einem goldenen Zeitalter, von vorne anfangen.

Über die Prophezeiungen wurde alles im voraus gesagt und genau beschrieben; sie wirken wie die Beschreibung eines Historikers nach Eintritt der Ereignisse. Die unvermeidlichen Abweichungen in bestimmten Fällen, die anscheinend erheblich sind, sind darauf zurückzuführen, daß mancher Daten hat angeben wollen; doch die Tatsachen bleiben und beweisen die grundlegende Übereinstimmung.

Die älteste Prophezeiung über die heutige Zeit

Dies ist das eherne Zeitalter, das Zeitalter der Maschine, der wissenschaftlichen Entdeckungen und des technischen Fortschritts, sicher jedoch nicht das der Erhebung auf moralischer Ebene, vielmehr das Verweilen im finstersten geistigen Dunkel, so daß moralisch noch unterentwickelte Menschen für egoistische Zwecke und zum Schaden anderer verwenden, was zur Verbreitung eines Wohlstands dienen könnte, der jetzt auf falschen Wegen angestrebt wird.

Die Blindheit geistig nicht gefestigter Menschen setzt alles daran, illusorische Werte zu erreichen, und daß als Fortschritt betrachtet wird, was nur eine Anhäufung von Kenntnissen ist, in Wirklichkeit aber Mangel an realer Evolution, die auf höhere Ebenen führen würde.

Paramahansa Yogananda, der Autor des erfolgreichen Buches *Autobiografie eines Yogi*, erklärt in einer Darlegung der hinduistischen Schriften, daß das Zeitalter von Kali, der düsteren Göttin, das schlimmste ist. Die letzte Phase des vierten Zeitalters, in der wir heute leben, ist gekennzeichnet von einer ständig wachsenden Materialisierung. Aus welchen Elementen sie besteht, ist jedem klar, der das Leben beobachtet.

Die Prophezeiung, die vom Kali-yuga handelt, steht im Visnu Purana geschrieben, einem der ältesten heiligen Texte Indiens. Wir wollen sie zusammen mit einem kurzen Kommentar zitieren. Der Leser wird feststellen können, daß sie die genaue Beschreibung unserer Zeit enthält.

»Die Herrscher, die auf der Erde regieren werden, werden gewalttätig sein; sie werden sich der Güter ihrer Untertanen bemächtigen.

Die Kaste der Sklaven und der Kastenlosen wird die Oberhand gewinnen und allen befehlen.

Ihr Leben wird kurz sein, unersättlich ihre Gier; Mitleid werden sie kaum kennen.

Die Besitzenden werden Ackerbau und Handel aufgeben, sie werden selbst zu Sklaven werden oder andere Berufe ausüben.

Die Herrscher werden unter dem Vorwand von Steuern und Abgaben ihre Untertanen plündern und ausrauben, und das private Eigentum werden sie vernichten.

Die sittliche Gesundheit und das Gesetz werden Tag für Tag abnehmen, bis die Welt ganz verdorben sein und Gottlosigkeit unter den Menschen herrschen wird.«

Der Mensch ist nur mehr eine Zahl; von der Qualität zur Quantität herabgesetzt, als Masse betrachtet. Das ist die Machtergreifung des Proletariats. Die Proletarier, von proles, der Masse, das heißt: Erzeuger von Nachkommen, eine unpersönliche Masse.

Kasten und Klassen hatten einstmals ihre Funktion, denn die Menschen sind unterschiedlich qualifiziert, um je nach ihren Anlagen eine bestimmte Tätigkeit auszuüben. Das wußten die Herrscher des ersten Zeitalters, die mit Weisheit und von den höchsten Idealen geleitet regierten. So waren die Rassen, die ihr Leben unter den göttlichen Königen begannen, eingeteilt in Priester und Brahmanen; Krieger und Adelige; Kaufleute und Bürger; zum Schluß dann die Sklaven und Proletarier. Nach Platon stellt die erste Kaste den Geist dar, die zweite den Verstand und die beiden anderen die Gefühlsbewegungen, die unbewußten Tätigkeiten und die Instinkte des organischen Lebens.

Jegliche Aufteilung sollte jedoch zunichte werden mit dem Aufstieg zur höchsten Stufe des Geistes, der Liebe. Das war die Botschaft Jesu. Und so wird es in Zukunft sein. Im dunklen Zeitalter hingegen vollzieht sich eine Nivellierung auf der untersten Ebene, denn alles wird mit Hilfe der Gewalt zu Boden gerissen.

Ungeeignete, gerissene und gewalttätige Menschen streben nach der Macht, aber nicht um dem Wohl des Nächsten zu dienen, sondern um über die anderen zu verfügen und zu herrschen: Dadurch hat sich eine Hierarchie nicht von Werten, sondern von Intrigen gebildet. Der Wahnwitz der gegenwärtigen Führer der menschlichen Gesellschaft läßt uns an ein Wort unserer Väter denken: »Jupiter läßt verrückt werden, wen er vernichten will.«

So handeln sowohl die Großen als auch die Kleinen, die niemand erzieht. Diejenigen, die befehlen oder danach streben zu befehlen, denken an persönliche Macht, an eigenen Wohlstand und haben keinen weiteren Horizont. Aufgrund des Gesetzes von Ursache und Wirkung führt das automatisch zu Konsequenzen.

Buddha sprach von der Edlen Wahrheit, die zur Aufhebung des Leidens führt und aus acht Stufen einer Disziplin besteht, der man folgen muß: rechte Anschauung, rechte Gesinnung, rechtes Reden, rechtes Handeln, rechtes Leben, rechtes Streben, rechtes Denken, rechtes Sichversenken. Der Mensch ist den entgegengesetzten Weg gegangen, den Weg der Lüge und des Betrugs. Der oberflächliche, extrovertierte abendländische Mensch hat sich durch sein Streben nach einem rein äußerlichen Wohlergehen noch tiefer ins Leid gestürzt.

Weiter heißt es in der Prophezeiung über das Kali-yuga:

»Einziger Beweggrund für die Frömmigkeit wird die physische Gesundheit sein; einziges Band zwischen den Geschlechtern die Leidenschaft; einziger Weg zum Erfolg die Falschheit.

Die Erde wird nur wegen ihrer materiellen Schätze verehrt werden.

Die Priestergewänder werden die Priestereigenschaften ersetzen.

Eine einfache Waschung wird Reinigung bedeuten, die Rasse wird unfähig sein, göttliche Geburten hervorzubringen.

Die Menschen werden fragen: Was sollen wir uns noch an die überlieferten Schriften halten?

Die Hochzeiten werden kein Ritual mehr sein.

Akte der Frömmigkeit, auch wenn sie noch geübt werden, werden wirkungslos bleiben.

Jede Lebensordnung wird unterschiedslos für alle gleich sein.«

Die moralische Blindheit wird viele Menschen daran hindern, die wirkliche Kultur zu sehen, und daher werden sie für eine Errungenschaft halten, was in Wirklichkeit ein Rückschritt auf menschlichem und sozialem Gebiet ist. So begeistern sie sich für den Atheismus, die Ehescheidung, den Streik, den Wohlstand als Selbstzweck, die unterschiedslose Nivellierung, die Gerissenheit und die sexuelle Befriedigung. Legalisiert wird die hinterhältigste Form des Mordes, die Abtreibung, Ausdruck des engherzigsten Egoismus, eines Egoismus, der Leben verhindert. Die Religion, die Familie, die Arbeit und die Hilfe, die man den anderen gibt, werden nur in Betracht gezogen, wenn sie dem Egoismus dienlich sind, oder sie bleiben eine leere äußere Hülle. Unbekannt ist jede Art von Geistigkeit, das heißt, die Äußerung des besten Teils des Menschen, durch die er seine Kreatürlichkeit verlassen und zu den höheren Sphären des Unsichtbaren aufsteigen kann. Weiter heißt es:

> »Der Besitzende, der das meiste Geld unter die Leute verteilen wird, wird über die Menschen herrschen, denn das Ziel ihrer Wünsche ist Reichtum, gleichviel, ob rechtmäßig erworben oder nicht.
>
> Jedermann wird sich für einen Brahmanen halten.
>
> Die Leute werden Angst haben vor Tod und Hungersnot; und nur deshalb werden sie eine rein äußerliche Religiosität bewahren.
>
> Die Frauen werden die Wünsche ihrer Männer und ihrer Eltern nicht mehr befolgen. Egoistisch, verworfen, lügnerisch und haltlos werden sie sein und liederlichen Männern anhangen. Sie werden herabsinken zum Gegenstand sexueller Befriedigung.«

Äußerste Verdorbenheit hat bis heute noch den Untergang jeder Kultur begleitet. Die Menschheitsgeschichte liefert zahllose Beispiele dafür. Die Befreiung nach unten ist eine Befreiung zur Liederlichkeit, das Werk von Menschen, die nicht imstande sind, den Weg einzuschlagen, der zu ihrer Besserung führen würde. Und noch schlimmere Fesseln halten sie für Freiheit. Deshalb merken sie nicht einmal, daß sie von anderen Mächten tyrannisiert und als Mittel eingesetzt werden.

Die Demagogie ist ein Mittel zur Beherrschung der anderen. Aber die Überheblichkeit, gegründet auf der Unehrlichkeit, wird die Menschen feige machen auf der letzten Schwelle des Daseins: im Angesicht des Todes. Wer, geistig minderjährig, keine Unterscheidung getroffen hat zwischen den wirklichen und den falschen Werten des Daseins, stellt alles auf die gleiche Ebene, mehr noch, er vertauscht die Werte und stellt Wertloses auf den ersten Platz. Aber im Angesicht des Todes, der alles enthüllt, verlieren sie die Fassung. Daher helfen sie sich durch eine rein äußerliche Religion.

Nach dem Gesetz von Ursache und Wirkung ist der jetzige letzte Zeitabschnitt der, in dem alles abgeschlossen wird. Die Orientalen betrachten das Kali-yuga als die Zeit der Fälligkeit, in der alle Rechnungen des letzten Zyklus beglichen werden müssen. Sobald abgerechnet ist, kann eine klare Bilanz für die Zukunft aufgestellt werden.

Das ist die abgeklärte und verantwortungsbewußte Lebensanschauung von Leuten, die höchste Geistigkeit erlangt haben. Daher waren die orientalischen Weisen seit Jahrtausenden imstande, vorauszusehen, was heute passiert und was in den künftigen Jahren geschehen wird.

Die Freiheit des Satans

Auf Hebräisch bedeutet *Hassatan* Gegner, Verleumder, Angreifer, Versucher. Er wird als Feind Gottes, voller Laster und Leidenschaften, bezeichnet. In der Katholischen Enzyklopädie wird *Satan* definiert: Eine unsichtbare personalisierte Macht, die die Kräfte des Bösen wider die göttlichen Gesetze und zum Schaden des Menschen lenkt. Im Buddhismus heißt er *Mara*, der Verführer. Als negatives Prinzip ist Satan der niederträchtige Antrieb, die finstere Verlockung, eine unterirdische Kraft mit Resonanz in unserem niedrigen Ego, in den untersten Schichten unseres archaischen Bewußtseins, dort wo die Bestie in ewigem Widerstreit in uns lebt. Man sollte sie nie wecken. Satan ist heute in jedem von uns am Werk, doch sein Handeln ist sowohl gegen den einzelnen als gegen die Gesamtheit gerichtet, um die ganze Menschheit zu verderben.

Das Ende des zweiten Jahrtausends nach Christus sieht eine total aus den Fugen geratene Menschheit, alle Kräfte befinden sich in Aufruhr. Die große Seherin Anna Katharina Emmerich hat geschrieben:

»Ich erfuhr, daß Luzifer fünfzig oder sechzig Jahre vor dem Jahr 2000 nach Christus losgelassen werden soll.«

Heute sehen wir ihn mit seinem wahren Gesicht, ohne Maske, in voller Tätigkeit auf den Straßen, in den Fabriken, in öffentlichen und privaten Büros, sogar in Schule und Familie, überall. Aber vor allem im Herzen vieler Menschen. Überall hat er sich eingenistet mit der ihm eigenen Frechheit und Arroganz. Nicht einmal die Kirchen verschont er. Wie wir im folgenden sehen werden, ist ja auch von Schismen und Häresien die Rede; in Garabandal wie in La Salette und anderswo wird prophezeit, daß *»Bischöfe gegen Bischöfe und Kardinäle gegen Kardinäle«* sein werden, und in Fatima heißt es ganz deutlich, daß *»Satan an den höchsten Stellen herrscht und den Lauf der Dinge bestimmt«*, und mit dem Hinweis auf Gegenpäpste heißt es, daß *»es ihm gelingen wird, an die Spitze der Kirche vorzudringen«*.

Und in der Apokalypse (XII, 12) steht geschrieben: *»Weh aber der Erde und dem Meer! denn der Teufel kommt zu euch hinab und hat einen großen Zorn und weiß, daß er wenig Zeit hat.«*

Das Ungeheuer nähert sich mit immer heftigerer Wut. Aber seine Freiheit steht unter Bewachung, denn seine Zeit ist begrenzt und seine Macht ist nicht absolut. Bis wann? Die Jungfrau Maria sagte in San Damiano am 26. Mai 1967:

»Der Dämon entfesselt jetzt seinen letzten Kampf, aber er ist schrecklich.

... Ein schrecklicher Kampf wird gegen Satan gekämpft, weil ... der göttliche Vater ihn freiläßt ... die Entscheidungsschlacht wird ausgetragen zwischen den beiden Anführern (hl. Michael und Luzifer), aber durch das Eingreifen Derer, der die Kraft verliehen wurde, der Schlange den Kopf zu zertreten, wird der Sieg am Ende unser sein ... und ihr werdet an Mich glauben ... kämpft mit Mir, mit dem Gebet und dem Rosenkranz werden wir alles besiegen in allen Schlachten ... gemeinsam werden wir zum Angriff losschlagen. Der Zusammenprall wird unvermeidlich und schrecklich sein, vor allem für die, die keinen Glauben haben. Wer an Mich glaubt, das Haupt der himmlischen Streitkräfte, hat nichts zu fürchten, weder im Leben noch im Tod.«

Zeiten des Verfalls sind notwendig, denn ohne sie wäre das Leben nicht vorstellbar. Sie haben schon immer das faulige Erdreich geliefert, in dem sich die neuen Pflanzen um so üppiger entwickeln konnten.

Das Greisenalter der Welt

Wir sind in dieser Epoche Zeugen dessen, was vor Tausenden von Jahren geschrieben worden ist: allgemeine Apostasie, Durcheinandergeraten der Jahreszeiten, Verschmutzung von Luft, Wasser und Erdreich, Verbrechen, Raub und Verrat. Hermes Trismegistos (*Asklepios XII, 25-26*) hat diese tragische Phase des menschlichen Geschicks prophetisch beschrieben:

»Du weinst, o Asklepios! doch es gibt noch traurigere Dinge. Die Apostasie ist das schlimmste aller Übel ... Man wird die Finsternis dem Licht vorziehen, man wird befinden, daß der Tod besser als das Leben ist, und niemand wird mehr zum Himmel schauen. Der Mensch, der an Gott glaubt, wird für verrückt gehalten werden, der Gottlose für weise, die Rasenden für kühn, die Niederträchtigsten für die besten. Die Seele, mit allem, was sie betrifft – ist sie sterblich? Kann sie darauf hoffen, sich die Un-

sterblichkeit zu erringen? – alles, was ich dir gesagt habe und sage, wird nur zum Lachen reizen, wird bloß für Unsinn gehalten werden. Es wird sogar, glaube mir, Todesgefahr bestehen für den, der an der Pflege der Intelligenz festhalten wird.

Man wird neue Rechtsordnungen, neue Gesetze erlassen, nicht ein Wort, nicht eine heilige, religiöse Überzeugung, die des Himmels würdig wäre. Bedauernswerte Scheidung zwischen Gott und den Menschen! Es bleiben nur die verdorbenen Engel, die sich unter die erbärmliche Menschheit mischen; sie legen Hand an sie, sie drängen sie zu Verbrechen, Krieg, Raub, Lüge und Verrat, zu all dem, was der Natur der Seele zuwiderläuft.

Die Erde wird kein Gleichgewicht noch Jahreszeitenrhythmus mehr haben, das Meer wird nicht mehr von Fischen bevölkert noch schiffbar sein, der regelmäßige Lauf der Gestirne wird gestört sein. Jede von Gott beseelte Stimme wird zum Schweigen verurteilt werden, die Früchte der Erde werden verderben, und die Erde wird aufhören fruchtbar zu sein; auch die Luft wird in düsterer Erschlaffung schwer werden. So wird das Greisenalter der Welt sein: Atheismus und Fehlen jeglicher Ordnung, Verwirrung aller Regeln und Werte. Wenn all dies eingetroffen sein wird, o Asklepios, dann wird der Herr und Vater, der erhabene Gott, der die Gesamtheit der Welt regiert, diese Übel mit einem Akt seines Willens und seiner göttlichen Güte bereinigen: Um dem Vergehen und der allgemeinen Verderbtheit ein Ende zu setzen, wird er die Welt ertränken, oder mit Feuer verzehren, oder mit Kriegen und Seuchen zerstören; er wird ihr ihre urtümliche Schönheit zurückgeben . . .«

Alles Leben heute, in seinen verschiedensten Äußerungen in Gedanken und Tat, ist durchdrungen von Materialismus.

»Mehr als die Hälfte der menschlichen Art«, schreibt Bruno Nardini in *Mysterien und Geheimlehren*, »ist atheistisch – glaubt, nicht an Gott zu glauben.« Und er fügt hinzu: *»Und es ist wahrscheinlich, daß die negativen Kräfte des Atheis-*

mus die Oberhand über die anderen gewinnen werden, weil sie zwar Gott aus den Augen verloren haben, aber nicht auf den Menschen verzichten. Sie negieren und verurteilen ihn als Individuum, das allen Versuchungen des Egoismus ausgesetzt ist, um ihn in die ›Masse‹ einzufügen und ihn darin zu verherrlichen. Darum kann die große Apostasie keinen anderen Abschluß haben als den in der Apokalypse beschriebenen. Der Mensch wird fortschreitend sein eigenes Heil aus den Augen verlieren, bis er die Welt und sich selbst in einer Katastrophe ähnlich der, die die Insel Atlantis versenkt hat, zerstören wird.«

Der Plan liegt außerhalb menschlichen Denkens

Seit 1914 befindet sich die Menschheit in einer Krise, die in keiner der vergangenen Epochen ihresgleichen findet. Vor jenem Jahr waren Kriege und Revolutionen stets lokal beschränkt geblieben. Aber seit 1914 scheint die Welt aus einem einzigen Organismus zu bestehen und jeglicher Aufruhr ist überall zu spüren. Diese Zeit fällt mit der höchsten wissenschaftlichen und technischen Entwicklung zusammen. Die Phänomene haben sich ständig vervielfacht und intensiviert, denn zu den ersten Erscheinungen anderer Art traten politische, wirtschaftliche und soziale Faktoren. Wie ein Fieber, das auf die Erkrankung des Weltorganismus aufmerksam macht, gab es ständig mehr Konflikte auf allen Gebieten. Dieses Phänomen ist allen Völkern gemeinsam: ein deutlicher Beweis dafür, daß die Planung außerhalb der menschlichen Sphäre liegt. Wer sich auch nur ein wenig Mühe gibt zu verstehen, dem wird ohne weiteres klar, daß mit diesem Jahrtausend auch eine lange Kulturepoche zu Ende geht. Etwas Neues, Großes ist für die kommenden Generationen in Vorbereitung. Die Übergangskrise ist in vollem Gang und es sieht aus, als würde sie ihr Tempo beschleunigen und ihre Dramatik und Tragik in den uns unmittelbar bevorstehenden Jahren steigern. Das scheinen uns alle Prophezeiungen mit ungewöhnlicher Klarheit sagen zu wollen.

Der Philosoph Joseph de Maistre hat geschrieben, es habe in der Welt niemals große Geschehnisse gegeben, die nicht auf irgendeine Weise vorhergesagt worden wären. Aus diesem Grund konnte keine andere Epoche als diese, so außergewöhnliche, mehr Propheten haben. Und alle Prophezeiungen, von den ältesten wie die des Kali-yuga bis zu den jüngsten, die wir im folgenden untersuchen werden, sie alle streben auf den gleichen Punkt zu.

Doch wenn der Mensch auf die Selbstzerstörung zugeht, dann, um nach der todbringenden Talfahrt, die seine schmerzliche Erfahrung darstellt, das Leben fortzusetzen. Das Leben bleibt nicht stehen. Wenn es kurz vor dem Tiefpunkt eines tragischen Abhanges ist, dann darum, weil es gleich darauf wieder aufsteigen wird. Doch die meisten Menschen sind sich dessen nicht bewußt. Sie glauben vielmehr, einer Ära des Fortschritts und der Kultur anzugehören!

Eine Gesellschaft im Abbruch

An dem Punkt, zu dem heute die Menschheit gelangt ist, ist alles möglich. Die Situation ist offen für alle Lösungen, doch die Prophezeiungen lassen nicht auf die besten hoffen, vielmehr kann man die katastrophalsten erahnen. Der schon seit einiger Zeit begonnene Prozeß ist in einer entscheidenden Phase angelangt. Wenn man einen Blick auf die verschiedensten Gebiete, von der Gesellschaft zur Ökologie und vor allem zur Moral, wirft – jeder Bereich ist gesättigt: Es fehlt nicht viel, und er wird überlaufen.

24

In einer Gesellschaft, in der Menschen leben, die glauben, ihr eigenes Wohl könne auf Kosten anderer verwirklicht werden, stellt jede wissenschaftliche Entdeckung mit technischen Anwendungsmöglichkeiten eine wirkliche Gefahr dar: Es sind Waffen, die man Kindern in die Hände gibt. Gott weiß, wie viele davon die heutigen Kind-Menschen in den Händen halten! Wer ignoriert, daß das Wohl eines anderen auch das eigene ist, wird leicht seinen Mitmenschen Schaden zufügen, um einen persönlichen Vorteil zu erlangen. Dabei gibt es kein tödlicheres Instrument als die Anwendung der wissenschaftlichen Entdeckungen; dieses Instrument kann der ganzen Menschheit Unheil und Schaden bereiten.

Ist dies das eherne Zeitalter, das die Propheten angekündigt haben? Geht die Menschheit auf die Selbstzerstörung zu?

Aus vielfachen Vorzeichen scheint es offenbar, daß in diesem letzten Abschnitt des Jahrhunderts Ereignisse mit einer für die Menschheitsgeschichte noch nicht absehbaren Tragweite heranreifen. Die Pläne zu dieser Erneuerung stehen über den Menschen; auch wenn diese in ihrem Stolz glauben, selbst Urheber zu sein, so sind sie doch nur Werkzeuge.

Alle die wurmstichigen alten Strukturen knirschen allenthalben, können das mit den Jahrhunderten immer größer gewordene Gewicht nicht mehr halten. Die Fundamente, auf die sie sich stützen und die kräftig genug für die Zeiten waren, in denen sie erbaut wurden, reichen nicht hin, um beständig die Beziehungen der Menschen in der zukünftigen menschlichen Gesellschaft auszuhalten und zu regeln.

Die Welt ist im Wandel. Tiefgehende Umwälzungen gehen auf jedem Gebiet vor sich, vor allem aber im Innern der Menschen selbst. Die Vergangenheit wird zerpflückt, verleugnet und wie ein alter Lumpen weggeworfen. Neue Probleme treten auf, andere Lösungen bieten sich an.

Das Gefühl des nahenden Endes

Die atomare Bedrohung ist nichts, was von außen kommt: sie ist im Unterbewußtsein eines jeden Menschen enthalten. Man nimmt die Vorläufigkeit der gegenwärtigen Welt auf allen Daseinsebenen wahr. Der Höhepunkt scheint mit dem Wunsch erreicht, der Erde zu entfliehen, doch lebend, um zu anderen Planeten zu gelangen, ohne daran zu denken, daß eine Ortsveränderung, ohne gleichzeitig sich selbst zu ändern, bedeuten würde, daß der wechselseitige Kampf anderswo weiterginge.

Das Leben läuft immer schneller und fordert Beeilung, in allem. *Motus in fine velocior*: Das Gefühl des nahenden Endes wird von allen erlebt, beginnend bei den Jugendlichen mit ihrem verzweifelten, vernunftwidrigen Griff zu Rauschgift und Gewalt.

Doch »das Ende« ist nicht die Auslöschung des einzelnen Menschen und der Welt als Tod und Ende von allem. In diesem Sinne gibt es kein Ende; es ist nur der Übergang von einem verfaulten und verdorbenen Zustand in einen gesunden.

Heute bietet uns die Gesellschaft die Negation aller Werte. Der Materialismus verherrlicht alles, was illusorisch ist, und leugnet die wirklichen Werte, die er nicht begreift. Ohnmächtig steht man dem Hohn für alles, was Verdienst und Würde hat, gegenüber.

Apostel, Helden und Märtyrer werden als Verrückte, die

zu einer von den Zeiten überholten Vergangenheit gehören, ausgelacht.

Doch wenn wir auch zum Sonnenuntergang gelangt sind: es ist noch nicht Nacht. Der Lauf der Stunden hält nicht ein, und nach dem Sonnenuntergang wird die Nacht kommen. Unter den gegenwärtigen Umständen kann nichts getan werden, um den verhängnisvollen Lauf der Zerstörung aufzuhalten, denn der Mensch hat seit langem die Ursachen in Bewegung gesetzt, die jetzt ihre Wirkungen tun. Man geht unvermeidlich dem Ende dieses Zyklus entgegen, und daraus wird ein neuer entstehen. Blinde Menschen wissen nicht, was sie tun, weil sie noch immer nach den Prinzipien der Barbaren leben, sich hassen und gegenseitig töten und nur nach egoistischem Vorteil streben. Es ist notwendig, daß die gegenwärtige Gesellschaft von einer anderen, gerechteren und mehr auf die geistigen Werte gerichteten ersetzt wird. Was heute geschieht – Marxismus, Terrorismus, zerstörerische Atomenergie, Umweltverschmutzung, Griff zum Rauschgift und Auflösung der Familie etc. –, wirkt nur beschleunigend auf den Zerstörungsprozeß von Gesellschaft und Mensch. Die Zerstörung wird von denen bewirkt, die sich durch ihre mangelnde Entwicklung noch auf der Ebene von Gewalt und Haß befinden. Sie sind die Werkzeuge des Gesetzes, während die Handlungen derer, die an geistige Werte glauben, immer höheren, konstruktiven Charakter haben werden.

Im göttlichen Plan sind die Materialisten die Werkzeuge der Zerstörung, denn sie allein können sie in die Tat umsetzen: wenn man den Geist ignoriert, geht man wie blind dahin. Ihr Tun hat den Charakter des Verhängnisvollen. Jesus sagt zu Judas, der dabei war, ihn zu verraten: »*Was du tust, das tue bald!*«

Wie es auch für chirurgische Operationen gilt, so gibt es

im Leben notwendige Übel; oberflächlich betrachtet sind
es Übel, doch wenn man sie eingehender betrachtet, sind
sie die geheimen Ursachen, die die Zerstörung einer verdorbenen, verfaulten Gesellschaft herbeiführen, die für
den Anbruch einer neuen Ära, die Frieden und Wohlstand
bringen wird, stirbt.

Der Zodiakus: Die Fische und
das Zeitalter des Wassermanns

Im Abschlußzyklus verläuft, wie beim Fall von festen Körpern, die zeitliche Bewegung beschleunigt; sie verläuft mit größerer Geschwindigkeit.

In den letzten Jahren haben wir Veränderungen erlebt, die unseren Vätern noch als Wunder erschienen wären. Und tagtäglich bekommen wir neue vor Augen. Die Utopien sind Wirklichkeit geworden; Träume haben sich konkretisiert. Nicht nur Technik und Wissenschaften, sondern sogar Kunst, Philosophie und Religion, alles hat sich verändert. Im Übergang entsteht oft Verwirrung und Unordnung, weil neue und alte Elemente einander kreuzen.

Nach der Ansicht der Astrologen geht das Zeitalter der Fische gerade zu Ende und es beginnt das Zeitalter des Wassermanns. Zu Ende geht eine der zwölf Epochen, die jeweils aus 2160 Jahren bestehen und zusammen das große kosmische Jahr ausmachen.

Stellen wir uns ein großes Zifferblatt vor, auf dem statt der Zahlen, die die Stunden angeben, die zwölf Tierkreiszeichen stehen: Widder, Fische, Wassermann, Steinbock, Schütze, Skorpion, Waage, Jungfrau, Löwe, Krebs, Zwillinge, Stier.

Beim Vorwärtsrücken der Zeiger entspricht eine Stunde 2160 Jahren und ein Umlauf ums ganze Zifferblatt 25 920 Jahren. Diese Zeit, ein kosmisches Jahr, braucht die Sonne, um einmal alle Tierkreiszeichen zu durchlaufen. Die Stoiker waren davon überzeugt, daß innerhalb dieser Zeit der allgemeine Weltbrand ausbreche.

Die Geschichte der Menschheit ist wie das Leben des einzelnen in Zyklen und Zeitabschnitte gegliedert. Der Übergang von der Pubertät zur Jugend und dann zur Reife etc. ist immer kritisch. Auch die Jahreszeiten kennzeichnen die verschiedenen Phasen des Jahres in ihren jeweiligen verschiedenen Aspekten. Leben heißt Veränderung, wobei jedes Ding seinen eigenen Rhythmus hat. Auf gleiche Weise verläuft das Leben der Völker durch die Jahrhunderte und das der Erde durch die Jahrtausende.

Jeder Veränderung gehen Symptome voraus, die sich in Ereignissen zeigen, die schon vorher geschehen, und die Übergangskrise vorbereiten. Sie entgehen keinem intelligenten Beobachter. Sich erneuern ist eine Notwendigkeit, auch wenn es Plagen mit sich bringt. Das Licht des Morgens würde nicht aufgehen ohne die Überwindung der Nacht, es gäbe keinen Frühling, wenn nicht zuvor der Winter überwunden würde, einen Bergesgipfel würde man nicht genießen, hätte man ihn nicht auf steilen Pfaden erklommen.

Der Übergang von einem Zeichen zum anderen ist nicht deutlich und plötzlich, sondern er vollzieht sich verschwommen und stufenweise. Auch der Übergang von der Nacht zum Tag vollzieht sich nicht plötzlich, sondern es zieht zuerst die Morgendämmerung herauf, dann wird das Licht allmählich stärker bis zum Sonnenaufgang.

Alles, was in diesen Jahren geschieht, muß im Licht der künftigen Menschheit betrachtet werden. Man darf annehmen, daß es sich um Phänomene handelt, die im Grunde heilsam sind für die Vorbereitung der neuen Ära. Sie werden immer schlimmer werden und Formen immer größerer Zerstörungswut annehmen. Das Gesetz muß sich, um seine Pläne zu verwirklichen, mit Elementen behelfen, die aufgrund ihrer geringen Entwicklung prädestiniert sind für Zerstörung und Gewalttätigkeit; es handelt

sich um Negativ-Kräfte, die sich auf derselben Ebene befinden wie die überwundene, unterentwickelte Gesellschaft, und die mit den alten Systemen massenweise an die Oberfläche kommen, um sich dann selbst zu zerstören. Aber sie werden als allererste mit der alten Welt zugrunde gehen, deren schlimmsten Aspekt sie darstellen.
Die Prophezeiungen behaupten einstimmig, daß eine neue Ordnung die alte, einstürzende ersetzen wird. Das ist die periodische Erneuerung aller Dinge, die es geben muß, damit das Leben fortdauern kann. Damit sich das Neue behaupten kann, muß das Alte verschwinden, dem Neuen Platz machen; alles, was den Zustrom neuer Energien hindert, muß ausgelöscht, vernichtet werden. Die alten Formen müssen den zukünftigen weichen, denn »man kann den neuen Wein nicht in alte Fässer füllen«.

Wann es geschehen wird

Während die große Uhr der Erde mit ihrem Zeiger schon auf das neue Zeichen, den Wassermann, vorrückt, sind sich die Astrologen über das genaue Datum noch uneinig. Die einen sagen, es beginne um 1975, die anderen legen sich auf 2000, 2023 oder 2160 fest. Für den Großteil der Menschen wird es sich um den Übergang von einer Bewußtseinsstufe zu einer anderen handeln, genauer gesagt: Sie werden von der Suche nach Erkenntnis zur Weisheit gelangen.
Die vorbereitenden Ereignisse könnten aber auch bis ins Jahr 2300 reichen, wie es in der Prophezeiung von Borup heißt.
Die Menschheit legt sich neue Kleider an. Nach dem großen Aufwaschen wird ein heiterer Tag anbrechen.

Im Lauf der Jahrhunderte haben sich die Menschen darum bemüht, neue Systeme zur Verbesserung der Gesellschaft zu erfinden, wobei sie bald die eine, bald die andere Idee anwandten. Aber sobald der Reiz der Neuheit dahin war, mißlangen die Versuche alle, wodurch bewiesen wurde, daß niemand fähig war, die gewünschte Verbesserung ins Werk zu setzen. Das geschah, weil man den Hauptweg zu jeder wahren Reform nicht kannte: wir meinen die schwierigste, aber zugleich dauerhafteste, die Reform des Menschen.

Auf diese Weise täuschten die sogenannten Politiker sich selbst und die anderen und erzielten keine positiven Ergebnisse. So ging es mit allen gesellschaftlichen und philosophischen Leuten, die – auf die Dinge gegründet – die Substanz, den Menschen vergaßen.

Alle Theorien sind im Lauf der menschlichen Geschichte verbreitet und experimentiert worden. Und alle sind fehlgeschlagen.

Die heutige wissenschaftliche Überheblichkeit ist beschränkt auf eine ganz enge Sicht. Wenn sich die Horizonte erweitern und die Geister sich zur Schau einer geistigen Wissenschaft erheben werden, dann wird der Mensch begreifen, daß die Ursachen des Versagens in seinem eigenen Geist gründen. Harmonie und Gleichgewicht entstammen dem menschlichen Denken. Aber das wird abgelehnt, weil nicht verstanden von all denen, die einen materiellen Lebensbegriff haben. So glaubt heute der Marxismus, er könne das menschliche Ideal vom Kopf auf die Beine stellen.

Der Materialismus glaubt, seine Sache auf die Ideale der Macht und des Wohlstands gründen und mit Kampf, Gewalt und Haß durchsetzen zu können, und es wird ihm nicht bewußt, daß auf solchen Grundlagen auf die Dauer keine Gesellschaft bestehen kann.

Der Zusammenbruch der alten Welt

Während die alte Welt steuerlos herumtreibt, in Auflösung begriffen ist und ihre Positionen mit verkehrten Mitteln zu halten versucht, werden die gegnerischen Mächte immer aggressiver, wobei sie dieselben Methoden anwenden, wie sie in der Vergangenheit die benutzten, die jetzt nicht über den Haufen gerannt werden wollen. Aber heute sind die Massen in Bewegung geraten, blinde Kräfte, die alles vernichten, was zu Ende gehen muß. Es handelt sich hier nur um zerstörerische Kräfte, die unfähig sind, etwas für die Zukunft aufzubauen. Die großen Ideale können nicht von kleinlichen Menschen verwirklicht werden; sie müssen aus dem Inneren kommen, in den Tiefen der Seele sicher verankert sein, bevor sie im äußeren Leben Gestalt annehmen können.

Nur dann werden die Menschen imstande sein, eine wirklich auf Freiheit, Gleichheit und Brüderlichkeit gegründete Gesellschaft zu schaffen, wenn sie selbst frei und im Geist vereint sein werden. Das kann nur geschehen, wenn eine tiefgreifende, geistige Wandlung eintritt. Die Besten beginnen schon zu ahnen, daß dieser Wandel eine Notwendigkeit ist. Aber dafür brauchen weder rationale Formeln gesucht noch rein mechanische Anstrengungen gemacht zu werden, denn geistige Dinge können mit derlei Unternehmungen nie verwirklicht werden.

»Die Menschheit«, so meinen viele, »ist dabei, eine Epoche zu überwinden, in der das Dogma, der Ritus und die priesterliche Autorität durch die Entwicklung gerechtfertigte Notwendigkeiten waren. Aber damit diese

33

Epoche harmonisch in eine andere übergehen kann, muß eine neue Autorität zuerst im Menschen selbst entstehen, und diese kann dann den Menschen besser als die alte, von außen kommende auf seinen Lebenspfaden leiten.«

Die Zeit des Chaos

In Wirklichkeit sieht es so aus, als stünden wir unter doppeltem Einfluß: denn ein Zeichen geht zu Ende und das andere fängt an. Daher die Kontraste, die Widersprüche und der Aufruhr dieser Zeit, in der sich Halbstarke unter Apostel, Gauner unter Idealisten und Verbrecher unter Heilige mischen. Es ist die Zeit des Chaos.

Jedes Tierkreiszeichen geht unter verworrenen, chaotischen Einflüssen zu Ende. Deshalb erleben wir jetzt so stürmische Zeiten. Es sind die alten und die neuen Kräfte, die miteinander im Streit liegen. Aus einer verworrenen Zeit erstehen vitale Bewegungen, die schon die Merkmale der neuen Zeit aufgeprägt haben.

Manche sagen, wir leben schon unter dem Einfluß des Wassermanns. Der Einfluß des neuen Zeichens hat sich schon gegen Ende des vergangenen Jahrhunderts in den wissenschaftlichen Entdeckungen gezeigt. Die Erfindung der Dampfmaschine im Jahr 1797 war das erste Anzeichen für das Herannahen der neuen Ära. Dann kamen in immer schnellerem Tempo die anderen Erfindungen, die Sitten und Gebräuche einer Epoche revolutionierten.

Nach dem physikalischen Gesetz vom Fall der Körper erhöht sich die Geschwindigkeit gegen das Ende zu: »Motus in fine velocior.« »Je näher der Fall ist, desto mehr beschleunigt sich die Bewegung.« In unseren Tagen scheint die Zeit ihren Wert verändert zu haben. Erfahrungen, die sich früher über Jahre hinzogen, werden heute in ein paar Wochen gemacht. Die Ereignisse scheinen einander zu überstürzen.

Der gegenwärtige große Augenblick für die Menschheit ist gleichzeitig durch die Grenze gekennzeichnet, an der der Mensch mit seinen wissenschaftlichen Entdeckungen angekommen ist. Atomspaltung und Weltraumfahrt stehen in keinem Verhältnis zu der jämmerlichen moralischen Gestalt der immer noch egoistischen heutigen Menschheit. Sie weiß jedoch, daß sie sich an einem fatalen Scheideweg befindet: entweder vollkommene Vernichtung oder Aufstieg zu den höheren Sphären des Geistes. So große Mittel können in der Hand von moralisch noch so kleinen Menschen keine Dauer haben.

Geburt neuen Lebens

Daß das Leben nicht mehr lange so weitergehen kann, wie es heute ist, ist klar und wird von niemandem mehr bestritten. Die Vorläufigkeit, die sich in der Hast und der Hinfälligkeit jedes menschlichen Werkes auf allen Gebieten äußert, ist überall zu spüren. Eine Grenze wird fühlbar, die unmittelbar vor dem Bruch liegt; sie überzeugt uns davon, daß etwas da ist, das im Begriff ist, rettungslos zusammenzubrechen.

Die Geburt des neuen Lebens macht sich nicht nur im Innersten eines jeden Menschen bemerkbar, sondern auch in seiner Umgebung, in der Gesellschaft. Die Kämpfe, die Revolten und die Zusammenstöße zeigen den Tumult einer alten sterbenden Welt und den Samen der neuen, die gerade im Entstehen begriffen ist.

Eine große Anzahl von Menschen sucht etwas Neues, will andere Stützpunkte für das Leben. Sie sind vom Alten enttäuscht und brauchen etwas Neues, an dem sie sich festhalten können. Aber in der Zwischenzeit werden sie hin und her geworfen, genau wie ein Schiff von den Fluten, weil es noch keinen Anker werfen konnte.

Die Prinzipien, auf die die neue Gesellschaft gegründet sein muß, sind in den Herzen vieler schon lebendig. Die einen ahnen noch kaum etwas davon, während andere sie schon deutlich fühlen. Es sind die Prinzipien, die in der Vergangenheit vom Egoismus und von den unreifen Menschen, die sie nicht in die Tat umsetzen konnten, verraten wurden. Sie sind alle wiederzufinden auf dem Pfad der Liebe, der vor 2000 Jahren gezogen wurde.

Die Tendenz zur Welteinheit kommt zum Ausdruck in dem Streben nach größeren Gruppenbildungen. Man fühlt Unbehagen in den engen nationalen und staatlichen Grenzen. Ein knappes Jahrhundert technischer Erfindungen hat schon viele Schranken aufgehoben. Die Schnelligkeit des Nachrichtenaustauschs und der Verbindung auch zwischen weit auseinander wohnenden Menschen hat schon die Vorbedingung für jene größere Einheit geschaffen, die immer näher kommt und in der Neuen Ära verwirklicht werden soll. Die Menschheit geht der wahren Einheit entgegen, der Einheit der Geister in Frieden und Liebe. Bei einem solchen Ziel ist jede Mühe segensreich. Und gelobt sei die Anstrengung, die dorthin führt.

Die Krise des Übergangs

»Wir leben heute in einer Zeit des Übergangs. Die alten Idole wurden gestürzt, bevor die neuen Altäre bereitet waren; und die Vogelscheuche wurde entfernt, bevor den Vögeln andere Futterplätze zugewiesen wurden. Die Angst ist zu früh gestorben, denn die Menschen haben noch nicht soviel Würde erreicht, daß sie ohne Gespenster auskommen können; und diesen schrecklichen Zustand verdanken wir den fanatischen Rationalisten und den wahnwitzigen Demokratisierern.«

Das sind die Worte von Paolo Mantegazza, aktueller denn je. Das heutige Chaos ist eine Folge dieser und anderer unzähliger Ursachen, die mit der Zeit herangereift sind. Es ist die Unbeständigkeit aller Dinge, die in Bewegung geraten sind.

Diese Jahre und mehr noch die kommenden erleben eine Krise aller Werte, denn sie gehören weder zum vorhergehenden Zyklus noch zu dem, der folgen wird, sie sind das Ende des einen und der Anfang des anderen. Die äußere Autorität bricht zusammen, bevor im Menschen die neue innere Autorität entstanden ist.

Das Ende des Zeitalters der Fische

Das griechische Wort ICHTHYS heißt Fisch. Die ersten Christen benutzten den Fisch als Symbol für Christus. Die Buchstaben des Wortes Fisch waren die Anfangsbuchstaben des Satzes: Jesus Christus, th (von Gott), s (Heiland).

Vor etwa 2000 Jahren wurde Christus unter den Menschen geboren, um dem neuen christlichen Zeitalter geistigen Impuls zu geben. Jetzt sind wir am Ende dieses Zeitalters angelangt. Ein abschließender Blick darf uns jedoch nicht zu pessimistisch sehen lassen, was in diesen zwanzig Jahrhunderten verwirklicht wurde, auch wenn es so aussieht, als wären die Menschen nicht viel anders als zur Römerzeit. Die spiralenförmige Entwicklung hat scheinbare Senkungen, um für die folgende aufsteigende Bahn, die zu einem höheren Niveau führt, größeren Schwung zu bekommen.

Das Licht Christi hat nicht vergeblich die Erde erhellt, denn Millionen von Menschen haben sublime Höhen erreicht mit Hilfe des Lichtes und des Antriebs, den die Entwicklung durch Christus erfahren hat.

Jetzt, da der Zyklus zu Ende geht, muß logischerweise das lateinische Sprichwort »in cauda venenum« wahr werden. Große Ereignisse werden geschehen und einen neuen Sprung der Menschheit in Richtung auf das Leben vorbereiten.

Auf eine neue Welt zu

Weder der Egoismus, noch der Profit, noch der Hochmut können eine stabile Basis für die menschliche Gesellschaft bilden, denn so wären die Menschen immer uneins, und in einem ständigen Kampf würden sie aufeinanderprallen. Wir sind eben dabei, diese niedrige Entwicklungsstufe zu überwinden. Jesus hatte Liebe gepredigt, da er wohl wußte, daß nur sie den Menschen das Heil bringt, das sie brauchen, um zu überleben und Fortschritte zu machen. Die Menschheit sucht in entwicklungsträchtigem Gären der Zeit ihren neuen Weg. Nach dem zerstörerischen Bad des Materialismus wird sie die geistigen Werte wieder entdecken, die einzig und allein eine dauerhafte Kultur tragen können. Jedem neuen Tag geht eine Nacht voraus. Aber am Ende muß das Licht doch kommen. Nachdem alle Systeme eine Niederlage erlitten haben, bleibt nichts anderes übrig, als das einzig gültige, das Evangelium der Liebe anzuwenden, das als einziger Rettungsanker der führerlos umhergetriebenen Menschheit die Erfüllung all ihres Strebens bringen kann. Der christliche Samen, vor 2000 Jahren in die Erde geworfen, kommt jetzt erst zur Entfaltung, nachdem alle Illusionen hinfällig geworden sind. Nach

langem Gären in der Erde wird der Keimling hervorsprießen, die Pflanze aufgehen und Früchte tragen.

Deshalb glauben wir, daß die zukünftige Gesellschaft
christlich sein wird; wirklich christlich, das heißt: eine Religion der Liebe, und nicht in den Versionen, die wir bis
jetzt kennengelernt haben. Bis jetzt kannten wir nur Versionen, die das Christentum als Tünche benutzten, aber
dem Wesen nach heidnisch geblieben waren, nichts als
eine Weiterführung des Judentums. Kampf, Haß und Betrug bestanden weiter, es hatten sich nur der Name und
das Etikett geändert.

Das Zeitalter des Wassermanns

Nachdem die 2160 Jahre im Christuszeichen der Fische
vergangen sind, tritt die Menschheit ein in das Zeichen
des Wassermanns, das ganz andere Merkmale hat als die
Vergangenheit. Alles wird sich ändern, denn in der Geschichte der Menschheit bricht ein neues Zeitalter an. Eine
erneuerte Menschheit zeigt sich am Horizont. Die Gesellschaft wird nicht mehr auf Besitz und Profit gegründet
sein, die immer die Ursache von Kämpfen und blutigen
Widersprüchen gewesen sind. Der Wassermann ist das
Zeichen der Reform des Denkens: Eine Epoche der Tole-
ranz zwischen allen Religionen, die in der Vergangenheit
mit ihren vielen, oft blutigen Auseinandersetzungen ein
so wenig erbauliches Schauspiel geboten haben. Die außerordentlichen wissenschaftlichen Errungenschaften, die
Leben und Denken der moralisch ahnungslosen Menschen dieser Tage vollkommen umgestülpt haben, dürfen
als vorweggenommene Äußerungen der zukünftigen Gesellschaft angesehen werden. Nach Ansicht der Astrologen führt der Wassermann, dem der Löwe, das Symbol

der Kraft und Herrschaft, gegenübersteht, eine Epoche nicht nur des Friedens herauf, sondern auch großer wissenschaftlicher Entdeckungen auf allen Gebieten und auch für die Menschheit nützlicher sozialer Errungenschaften. Jeder Zweig der Wissenschaften, Medizin, Chirurgie und Verkehrswesen wird in Zukunft durch das Wirken bewußt lebender und wissender Männer große Fortschritte machen. Auf dem Gebiet der sozialen Probleme wird man die zwar heute schon proklamierten, aber zum Wohl von nur wenigen dienenden Prinzipien der Liebe und Gerechtigkeit anwenden.

Die Intuition des Menschen wird sich stärker herausbilden und mit ihrer Hilfe wird er in Zukunft besser leben.

Die Vernunft wird nicht mehr egoistischen Zwecken dienen wie in der jetzigen moralisch unterentwickelten Gesellschaft, sondern den wirklichen Bedürfnissen des Menschen, der auf der Stufe eines harmonischen Menschseins angelangt ist.

Der Wassermann ist das Symbol für die Wiedergeburt. Das kommende Jahrtausend wird nach dem Sturm, der Menschen und Dinge reinwaschen wird, den Menschen guten Willens wirklich ein neues Leben bringen.

Das Zeitalter des Wassermanns ist das, von dem Jesus gesagt hat:

> »Aber es kommt die Zeit und ist schon jetzt, daß die wahrhaftigen Anbeter werden den Vater anbeten im Geist und in der Wahrheit; denn der Vater will haben, die ihn also anbeten. Gott ist Geist, und die ihn anbeten, müssen ihn im Geist und in der Wahrheit anbeten.«
> (Joh., IV, 23-24)

Es wird keinerlei Abbild der Gottheit mehr geben. Alles, was zwei Jahrtausende lang Ursache für Streit und Trennungen war – Kirchen, Besitzungen, Pfründe, Anhäufen von Macht und Seelenfang, weltliche Gewalt –, all das

wird der Vergangenheit angehören, in der die Menschen
für sublimere Werke noch nicht gerüstet waren. Tempel
und Altar werden nicht mehr aus Stein und Bildern bestehen, sondern einzig und allein im Herzen der Menschen
ihren Platz haben. Das Judentum wird endgültig durch ein
wahres, in der Liebe lebendes Christentum überwunden
sein.

Es wird sich bestätigen, daß Christus für all die gekommen
ist, die die Liebe verstehen. Ein grundlegender Zug der
neuen Welt wird das Prinzip der Liebe zueinander sein;
und so werden die Menschen einander Bruder nennen,
weil sie Söhne desselben Vaters sind, die gemeinsam für
dieselbe Familie arbeiten.

Im neuen Sonnenzyklus unter dem Zeichen des Wassermanns wird Christus der »Spender des Lebenswassers«
sein.

> »Wer von diesem Wasser trinkt, den wird wieder dür-
> sten; wer aber von dem Wasser trinken wird, das ich
> ihm gebe, den wird ewiglich nicht dürsten, sondern das
> Wasser, das ich ihm geben werde, das wird in ihm ein
> Brunnen des Wassers werden, das in das ewige Leben
> quillt.« (Joh., IV, 13-14)

Tausend und nicht mehr als Tausend

Das Konzil von Trosby im Jahre 909 behauptete, daß das Ende der Welt unmittelbar bevorstünde. Zahlreiche Menschen zogen sich in die Klöster zurück und überließen ihre Güter kirchlichen Einrichtungen; mit großem Eifer wurden Kirchen gebaut, andere widmeten sich Buße und Fasten. Prediger und Heilslehrer nahmen die Behauptung zum Anlaß, Ängste zu schüren, indem sie den erregten Phantasien noch mehr Nahrung gaben.

Die Geschichtsschreiber der Zeit berichten von außergewöhnlichen Hungersnöten in einem Großteil der Nationen, die auch auf das Brachliegenlassen der Äcker und auf Regenfälle und Erdbeben, die das traurige Schauspiel vervollkommneten, zurückzuführen waren. Die Angst – sagen die Chroniken – trieb sogar zu kannibalischen Handlungen.

Die kollektive Psychose hatte alle befallen, und der Schrecken vor dem Ende wuchs immer mehr, je näher das verhängnisvolle Datum rückte.

Ursprung des kolossalen Irrtums, der Europa in dieser Epoche in Aufruhr versetzte, scheint eine Fehlinterpretation der Bibel gewesen zu sein. Im folgenden der entsprechende Text der Offenbarung (XX, 1-5):

Und ich sah einen Engel niedersteigen aus dem Himmel, der hatte den Schlüssel zum Abgrund und eine große Kette in seiner Hand. Er ergriff den Drachen, die alte Schlange, die der Teufel und Satan ist, und fesselte ihn auf tausend Jahre. Er warf ihn in den Abgrund, schloß zu und brachte ein Siegel darüber an, damit er nicht mehr die Völker verführe, bis vollendet sind die tausend

43

Jahre. Danach muß er losgelassen werden auf eine kurze Zeit.
Und ich sah Throne, und sie setzten sich darauf, und das Gericht
wurde ihnen übergeben, und ich sah die Seelen derer, die hinge-
richtet worden waren wegen des Zeugnisses für Jesus und wegen
des Wortes Gottes, die weder das Tier und sein Bild angebetet
noch dessen Malzeichen auf ihre Stirne und ihre Hand angenom-
men hatten. Sie wurden lebendig und traten die Herrschaft an
mit Christus für tausend Jahre. Die übrigen Toten wurden nicht
lebendig bis zur Vollendung der tausend Jahre. Dies ist die erste
Auferstehung.

Diese Prophezeiung des Apostels Johannes, die zur Jahr-
tausendwende den Anbruch des Reiches Gottes festsetzte,
wurde so interpretiert, daß bei Ablauf des Jahres 999 der
Weltuntergang hereinbreche. Die angstvolle Erwartung
des Endes dauerte mit wachsender Intensität bis zu der
dramatischen Silvesternacht des Jahres 999.
Der Irrtum kam dadurch zustande, daß die Symbole der
Offenbarung als ein Zeichen für tausend Jahre interpretiert wurden.
Dazu hatte der jüdische Glaube an einen Messias als weltlichen König beigetragen. Mitgewirkt haben auch gewisse
Anspielungen und Theorien von Irenäus, Justin und Tertullian oder anderer Kirchenväter, die hatten glauben lassen, daß der Antichrist unmittelbar bevorstünde oder
schon existiere. Nach der Niederlage des Lügners sollte Jesus Christus tausend Jahre lang sichtbar auf der Erde herrschen.
»Da das Weltende nahe ist . . .« ist eine häufig wiederkeh-
rende Formel in Schenkungsurkunden, in denen testa-
mentarisch oder in privaten und sonstigen Akten Klö-
stern, Kirchen und Bruderschaften etwas vermacht wurde,
obschon man nicht ganz versteht, wie die Empfänger diese
Güter hätten genießen sollen, wenn es mit der Welt tatsächlich zu Ende ginge. Das Phänomen begann schon im

44

Jahr 534 und wurde gegen das Jahr Tausend immer häufiger. Aber es passierte nichts. Die Angst kehrte wieder, je näher man dem Jahr 1100 kam. Nachdem auch dieses Datum vorbei war, wurden die Massen 1200 erneut von Panik ergriffen. Die heilige Klara von Assisi war Zeugin weiterer Schrecken im Jahr 1245. So dauerte diese Furcht bei den Massen Jahrhundert um Jahrhundert durch das ganze Mittelalter an; ihre Nahrung bekam sie von Pseudosehern, Astrologen und Predigern, die ihre Voraussagen den eingeschüchterten Massen immer wieder vortrugen. Bis schließlich im V. Laterankonzil den Predigern verboten wurde, vom bevorstehenden Weltende zu sprechen.

Am Ende des jetzigen Jahrtausends sehen wir die Massen – wohl durch einen seltsamen Rückfluß der Gefühle – durch eine andere Illusion erregt; es ist die »Sonne der Zukunft«. Vom Schrecken zur Begeisterung, zum Fanatismus: Bewegungen der Massen, beide Luftgespinste auf illusorischen Grundlagen.

Das Geschlecht Adams

Jahrhundertelang glaubte man, das Alter der Erde betrage von der Schöpfung an gerechnet 6000 Jahre. Wir zitieren Talmud, Augustinus (*De Civitate Dei,* lib. 20, cap, 7) und Hieronymus (Espos. in Ps. 29 *ad Appianum*). Alle Gelehrten der Vergangenheit wiederholten diesen Irrtum. Aus dieser Annahme ergab sich die andere Meinung, von der sogar die alten Kirchenväter berichten und die selbst von berühmten Theologen und Exegeten nicht abgelehnt wurde, daß die Welt 6000 Jahre alt würde und nicht mehr. Diese uralte Tradition scheint aus dem Buch *Genesis* hervorgegangen zu sein, wo geschrieben steht: *Und am siebenten Tag ruhte Gott.* Bekräftigt wurde sie durch den Brief des

Apostels Barnabas, der von der Kirche nicht in die authentischen Schriften aufgenommen wurde; dort heißt es: »*In sechs Tagen, das heißt, in sechstausend Jahren, wird das Universum verbraucht sein.*« Und der heilige Hilarius kommentiert: »*So, wie die Welt in sechs Tagen erschaffen wurde, wird sie auch in sechs Jahrtausenden verbraucht sein.*« (*Adv. Haeres*, lib. 8). Dieser Glaube kam auf, weil man nach jüdischer Gewohnheit rechnete: Viertausend Jahre vor Christi Geburt und zweitausend Jahre als Dauer der christlichen Ära. Das sechste Jahrtausend geht mit unserem Jahrhundert zu Ende und dann beginnt das siebte. Im zweiten Petrusbrief steht geschrieben, daß für den »*Herrn tausend Jahre wie ein Tag sind*«. Die Dauer des Adamsgeschlechtes wurde so von vielen auf sechstausend Jahre festgelegt, die in sechs biblische Tage von je tausend Jahren unterteilt wurden.
Aber heute sieht man die Dinge in ganz anderem Licht. Das Alter der Erde hat man nach wissenschaftlichen Berechnungen auf etwa vier Milliarden Jahre festgelegt; der Mensch lebt seit Millionen Jahren auf diesem Sandkorn, das im Weltraum rotiert. Während dieser Zeit sind unzählige Kulturen aufeinander gefolgt. Sechstausend Jahre sind nur ein winziger Bruchteil der Zeit, in der es schon menschliches Leben auf dem Erdball gibt.
Man verwechselte das Alter der Welt mit der Lebensdauer des Adamsgeschlechtes, und der Irrtum dieser eigentümlichen Interpretation dauerte bis in verhältnismäßig junge Zeiten. Aus diesem Irrtum entsprangen dann neue Irrtümer, die zur Quelle für Mißverständnisse wurden. Alle Kommentatoren der Bibel und auch die der Schriften von Nostradamus rechneten auf die gleiche Weise. Unter denen, die das Alter der Welt in sieben durch die Schöpfungstage vorbestimmte Zeitalter einteilten, befanden sich auch auf allen Gebieten hervorragende Männer.
Heute ist man allgemein der Ansicht, daß das Ende dieses

Jahrhunderts auch das Ende des sechsten Jahrtausends bedeutet und daß wir uns somit auf der Schwelle des siebten Jahrtausends befinden; dabei meint man nicht das Alter der Welt, sondern nur das des Geschlechtes von Adam. Darauf bezog sich Christus im Evangelium, als er sagte: *Diese Generation wird noch nicht vergangen sein, und mein Wort wird sich schon erfüllt haben.«* Das Mißverständnis entstand schon zur Zeit des heiligen Paulus, und seitdem warteten alle auf das Ende.

Sollte die langbestehende Generation tatsächlich erst heute, am Ende dieses Jahrhunderts, zu Ende gehen?

Der Gedanke an den Tausender ist lebendig

Die Idee der Tausender ist uralt und hatte ihre Verfechter auch unter den Kirchenvätern. Sie glaubten, Jesus Christus würde mit den Heiligen tausend Jahre lang sichtbar auf der Erde regieren, und zwar am Ende der Zeiten vor der Auferstehung der Toten. Die Vertreter dieser Idee wurden (nach dem griechischen Wort für tausend) auch Chiliasten genannt.

Sie lehrten, an der ersten Auferstehung würden nur die Gerechten teilnehmen, die dann auch als einzige das Reich der tausend glücklichen Jahre erleben würden. Viele verstanden die Schrift im Wortsinn und behaupteten, Jerusalem und der Tempel würden in neuer Pracht wiedererbaut werden. Manche wollten sogar im voraus schon das Glück beschreiben, das sie in diesem sichtbaren Reich genießen würden. Wer zur Zeit des tausendsten Jahres lebte, würde das Leben behalten: Die Guten, um den wiedererstandenen Gerechten zu gehorchen, und die Bösen, um deren Untertanen zu sein. Christus würde dann vom Himmel herabkommen.

Wenn das tausendjährige Reich zu Ende sei, würde der Dämon die Heiligen Judäas angreifen und die angegebenen Völker unter dem Namen von Gog und Magog mitreißen. Ein feuriger Regen würde dann diese Ungläubigen zugrunde richten. Darauf komme die Auferstehung von den Toten. Auf diese zweite Auferstehung, die denen vorbehalten bleibe, die zur ersten nicht zugelassen wurden, sollte dann das Jüngste Gericht folgen und den einen die Pein und den anderen die Freude zugewiesen werden. Pein und Freuden stellten sich einige in geistiger Form vor, andere dachten sogar auch an körperliche Freuden und Leiden.

Auch heute ist die Idee des Tausenders in vielen religiösen und geistigen Kreisen noch lebendig. In Amerika ist sie bei den Mormonen verbreitet, die von der Aktualität des Jahrtausendgedankens predigen. Ebenso bei den Zeugen Jehovas, die in der ganzen Welt verbreitet sind und den Jahrtausendgedanken als sicheres Faktum annehmen. In ihren Schriften und Predigten heißt es, daß wir unmittelbar vor dem Eintritt ins siebte Jahrtausend stehen, in dem Frieden und Liebe unter den Menschen herrschen werden. Der Jahrtausendglauben scheint demnach lebendiger zu sein denn je, wie alle Ideen, die sich nicht überwinden lassen.

Das Ende der Zeiten?

Alle, die in der Vergangenheit an die Jahrtausendidee geglaubt hatten, haben sich nur in der Zeit geirrt. *»Tausend und nicht mehr als Tausend«* bezog sich nicht auf das Jahr 1000, sondern ganz einfach auf heute. Das ist die Meinung all derer, die davon überzeugt sind, daß die ersten tausend Jahre nach Christus wohl vorbei sind, das zweite

Jahrtausend aber noch nicht zu Ende ist. Der berühmte Ausspruch müßte also auf unsere Epoche bezogen werden. In diesen Jahren sind wir beim ». . . *und nicht mehr als Tausend*« angekommen.

Denken wir daran, daß Conchita Gonzales in Garabandal folgendes angekündigt wurde: *»Es ist das Ende der Zeiten, aber nicht das Ende der Welt.«* Antonio Gay, ein berühmter Besessener (1790-1871), schrie hinaus:

> »Ich werde untröstlich bei dem Gedanken, daß sich das Ende der Zeiten nähert und wir nichts Böses mehr tun können . . . Satan ist seit einiger Zeit auf der Erde, die Erde sieht anders aus, seitdem er losgelassen ist, die Unordnung ist fürchterlich, die Gottlosigkeit nimmt täglich zu . . . am Ende der Zeiten werden Zeichen aller Arten erscheinen . . . schaut euch gut um . . . seine Vorläufer werden zu sehen sein.«

Zu einem solchen Thema mußten auch die Päpste ihre Meinung äußern. Ihre Autorität, die einst das Jahrtausenddenken zurückwies, scheint es heute sogar zu proklamieren. Die Zeiten haben sich geändert, viele Dinge sind zur Reife gekommen. Was sie zu diesem Thema schreiben, ist sehr deutlich.

Pius X., der heilige Papst, erblickte den Antichrist in der atheistischen und heidnischen Gesellschaft, und in seiner 1. Enzyklika schreibt er angesichts der Glaubensabtrünnigkeit der Nationen:

> »Wer diese Dinge richtig einschätzt, hat das Recht zu fürchten, daß eine derartige Verkehrung der Geister den Anfang der Übel bedeutet, die für das Ende der Zeiten angekündigt sind, so etwas wie ihre Kontaktaufnahme mit der Erde, und daß der Sohn des Bösen, von dem der Apostel spricht, schon unter uns weilt.«

Benedikt XV. verkündet in seiner Enzyklika vom 1. November 1914, daß der Krieg von 1914 das Vorspiel für die

49

letzten Zeiten sei: »*Anfang der Schmerzen und der Agonie der Welt.*« Ein klares Wort, fast seherisch.

Pius XI. schreibt in seiner Enzyklika *Caritate Dei*:

>»Seit der Sintflut hat es kaum mehr eine so tiefgreifende geistige und materielle Krise gegeben wie die, die wir jetzt erleben.«

In seiner anderen Enzyklika »*Miserrimus Redemptor*« führt er diesen Gedanken genauer aus:

>»Niemand kann uns von dem Gedanken abbringen, daß es sich wirklich um die Zeichen für das Ende der Tage handelt, wie sie uns der Herr vorausgesagt hat.«

Pius XII. erklärte 1947:

>»Der Geist des Bösen tobt heute mit solcher Gewalt, daß alles auf eine endgültige Lösung zu deuten schiene, wenn wir nicht wüßten, daß der Kampf so lange dauert wie die Welt und nur mit einem Sieg Gottes zu Ende gehen wird.«

Worte und Taten von Johannes XXIII. und Paul VI. bestätigen immer mehr, daß das Denken der Päpste in dieser Hinsicht ganz deutlich von diesem Wissen geleitet wird. Und ihr Handeln in den letzten Jahren läßt vermuten, daß sie mehr wissen als das, was sie sagen.

Auch Johannes Paul II. hat auf seiner Reise nach Assisi vor der Basilica S. Francesco vom Jahr 2000 gesprochen und die Zweite Ankunft Christi angedeutet.

Die heilige Hildegard schreibt, die Stimme des Himmels habe ihr geoffenbart, daß alles, was auf der Erde lebt, der Vernichtung bestimmt ist, daß die Welt selbst ihre Kräfte schwinden fühlt; die Kataklysmen, die sie erschüttern werden, werden ihrer jetzigen Existenz ein Ende setzen. Sie sagt, daß wir in der Zeit leben, die dem siebten Tag vorausgeht.

Aber es ist ein Ende, dem der Anfang eines neuen sich öffnenden Zyklus folgen wird. Es wird allgemein angenom-

men, daß wir heute in den Zeiten leben, die in der Apokalypse als die Zeit des Glaubensabfalls, des Aufruhrs und
des Antichrist bezeichnet werden und Merkmal der letzten Stunde sind. Danach wird das Ende kommen.
Der natürliche Wissens- und Erkenntnisdrang treibt uns
jedoch dazu, zu forschen und zu fragen: »Wann wird das
alles geschehen?«

Joachim de Fiore und das Zeitalter
des Geistes

Joachim de Fiore war ein strenger Zisterziensermönch, ein Reformator seines Ordens, dazu hatte ihn das Vorbild der Thebaiseremiten inspiriert, die er besucht hatte. Er lebte von 1130 bis 1202 in Kalabrien, seiner Heimat, und war Abt im Kloster Corazza. Er schrieb Bücher über die Prophezeiung der Sibylle von Eritrea, über die Weissagungen Merlins, kommentierte die Propheten und die Apokalypse, aber was ihn berühmt machte, waren »Die Weissagungen des ewigen Evangeliums«.

Er hatte die Ahnung einer neuen Epoche, die im Entstehen war, und in einer prophetischen Schau fühlte er die kosmischen Vorbereitungen auf das große Ereignis. Das seiner Werke, das die Prophezeiungen enthält, wurde um 1484 zum erstenmal gedruckt, jedoch ohne Datum und Ortsangabe. Darauf folgten andere Ausgaben, in denen neben dem lateinischen Original auch die italienische Übersetzung steht. In einigen Ausgaben hat man die Prophezeiungen angefügt, die Anselm, dem Bischof von Marsico, zugeschrieben werden, außerdem enthalten sie Abbildungen von Symbolen und Figuren mit arabischen und türkischen Rädern, Bildern und Orakeln.

Dante glaubte an Joachim, und wie Franziskus von Assisi inspirierte er sich bei ihm. Er begegnet ihm im Paradies (XII. Gesang) und läßt den heiligen Bernhard folgendes über ihn sagen:

53

»... und links siehst du den Abt,
Den Kalabresen Joachim, vertreten,
Der mit prophetischem Geiste war begabt.«

Die Prophezeiungen des Abtes Joachim

Er kündigte eine neue Kirche an, eine Kirche des Heiligen Geistes, die nach dem Zeitalter des Vaters und dem des Sohnes kommen sollte.

Der Kern seiner Aussagen ist: Die Welt hat drei Zeitalter: Das erste, das des Alten Testaments, die Ära des Vaters, des Gesetzes und der Furcht; das zweite, das Neue Testament, das Zeitalter des Sohnes und des Glaubens; das dritte, das Zeitalter des Heiligen Geistes, der Liebe und des Friedens. Das zuletztgenannte Zeitalter begann für ihn 1260.

Dem dritten Zeitalter sollten nach Joachim Heimsuchungen und Verfolgungen vorausgehen, nach denen dann das Ewige Evangelium proklamiert würde. Die ganze Verfassung der Kirche würde sich ändern und die Evangelien sollten ihrem Geist nach interpretiert und verwirklicht werden.

»Petrus wird verschwinden und Johannes hervortreten, denn das Reich des Heiligen Geistes wird ein Reich der Freien sein.

Im ersten Stadium war es eine Welt von Sklaven, im zweiten von Freien und im dritten eine Gemeinschaft von Freunden. Im ersten Zeitalter herrschte das Gesetz, im zweiten die Gnade und im dritten eine noch größere, umfassendere Gnade. Im ersten Stadium: Servile Knechtschaft, Plagen, Herrschaft der Alten, Winter usw.; im zweiten: Weisheit, Kindschaft, Licht der Morgenröte, Ähren und Wein, Reich des Sohnes; im dritten: Beginn der wahren Freiheit, Kontemplation, Nächstenliebe, Freunde, Mittag, Sommer, Getreide, Öl, Auferstehungsostern.«

Für Joachim folgte auf die Kirche der Symbole eine Kirche der geistigen Wirklichkeiten. Joachim de Fiore, ein Neuerer der geistigen Verfassung, aber der Kirche gegenüber immer noch achtungsvoll und ehrfürchtig, sagt, daß das Symbol automatisch der dargestellten Wirklichkeit weicht; so

> »wird die hierarchisch geordnete Kirche der Kirche des Geistes Platz machen, wenn die Stunde gekommen ist. Alles in ihr ist nur vorläufiges Symbol. Aber die Symbole dürfen nicht vor der Zeit aufgegeben werden, denn sie besitzen bildende Kräfte.«

Im dritten Zeitalter, so sagt er, das jetzt beginnt, wird es im Gegensatz zur Vergangenheit Menschen geben, »*die in Uneigennützigkeit und Demut als einziges Gesetz das Gesetz des Geistes, die Liebe, verkünden werden*«. Die Intensität des kulturellen und theologischen Lebens der lateinischen Kirche ist »*nur ein schwacher, kaum sichtbarer Abglanz der späteren Offenbarungen des Heiligen Geistes*«.

Diese Theorien gewannen viele Anhänger, fanden weite Verbreitung in den Mystikerkreisen und wurden oftmals gedeutet. Ihr Einfluß auf Dante und viele Schriftsteller, die nach ihm kamen, war beachtenswert. Manche halten seine Theorien noch für aktuell in Hinsicht auf unsere Zeit, obwohl Joachim sie auf seine Zeit bezog. Durch das Werk vieler Nachfolger erfuhren sie selbstverständlich auch Deformationen. Die Franziskaner vor allen anderen glaubten, daß diese Prophezeiungen sich mit ihrem Orden vollzögen. Aber es dauerte nicht lang, und sie schlugen den anderen Weg ein, lebten das Leben ihrer Zeit und nahmen an deren Kämpfen teil, sie taten das ihrige zu den Polemiken und nahmen sogar an der Inquisition teil.

Joachim de Fiore glaubte zu seiner Zeit, daß das Ende der Welt unmittelbar bevorstehe.

»Mit dem Jahr 1201, unter dem Pontifikat von Innozenz III., begann in der Kirche die 42. Generation. Und man muß in der Furcht das Herz zur Hoffnung erheben. Der Orden, der aufgrund seines leuchtenden Wissens als golden bezeichnet werden durfte, hat sich heute getrübt und ist wieder zu dunklem Blei geworden. Und diejenigen, denen es gefiel, gleich Edelsteinen in den einsamen Kreuzgang des Herzens gefaßt zu sein, sind heute verstreut die breiten Straßen entlang und an den Ecken der geräuschvollen Plätze, damit beschäftigt, äußere Angelegenheiten zu regeln und ungute Streite zu entscheiden. Zur Sühne der Schuld der Kirche selbst sind sie in der Nachfolge des Priesterstandes, der nichts an sich hat von der Nachahmung des himmlischen Menschen, alle in den Dingen der Erde und auf der Suche nach einem materiellen Vorteil.«

Hier scheint er die Sitten der heutigen Priesterschaft zu beschreiben. Joachim behauptet auch, daß die Epoche des sechsten Engels der Apokalypse schon begonnen hat und mit Schnelligkeit und Dringlichkeit zu enden bestimmt ist. Auf das Denken Joachims gründen sich die Bewegungen der Flagellanten, der Beginen, der franziskanischen Fraticelli und Spirituali, mit ganz offenbaren Übertreibungen und Abweichungen.

Mittelbar oder unmittelbar hat Joachim de Fiore auch das Prophetentum Savonarolas, die Philosophie G. B. Vicos, das Streben von Cola di Rienzo und sogar Giuseppe Mazzini und Ibsen beeinflußt. Themen Joachims wurden auch von Bonaventura und dem heiligen Bernhard von Siena übernommen. Und wer heute die alten Strukturen der Kirche nicht mehr akzeptiert und das Bedürfnis nach Erneuerung spürt, wiederholt seine Gedanken.

Das große Warten auf die Ankunft und die Behauptung der geistigen Werte auf der Erde macht die wahre Bedeutung von Joachims Botschaft aus. Seine Aktualität besteht in dem Verlangen nach Erneuerung der erwählten Geister, das heute mehr denn je empfunden wird.

Die Voraussetzung für seinen Glauben und den Glauben derer, die fühlen, daß heute dem Leben der Menschen eine radikale Änderung bevorsteht, war und ist die Gewißheit eines göttlichen Plans in der Natur und der Geschichte, in dem, was sich in gleichartigen Zyklen entwickelt und verwirklicht. Diese Auffassung ist heute all denen gemeinsam, die einen offenen Glauben haben. Dasselbe gilt bestimmt nicht für die, die seine Ideen verurteilen. Das zu erfahren, war dem Seher nicht gegeben; denn er war schon zehn Jahre tot, als Innozenz III. auf dem Laterankonzil (1212) seine Theorien verwarf.

Das Zeitalter des Geistes

Im dritten Zeitalter wird nach der Ansicht von Joachim de Fiore die im Neuen Testament geheimnisvoll abgebildete Wahrheit verwirklicht werden.

Für ihn wie für die hinduistische Überlieferung (nach dem, was wir schon gesehen haben), die er bestimmt nicht kannte, werden dem Anfang des neuen Zyklus Heimsuchungen vorausgehen, die sich dann zu einer Ära von Frieden und Liebe entwickeln werden. In dieser bedeutungsvollen Übereinstimmung finden sich die ältesten und die jüngsten Überlieferungen zusammen, und wir werden sie auch in den Prophezeiungen antreffen, mit denen wir uns im folgenden beschäftigen werden.

Nach Joachim wird das dritte Zeitalter vollkommen und abschließend sein: wie der Heilige Geist vom Vater und vom Sohn ausgeht und den Dreieinigkeitskreis beschließt, so wird das neue Zeitalter die Ankunft der Liebe bedeuten, die jeden Überrest von knechtischer Furcht und jedes Eingreifen einer Obrigkeit zwischen Gott und seinen Kindern zunichte machen wird; es wird ein Zeitalter der Vollkommenen sein.

Das Echo dieser Worte scheint man in den Behauptungen von Louis M. Grignion de Monfort zu hören, der folgendes geschrieben hat:

»Das besondere Reich von Gott Vater hat bis zur Sintflut gedauert und ist mit Wasser zu Ende gegangen; das Reich Jesu Christi ist mit einem Blutbad zu Ende gegangen; aber das Reich des Heiligen Geistes wird mit einer Flut aus Feuer, Liebe und Gerechtigkeit enden.«

In der Lebensbeschreibung von Maria des Vallées, der Heiligen von Coutances, heißt es:

»Es gibt drei Sintfluten, alle drei sind traurig, zur Vernichtung der Sünde gesandt. Die erste Sintflut ist die des Ewigen Vaters: es war eine Sintflut aus Wasser; die zweite ist die des Sohnes: es war eine Sintflut aus Blut; die dritte des Heiligen Geistes: sie wird aus Feuer sein. Aber sie wird traurig sein wie die anderen, denn sie wird viel Widerstand finden und eine große Menge grünen Holzes, das schwer zu verbrennen ist. Zwei sind vergangen, aber die dritte bleibt noch übrig; und wie die beiden ersten lange, bevor sie eintraten, vorhergesagt wurden, so auch die letzte, deren Zeit jetzt nur Gott allein weiß.«

Atlantis. Die Prophezeiung
der Großen Pyramide

In allen Religionen ist die Erinnerung an ein ursprüngliches Paradies lebendig, an ein Eden, wie es in der Bibel genannt wird; viele Völker glauben, daß unsere Urahnen von dort kamen und daß die Pforten des Paradieses von einem Engel mit flammendem Schwert bewacht waren. Viele glauben, daß Atlantis dieser Ort des Glücks und der Wonne war.

Eine versunkene Kultur.

Vor einer Million Jahren hatte die Erde ein anderes Gesicht als heute; die Meeresflächen waren nicht so verteilt, wie wir sie heute auf unseren Landkarten sehen. Der größte Teil des heutigen Festlandes war damals unter Wasser, und was damals Festland war, ist heute tief ins Meer getaucht, nur da und dort sind ein paar Überbleibsel zu sehen: Das sind die Inseln für unsere Vergnügungsreisen. Für die Hyperboräer, Lemuren, Poseidonier, Atlantiden usw. waren es die höchsten Gipfel ihrer Berge.
Wenn die Eismassen der Antarktis schmelzen würden, stiege der Spiegel der Ozeane um mindestens 50 m. Millionenstädte wie London, Paris, Rom, New York und viele andere würden unter den Wassermassen verschwinden. Diese unheilvolle Hypothese ist jedoch nicht aus der Luft gegriffen, denn das ist tatsächlich schon mehr als einmal geschehen. Im Wechsel der Epochen, die das Leben der

Erde ausmachen, verschwinden Kulturen und andere erstehen neu. Bertrand Russell sagt, daß wir bei 21 Kulturen der Vergangenheit von wenigen den Namen, aber nichts als den Namen wissen, während 14 andere versunken sind, ohne die geringste Spur hinterlassen zu haben.

Platon spricht im *Kritias* und im *Timaios* von Atlantis. Plutarch, Diodoros Siculus, Strabo, Macrobius, Aelianus und Proclos schrieben darüber. Der letztere erwähnt sieben der Proserpina heilige Inseln (vielleicht die Kanarischen Inseln) und weiter drei, die dem Pluto, dem Sonnengott Ammon und dem Poseidon heilig sind.

Nachdem Atlantis eine so hohe Kulturstufe erreicht hatte, daß sich die Wissenschaften auf einem Niveau befanden, das unserem heutigen gleichkam oder es sogar überstieg, begann es Degenerations- und Verfallserscheinungen zu zeigen. Die Menschen mißbrauchten ihre Kenntnisse und die technischen Errungenschaften für egoistische Zwecke, genauso wie wir es heute erleben.

Das Versinken von Atlantis durch die ungeheuren Kataklysmen vollzog sich nicht mit einem Mal, sondern es geschah stufenweise im Lauf mehrerer Jahrtausende, in deren Verlauf die Erde radikale Umformungen erfuhr. Darauf folgende Katastrophen vollendeten das Werk der totalen Erneuerung unseres Planeten.

So verschwand Atlantis, die Insel der Saturngötter, das Reich der Bronze und des Messings, Geburt- und Entwicklungsstätte des Sonnenkults, für immer vom Antlitz der Erde.

Atlantis und die Pyramiden

Hunderttausende von Jahren sind für das Leben der Erde wie für uns der gestrige Tag. W. Scott-Elliot behauptet in

seiner *Geschichte von Atlantis*, daß vor etwa zweihundert-
tausend Jahren ein Reich gegründet wurde, über das die
erste »Göttliche Dynastie« Ägyptens herrschte.

»In jener Zeit kam von Atlantis die erste große Welle von
Siedlern, und in dem Zeitraum vor der zweiten Katastrophe, der ungefähr zehntausend Jahre dauerte, wurden die
beiden großen Pyramiden von Gizeh erbaut, um einerseits
Zimmer für die Initiationsriten herzurichten und dann
auch um mächtige Herrschaftstalismane während der Zeit
der von den Eingeweihten vorausgesagten Kataklysmen
zu bewachen und zu verstecken.«

Aber auch Ägypten ging unter und blieb eine beachtliche
Zeitlang unter den Wassern.

»Als es wieder auftauchte«, so fährt W. Scott-Elliot fort,
»wurde es von den Nachkommen der ehemaligen Bewohner wieder bevölkert, die sich auf die Berge Abessiniens
geflüchtet hatten. Neue atlantische Siedler kamen aus allen Teilen der Welt, und eine beachtliche Einwanderung
von Akkadern trug ebenfalls dazu bei, den ägyptischen
Rassen-Typ zu verändern. In dieser Zeit begann die Epoche der zweiten ›Göttlichen Dynastie‹ Ägyptens; die Eingeweihten leiteten noch das Land.«

Die Katastrophe, die vor etwa achtzigtausend Jahren her-
einbrach, hatte ein abermaliges Untertauchen des Landes
zur Folge, das aber nicht lange dauerte. Als das Wasser zu-
rückwich, übernahm die von Manetho erwähnte dritte
»Göttliche Dynastie« die Macht, und unter Herrschaft der
ersten Könige dieser Dynastie wurden der große Tempel
von Karnak und andere Bauten errichtet, deren Überreste
heute noch zu finden sind. Kein Bau Ägyptens stammt aus
der Zeit vor der Katastrophe, die sich vor achtzigtausend
Jahren vollzog, außer den beiden Pyramiden.

Das endgültige Versinken von Atlantis rief auch in Ägypten eine Überschwemmung hervor, die jedoch vorüberge-

hend war und das Ende der Göttlichen Dynastien mit sich
brachte, da die Loge der Eingeweihten ihren Sitz anderswohin verlegte.

Es scheint also ein Band zwischen Atlantis und den Pyramiden zu existieren. Sogenannte »historische« Doku-
mente können wir nicht dazu anführen. Die Erinnerung
der Menschen ist zu schwach, die Erinnerung auch im do-
kumentarischen Sinn von Schriften und Zeugnissen vor
dem erschütternden Wirken der Zeit. Aber vielleicht
wurde gerade deshalb die Botschaft einer Materie anvertraut, die selbst von den Kataklysmen nicht vernichtet
werden konnte: dem Stein in einem Kolossalbau. Und nur
das ist geblieben.

Das Geheimnis der Cheopspyramide

Vor der Pyramide saß die Sphinx als Wache, als wollte sie
verkünden, sie habe eine Botschaft für die kommende
Menschheit und für die Zukunft der Welt.

Der englische Mathematiker John Taylor behauptete 1850
in seinem Buch *The Great Pyramid*: die Große Pyramide
enthalte eine göttliche Offenbarung oder eine Prophezeiung. Er hatte die Maßeinheit, den »Pyramidenzoll«, als
fünfhundertmillionsten Teil der Erdachse entdeckt, den
die Erbauer der Pyramide angewandt hatten. Masoudi, ein
arabischer Schriftsteller aus dem 10. Jahrhundert, hatte bereits geschrieben: »Surid, einer der ägyptischen Könige
vor der großen Überschwemmung (Sintflut), hat die beiden größeren Pyramiden erbauen lassen und dabei den
Priestern befohlen, dort Zeugnisse ihrer Weisheit, ihrer
künstlerischen und wissenschaftlichen Kenntnisse sowie
die Namen und die Eigenschaften der Heilpflanzen und alles, was sie in Arithmetik und Geometrie wußten, schrift-

lich zu hinterlassen. Der König selbst hinterließ in der Pyramide Angaben zur Position der Sterne und zu ihren Zyklen, zur Geschichte und Chronik der vergangenen Zeit und die Vorahnungen für die Zukunft.«

Die Pyramide wurde sicher von alten Eingeweihten erbaut in Zusammenarbeit mit Architekten, Priestern und Astrologen, die mathematische, astronomische und architektonische Kenntnisse auf diese Weise vereinten und ihre geheimnisvolle Botschaft an die zukünftigen Generationen weitergeben wollten mit einem symbolischen Bau, dessen Bedeutung erst am Ende der Zeiten verständlich werden wollte. Die geheimnisvolle Wissenschaft der Pharaonen sollte nicht verlorengehen.

Am Anfang des Nildeltas gelegen ist die Cheopspyramide die größte von allen. Sie ist 137 m hoch, ihre Seiten haben an der Basis eine Breite von je 227 m, ihre Eingangsseite ist genau im Norden. Dieses mächtige Menschenwerk könnte, wenn es leer wäre, den Petersdom von Rom in sich aufnehmen.

Zu diesem Bau brauchte man etwa zwei Millionen sechshunderttausend Kubikmeter Kalkstein von einem Gesamtgewicht von sechs Millionen fünfhunderttausend Tonnen. Nach Herodot dauerte der Bau 20 Jahre und wurde durch die unmenschliche Anstrengung zahlloser Sklaven vollendet.

Die Historiker geben zwar immer wieder eine sepulkrale Deutung der Pyramide, aber sie erweist sich unter vielen Gesichtspunkten als unzureichend und mangelhaft. Gegen eine Interpretation nur in dieser Richtung sprechen zu viele Elemente, die sich nur in symbolischem und prophetischem Sinn erklären lassen. Eine andere Interpretation will dem Kolossalbau eine esoterische Bedeutung zusprechen. Die Pyramidologen wiederum behaupten, daß die Cheopspyramide alle bedeutenden Daten der Menschheitsgeschichte enthalte, man brauche sie nur zu lesen verstehen. Als Maßeinheit benutzten die alten Ägypter die heilige Elle, die später auch die Juden beim Bau des Salomonischen Tempels und der Arche anwendeten. Die heilige Elle wurde von den Eingeweihten benutzt, während die anderen in gewöhnlichen Ellen rechneten. Man sagt auch Pyramidenelle; eine solche Elle besteht aus 25 Pyramidenzoll. Zoll und Elle entsprechen den beiden Mustern für die Messung, mit denen – nach Davidsons Äußerungen – die späteren Sucher diese »architektonische Apokalypse« hätten messen sollen. Dem Pyramidenzoll wird in der Zeitmessung die Dauer eines Sonnenjahres zugeschrieben.

Die symbolisch-esoterische Bedeutung

Das Symbol begleitet die Menschheit seit eh und je. Der gewöhnliche Mensch schaut die Oberfläche der Dinge an, ohne weiter vorzudringen. Aber darunter ist etwas mehr, nämlich das, was wir die Substanz nennen. Es ist (steht) darunter (*sub stat*), auch wenn unser Zeitalter das Lateinische vergessen will und nur den äußeren Schein betrachtet.

Die Sphinx erscheint als Abbild und Denkmal der vieltausendjährigen Entwicklung des Menschen, sie versinnbildlicht den Weg, den die tierhafte Menschheit zurücklegen muß, um die Gottheit zu erreichen. Die vier Hauptzeichen des Zodiakus, Stier, Löwe, Adler und Engel (Wassermann), die zugleich die Symbole der vier Evangelisten sind, weisen auf den Ausgangspunkt und zugleich auf das Ziel: von den Hauern zur Sonne, von den Krallen zum Flügel, von der Erde zum Himmel, vom Menschen zu Gott.

Aufgrund der wunderbaren wissenschaftlichen und esoterischen Kenntnisse, wie der Abstand von der Erde zur Sonne, der Erddurchmesser usw., die alle in ihr enthalten sind, wurde sie auch die »steinerne Bibel« genannt.

Die Gestalt der Pyramide ist eine symbolische Darstellung der Entwicklungstendenz, die vom Vielfachen zu dem Einen strebt. Im esoterischen Sinn bedeuten die quadratische Basis und die dreieckigen Seitenflächen die vier Zeiten der Materie – Geburt, Entwicklung, Reife, Ende, die ergänzt werden durch die drei Zeiten des Geistes – Verstand, Geist, Liebe. Ein Viergesetz in den vier Zeiten der Menschheit und im Leben des einzelnen. Auf der Spitze ist alles vereint durch den höchsten ordnenden Geist, Gott. 3 und 4 zusammen ergeben die 7, eine allen Religionen wohlbekannte Zahl.

Der Pyramide fehlt die abschließende Spitze, die Vollendung, das Symbol für Christus. Jesus hatte zu seinen Jüngern gesagt:

»Habt ihr nie gelesen in der Schrift: Der Stein, den die Bauleute verworfen haben, der ist zum Eckstein geworden. Von dem Herrn ist das geschehen und ist ein Wunder vor unsren Augen.« (Matthäus XXI, 42).

Zu Recht wurde bemerkt, daß nur bei der Pyramide der Stein gleich ist, ob Eckstein, Hauptstein und Spitze. Christus hat das Bild vom Eckstein immer auf sich bezogen. Nur durch seine Ankunft konnte der Bau vollendet werden. Der »Herr der Pyramide« ist der Messias, von allen Völkern jahrtausendelang erwartet.

Die prophetische Botschaft der Großen Pyramide

Auch viele arabische Schriftsteller bestätigen die symbolische Bedeutung der Großen Pyramide. In der inneren Anlage stellen die Korridore, die Säle, die Stufen, die Durchgänge, die Kammern und die Stollen das Maß der Zeit dar und sie stehen für die Phasen der Menschheitsgeschichte bis zum »Ende der Zeiten«. Diese Prophezeiung ist nicht dem Pergament anvertraut, sondern in wuchtige Bauten gehauen, die durch Jahrtausende allen Wechselfällen standhielten. So konnte die Botschaft mit absoluter Sicherheit den Nachkommen überbracht werden und alle menschlichen Wechselfälle überdauern.

Steht die Zukunft der Menschheit in der Pyramide geschrieben?

Es war Robert Menzies, der im Jahr 1865 als erster die Vermutung aufstellte, daß in der Innenstruktur der Pyramide eine chronologische Darstellung der Prophezeiungen festgehalten und die Maßeinheit der chronologischen Skala der Zoll sei, und vor allem, daß der Große Stollen ein Symbol für das christliche Zeitalter sei, in seiner Form, Höhe und Länge.
Nur über einen Punkt sind sich die Interpreten nicht einig: Zu welchem Zeitpunkt ist der Beginn der christlichen Ära festzulegen? Die einen lassen sie mit der Geburt, die anderen mit dem Tod Christi beginnen.

Die Daten und die Ereignisse

Nach der Ansicht Habermanns ist in den architektonischen, historischen und wissenschaftlichen Gegebenheiten der Pyramide das Zeitalter des Adamsgeschlechtes in seinem ganzen Verlauf festgehalten. Damit verfügen wir über einen steinernen Kalender für 6000 Jahre, das heißt, für das ganze Zeitalter des Adamsgeschlechtes, das im Jahr 4000 vor Christus anfängt.

Es ist von größter Bedeutung hervorzuheben, daß Christus die Zentralfigur der ganzen Menschheitsgeschichte ist. Der Messiasglaube ist nicht auf das jüdische Volk beschränkt, sondern ein universales Phänomen. Alle Völker und Stämme verlangten und erwarteten einen Messias. Somit hätte die Pyramide hauptsächlich einen messianischen Wert, zumal auch die prophetischen Daten, die in ihr enthalten sind, bis zum Ende der christlichen Ära reichen: bis 2001 oder – nach der Meinung anderer – bis 2090.

Zu diesen Ergebnissen kam man, indem man die inneren Strukturen in Daten übersetzte und in höchst komplexen Untersuchungen mit Hilfe geometrischer und astronomischer Berechnungen deutete. Nach diesen Berechnungen befindet sich das Jahr Null unter dem Boden der Pyramide an einem Punkt, wo sich die Verlängerung der Achse der abwärts führenden Korridore mit der unterirdisch verlängerten Oberflächenlinie der ursprünglichen Kalkverkleidung der Pyramide schneidet.

Eine Reise ins Innere der Pyramide

Wenn wir den Kolossalbau durch das Eingangstor, das sich in der sechzehnten Reihe befindet, betreten, steigen wir sofort in die Tiefen hinab. Da die aufwärts führenden Korridore symbolisch Aufstieg, Fortschritt und Suche nach Licht bedeuten, während die abwärts führenden symbolisch für Rückentwicklung und Rückschritt stehen, deutet diese Periode auf eine Epoche geistigen Verfalls. Setzen wir unsere Reise fort, so überqueren wir die Eingangskorridore, die in der Steinsymbolik Vorbereitungsperioden bedeuten; dann kommen die engen Stellen, die schwierige Zeiten bedeuten usw. Es gibt sogar eine verkehrt gebaute Kammer, wo auf dem Kopf gehende Menschen abgebildet sind: Das bedeutet den Wahnwitz der Menschen, die alles verkehrt sehen.

Das ganze System der Korridore, Treppen, Stollen, Stockwerke, Durchgänge und Vorkammern hat seine eigene Sprache. Die Maße beruhen auf der äußersten Präzision der geometrischen Daten. Sogar die Orientierung der Eingänge und Kammern hat symbolischen Charakter.

Die christliche Ära

Auf der Schwelle des Großen Stollens, der in den ägyptischen Texten »Die Überfahrt über die reinen Wasser des Lebens« genannt wird, beginnt die christliche Ära. Es handelt sich um den Zeitabschnitt, der mit dem 7. April 30 des Julianischen Kalenders beginnt. Die Höhe, die Länge und die Neigung des Großen Stollens sind von den Fachgelehrten genau ausgemessen, überprüft und gedeutet worden wegen der grundlegenden Bedeutung dieser Periode.

Die Länge des Großen Stollens beträgt an der Decke 153 Fuß (die Zahl der Fische im Johannesevangelium XXI, 1-14) oder 1836 Zoll, die Länge des Bodens sind 157 Fuß oder 1884 und 1/3 Zoll; an seinem Ende befindet sich die Große Stufe. Die Zahl 153 entspricht den 153 Fischen, die die Apostel auf Geheiß des wiedererstandenen Jesus Christus fingen. Die minuziös beschriebene Geschichte des wunderbaren Fischfangs am See Tiberias, in der auch auf scheinbar unnütze Details nicht verzichtet wird, könnte uns merkwürdig erscheinen, wüßten wir nicht, von welch großer symbolischer Bedeutung diese Tatsache für die Geschichte der gesamten christlichen Ära ist. An der Stelle des Evangeliums, wo von denen berichtet wird, die in dem wegen der großen Last fast untergehenden Schiff waren, steht der bemerkenswerte Satz ». . . *sie waren nicht ferne vom Lande, sondern bei zweihundert Ellen«.*

G. Barbarin, von dem wir diese Daten übernommen haben, bemerkt folgendes: Wenn man die Zahl 1884 und ⅓ (ein Zoll steht für ein Jahr) dem 5. April des Jahres 30 (Todesdatum Christi und wirklicher Beginn der christlichen Ära) hinzufügt, so erhält man den 4./5. August 1914, ein sehr bedeutendes Datum in der prophetischen Geometrie der Pyramide. Nach der Interpretation vieler entspricht dieses Datum des Jahres 1914 der Großen Stufe, die für ein wesentliches Merkmal der ganzen Prophetie der Pyramide gehalten wird.

Unsere Zeit . . .

Die Große Stufe befindet sich am Ende des aufsteigenden Korridors. Das ihr entsprechende Datum (1914) stellt den Anfang unserer peinvollen Zeit dar, auf die das *»Ende der Zeiten«,* wie es in der Bibel heißt, und die *»Wiederherstellung aller Dinge«* folgen wird.

Vom Rand der Großen Stufe an überstürzt sich die Menschheit in ihrem Marsch: Manche Fachgelehrten nehmen sogar für den Zoll, die Maßeinheit, nicht mehr den Wert eines Sonnenjahres an, sondern nur dreißig Tage des alten Kalenders. Mit diesem Maß erreicht man auf dem Weg durch die Pyramide 2001. Andere Interpretationen geben der ganzen Strecke, auch nach der Großen Stufe den Wert von einem Zoll. In diesem Fall ergibt sich eine Veränderung in der Chronologie und als Enddatum kommt 2444 heraus.

G. Barbarin schreibt: »Nach der Großen Stufe führt die Menschheit ihren geistigen Aufstieg nicht weiter, sondern geht auf der horizontalen Ebene weiter. Dann betritt sie die Epoche des Chaos, in der man wegen der niedrigen Korridore gebückt gehen muß, mit Ausnahme der Vorkammer, bevor man die Königskammer erreicht.«

Die Umwälzungen, die mit diesem Datum beginnen, könnten sich nach der Ansicht einiger Pyramidologen bis ins Jahr 2030 erstrecken, mit diesem Datum geht auch die Botschaft der Pyramide zu Ende. Nach der Meinung anderer können sie auch ein paar Jahre länger dauern. Rudolf Werner sagt in seinem Buch *Das Geheimnis der Cheopspyramide*, daß sich der Übergang von unserer Zeit zur neuen Ära zwischen 2013 und 2090 vollziehen wird.

Die Große Stufe ist der Anfang der Vorbereitung für das Ende. Seit 1914-18, den Jahren des Ersten Weltkriegs, sind Aussehen und Rhythmus der Menschheit verändert. Ohne allzusehr in die Einzelheiten der Daten und Fakten einzudringen, für die wir ohnehin nicht garantieren könnten, möchten wir nur auf Interpretationen eines so berühmten Pyramidologen wie Davidson hinweisen, die Barbarin in seinem Buch *Die Prophezeiungen der Großen Pyramide oder das Ende der Welt Adams* wiedergibt.

Davidson behauptet, daß sich durch Berechnungen und Messungen eines Stückes des zweiten Korridors eine seltsame Ähnlichkeit und Analogie mit den Gegebenheiten und Maßen des architektonischen Stückes herausstellt, das die Geburt Christi ankündigte. Daraus zieht er den Schluß, daß im Oktober 1936 der menschliche Antichrist geboren wurde. Seitdem ist eine Epoche dicht aufeinanderfolgender Erschütterungen im Gang. In dieser Zeit, Zeit der Vernichtung genannt, reißen die Völker die Grundlagen der vergangenen Kultur mit den Wurzeln aus.

In der prophetischen Topografie der Pyramide sind die Zeiten festgelegt, aber nicht die Jahre, denn die Daten sind

Menschenwerk, während die Phasen, die aufeinander folgen, der Plan des Werkes sind, das sich vollziehen muß.

. . . und die zukünftigen Zeiten

Von der Großen Stufe gelangt man in die Königskammer. Sie hat auch den Namen »Saal des Urteils« und »Rückkehr zum Wahren Licht, das von Westen kommt«, und man erreicht sie durch zwei Durchgänge und eine Vorkammer. Der erste niedrige Durchgang bedeutet die Zeit des Chaos; die Vorkammer den Stillstand des Chaos; der zweite und letzte niedrige Durchgang die letzte Erniedrigung, vor dem Eintritt ins neue Licht, die Königskammer.

Ein weiteres einschneidendes Faktum nach 1914 war der Zweite Weltkrieg (1939-45), ohne Zweifel eine Folge der Situation, die seit 1935/36 in Europa bestand. In der Symbolik der Pyramide wechselt die Menschheit im September 1936 noch einmal die Richtung, zum erstenmal nach dem Eingangskorridor.

Andere beachtenswerte Daten, die die Pyramidologen zu erkennen glauben, sind 1953 und 1966. Das letzte Datum ist der Dezember 1992. Unter den großen Ereignissen, die für die Zeit nach diesem Datum zu erwarten sind, werden folgende genannt: die Ankunft des Großen Monarchen, der vor der letzten Zeit Ordnung schaffen wird, jene verworrene Ordnung der Sichel und des Halbmonds, danach die Taten des Antichrists und die zweite Ankunft Christi.

Das alles müßte in den Jahren geschehen, die zwischen dem Jahr 2030 oder 2090 liegen, so sagen die gängigsten Interpretationen. Nach anderen könnten, wie wir gesehen haben, die Daten auch noch weiter in der Zukunft liegen.

Aber schließlich wird nach so viel Pein und Unglück das heißersehnte Zeitalter der Gnade anbrechen für eine neue

Menschheit, die im Reich Saturns in Ruhe und Harmonie ihr Goldenes Zeitalter leben wird.

Wie man nach Überqueren eines Tales wieder hinaufsteigt, eine Anhöhe und schließlich einen Gipfel erreicht, so wird es nach den Umwälzungen und dem Chaos unserer Zeit unweigerlich eine Ära des Friedens, Wohlstands und Glücks geben. Sie wird den Genuß der heiteren Freude einer wiedergefundenen Brüderlichkeit unter höher entwickelten Menschen bedeuten, die ihr Augenmerk auf die realen geistigen Werte richten. Natürlicher Überfluß wird herrschen und herrühren von der neuen Sicht des Lebens, die Liebe und Zusammenarbeit auf ein einziges Ziel hin ist: das Wohl aller.

Was Nostradamus über die Ereignisse
der zukünftigen Jahre sagt

Der Wunsch, die Zukunft zu kennen, treibt den Menschen dazu, einen Versuch zu wagen, um aus dem Käfig auszubrechen, in dem er sich als Gefangener der Zeitdimension befindet. Die Prophezeiungen sind der Spalt, der ihm eine sonst versagte Vision eröffnet. Doch die Gabe der Weissagung ist selten, und darum wendet man sich mit größerem Vertrauen einem zu, der mit der Bestätigung der Fakten, die schon eingetroffen sind, diese Gabe bewiesen hat.
Ein Beispiel dafür ist die herausragende Figur des großen Sehers von Salon, Nostradamus.
Es ist unmöglich, sich mit Prophezeiungen zu befassen, ohne von Nostradamus zu sprechen. Die 966 Vierzeiler seiner berühmten zehn Centurien enthalten viele Voraussagen, die bis in die Details Wirklichkeit geworden sind. Aber seine Vierzeiler sind ohne Ordnung und ohne Zusammenhang aufs Papier geworfen, so daß es nicht möglich ist, dem Faden der angekündigten Ereignisse zu folgen, wenn man ihn einmal gefunden hat. Dazu sind sie nebelhaft verschleiert, verschlüsselt und sibyllinisch, die Sprache ist verworren, bald wörtlich, bald symbolisch zu verstehen, so daß man zwischen dem Symbolischen und dem wörtlich zu Nehmenden schließlich gar nichts mehr versteht. Wenn einige Zeilen klar sind, so sind andere dann vollkommen unverständlich. Er schreibt das Französisch der damaligen Zeit, mit lateinischen Wörtern durchsetzt, dazu kommen seine eigenen sprachlichen Erfindun-

gen, Namen im Anagramm oder von ihm selbst geschaffen.

Wer behauptet hat, er habe den Schlüssel zu den Prophezeiungen von Nostradamus gefunden, der hat in Wirklichkeit gezeigt, daß er einen Schlüssel in der Hand hat, der keine einzige Tür aufschließt. Wer sich anmaßend in die wirbelige See des Nostradamus hinauswagt, läuft Gefahr, kein Land mehr zu sehen.

Die Centurien erweisen sich als wenig verständlich abgefaßt. Wie alle Eingeweihten hielt sich der Seher an die goldene Maxime, keine Perlen vor die Säue zu werfen.

Die Unverständlichkeit von Nostradamus hat vielfache Gründe. Zunächst fürchtete er das Urteil der Inquisition, die mit Gefängnis und Scheiterhaufen nicht spaßte. Da er von Ereignissen sprach, die das Ende bestimmter weltlicher Mächte bewirken sollten, tat er gut daran, sich vor dem Zorn von Monarchen und Fürsten zu fürchten und ihn nicht erregen zu wollen. In der Cent. I, 4 kündigt er das Ende des Papsttums an:

. . . wenn sich das Fischerboot verlieren wird.

In der Cent. IV, 89 schreibt er über den Senat von London (das Parlament):

der den König zum Tod verurteilen wird.

Aber woher kommt dann der große Ruhm, den Nostradamus als Seher genießt?

Nostradamus kann man nur verstehen, wenn die Ereignisse schon eingetreten sind. Dann erscheint auf einmal klar, was vorher dunkel war. Er selbst hat schon vorher alles klar gesehen, er hat sogar die Namen der Protagonisten der Geschichte niedergeschrieben, bevor diese noch geboren waren: Mazarin, Innozenz X. und Hitler beispielsweise, aber er gab sie häufig im Anagramm wieder, um einen Schleier über sie zu werfen. Er schreibt Ripas statt Paris; Chiren statt Henri; Italien nennt er Mesopotamien; er sagt Sparta statt Diktatur; Heuschrecken und Lokusten für Flugzeuge, die zu seiner Zeit noch nicht existierten. Er hat von den letzten Zeiten, den Roten und der Sichel wie ein zeitgenössischer Geschichtsschreiber berichtet. Er sieht ihren momentanen Triumph und ihren spektakulären Untergang wie den all derer, die, um sich durchzusetzen, auf die vergängliche Macht der Materie bauten.

Nostradamus, Astrologe und Seher

Michael Nostradamus, geboren am 14. Dezember 1503 in Saint Rémy in der Provence, war ein ausgezeichneter Kenner der Kabbala, der Veden, der Evangelien und vor allem der Astrologie. Im Besitz uralter, von seinen jüdischen Vorfahren stammender Bücher konnte er immer tiefer in seine Lieblingswissenschaft eindringen; umgeben von Astrolabien, Destillierkolben, magischen Spiegeln und Wünschelruten wachte er Tag und Nacht, konsultierte Bücher, Schriften und Pergamente in verschiedenen Sprachen. Er kannte sich genau aus mit den Tierkreiszeichen, berechnete die Positionen von Jupiter, Mars, Venus und anderen Planeten und ihre gegenseitigen Aspekte, und so soll es ihm gelungen sein, die Ereignisse und Zeiten der menschlichen Geschicke im Lauf der Jahrhunderte zu erkennen.

In dem Buch *Nostradamus sagte das Ende der Zeiten voraus* schreibt Donato Piantanida:

»Nostradamus enthüllt selbst seine Vorgehensweise, mit der er seine einzigartigen Erfahrungen erlebt hat. Er faßt sie in den beiden Quartinen zusammen, mit denen er seine Centurien einleitet:

Des Nachts vertieft in geheimes Studium
Alleine ruhend auf dem kupfernen Sitz

Spärliche Flamme, die aus der Einsamkeit dringt
Läßt hervorbringen, was nicht vergebens zu glauben ist
Den Stab in der Hand auf halber Höhe des Arms
Formt er aus dem Schwall (der Verse) *Rand und Fuß*
Ein Schaudern und eine Stimme lassen den Ärmel beben,
Göttlicher Glanz, die göttliche Erscheinung läßt sich daneben
　　nieder.

Unglücklicherweise lassen sich recht wenige der folgenden Quartinen so leicht entschlüsseln. Um die Gründe verstehen und rechtfertigen zu können, die den Seher dazu veranlaßten, zu verschleiern oder den Text sogar völlig unlesbar zu machen, indem er in den meisten Fällen die exakte Auslegung der Quartinen höchst schwierig gestaltet – solange das vorhergesagte Ereignis noch nicht eingetroffen ist –, müssen wir uns zuerst vor Augen halten, daß Nostradamus sich wie alle Adepten an die goldene Maxime hielt, seine Perlen nicht unters Volk zu werfen, und daher sein Buch so verfaßte, daß es nur für eine begrenzte Elite verständlich war.

Der berühmte Doktor bestätigt diese unsere Behauptung in den Versen, die er als Vorwort vor die siebte Centurie stellt, Verse, die folgende eindringliche Ermahnung enthalten:

Wer diese Verse liest, wäge sie mit reiflicher Überlegung
Das profane und unwissende Volk halte sich von ihnen fern
All die Astrologen, die Toren und Barbaren mögen sich hüten
　　beizupflichten
Und vom Himmel verflucht sei, wer etwas anderes tut.«

(Ende Zit. Piantanida!)

Das Werk von Nostradamus ist eine bewunderungswürdige Verflechtung von wissenschaftlicher Berechnung und prophetischem Sehertum. Bestimmte Einzelheiten, die dann genauso eintrafen, konnte er tatsächlich nur durch ein höheres Sehertum feststellen. Er scheint seinem

Werk in etwa das Jahr 2000 als eine Grenzmarke gesetzt zu haben, aber es sieht so aus, als enthielten seine Prophezeiungen auch Hinweise auf die Zeit, die danach kommt, bis zum Jahr 3797, wenn man seine eigene Angabe richtig versteht. Hauptsächlich beziehen sich jedoch seine Voraussagen auf das Zeitalter der Fische, auf das er sich freiwillig beschränkte. Er wußte wohl, daß nachher die Entwicklung der Menschheit eine höhere Stufe erreichte, auf der viele zu Hellsehern würden, so daß sie selbst Licht in die Zukunft bringen könnten. Daher beschränkte er seine Aufgabe selbst auf das Zeichen der Fische.

Die Dunkelheit bei Nostradamus ist gewollt, die Ängste und Sorgen seiner Zeit steigerten sie noch. Seine Methode hat vieles gemeinsam mit dem Vorgehen eines Rätselerfinders. Es ist daher sehr schwer zu enthüllen, was er mit so viel Sorgfalt verhüllt hat, und es ist sicher unmöglich, die einzelnen Voraussagen, die er in seinen Vierzeilern verstreut hat, zeitlich festzulegen. Die es versucht haben, haben häufig ein unnützes Werk getan, da sie die Begriffe verwirrten, statt sie zu klären. Viele haben ihre Phantasie arbeiten lassen und ihm Dinge zugeschrieben, an die er nicht im Traum dachte, während andere nur versucht haben, Bestätigungen für ihre eigenen Vorstellungen und Vorurteile zu finden.

Da uns diese Betrachtungen nicht befriedigen, möchten wir die Strophen wiedergeben, deren Voraussagen noch nicht eingetreten sind, wobei wir sicher sind, daß sie in Zukunft Wirklichkeit werden. Was aber die Reihenfolge der Ereignisse betrifft, so wissen wir mit Sicherheit gar nichts. Nostradamus behauptete, er hätte jeden seiner Vierzeiler mit dem Datum versehen können. Er hat es nicht getan. Als er es bei seinem Todesdatum dennoch machte, irrte er sich, obwohl er seinen Tod bis in die kleinsten Einzelheiten geschildert hatte. Die Daten sind

Menschensache und haben nur relative Bedeutung. Was gilt, sind die Tatsachen.

Eine allgemeine Schau vor den Einzelheiten

Wir haben alle Kommentatoren von Nostradamus herangezogen, berücksichtigen aber insbesondere die in der Bibliografie angeführten Autoren. Die Tatsachen, die an diesem Jahrhundertende eintreten müßten, werden in einer Sequenz wiedergegeben, deren Ablauf in der Reihenfolge ganz unbestimmt ist, da es sich um die Rekonstruktion eines Gebäudes handelt, von dem wir nur ein paar verstreute Steine besitzen und dessen ursprünglicher Plan unbekannt ist. Ausnahmslos stimmen alle Interpreten über die zukünftigen Heimsuchungen überein, aber die Daten sind bei jedem anders. Auch über einen Krieg in der zweiten Jahrhunderthälfte, der schnell und vernichtend zu Ende gehen wird, finden wir eine beachtliche Übereinstimmung in den verschiedenen Quellen.

Nach der Ansicht von P. Innocent Rissaut werden rote Revolutionstruppen zehn Monate lang die Oberhand gewinnen. Sie werden Norditalien, Sizilien, Spanien, Deutschland bis an den Rhein und dann Frankreich besetzen. Paris wird in Brand gesteckt und für immer vernichtet werden. In den roten Armeen werden sich außer Russen auch Deutsche, Türken und Araber befinden. Rom wird verwüstet werden. Geistliche werden niedergemetzelt. Der Papst wird in Gefangenschaft gesetzt werden und beim Brand des Vatikans sterben. Auch ein Kardinal wird getötet werden. Es wird ein großes Schisma geben, drei Päpste zur gleichen Zeit: ein Italiener, ein Deutscher und ein Grieche. Im Lauf eines Monats werden sie alle drei umgebracht werden.

78

Der fürchterliche Krieg wird vom Norden und vom Osten (Palästina?) ausgehen und zwei Jahre dauern. Raketen werden eingesetzt werden. Nachdem die zehn Siegesmonate der östlichen Eroberer vorbei sein werden, wird eine neue Waffe in Aktion treten: »Der Blitz aus dem Himmel« wird sie von Nostradamus genannt, und sie wird die wichtigsten Städte Amerikas, Englands, Rußlands und der Balkanstaaten verwüsten. Der Krieg zwischen Osten und Westen wird mit ungeheuren Vernichtungen zu Ende gehen.

Die Verwirrung, die es in den beiden feindlichen Lagern geben wird, wird sich ein gewisser Alemannischer Kaiser zunutze machen und das Kommando der beiden Heere, des asiatischen und des europäischen, übernehmen. Er wird den »germanischen Gegenpapst« auf den Stuhl Petri setzen, nachdem der neue, vom Schisma erwählte Papst geflohen sein wird. Er wird sich krönen lassen und das neue »Heilige Römische Reich« ausrufen. Aber das wird nicht mehr als sieben Monate dauern, danach werden Kaiser und Gegenpapst getötet und ihre Anhänger niedergemacht oder verjagt werden.

Der »Blitz aus dem Himmel« wird England treffen und ungeheure Schäden anrichten. Es wird eine Revolution ausbrechen und fatal werden für die Königin Elisabeth II . . .

Sieben Jahre später wird der italienische Große Pilot und Große Monarch wieder auftauchen, aus der Gefangenschaft befreit, in die ihn der Alemannische Kaiser gesetzt hatte. Er wird der Erde den Frieden bringen und den rechtmäßigen Papst wieder auf den Stuhl Petri setzen. Die »Piraten der Meere« und die Barbarenhorden wird er aus Europa vertreiben. Die heiligen Stätten Palästinas wird er der Kirche geben. Dieser Große Monarch wird nach zehn Jahren bewegter Herrschaft nach Palästina gehen und dort als Haupt der Staaten Europas sterben.

Der Große Monarch wird den Orden der Kreuzträger

gründen, der gegen die Feinde Gottes vorgehen wird; einige von ihnen wird man deportieren und unter ihnen wird sich der zukünftige Antichrist befinden. Der Große Monarch wird an der Spitze der zehn Könige stehen und sich mit dem Papst verbünden. Dann wird es nur mehr eine Schafherde geben und einen Hirten in einer langen Friedenszeit.

Ebenfalls nach P. Innocent Rissaut ist der Antichrist während des Pontifikats von Pius XII. in Palästina geboren, als im Todesjahr des Papstes Eugenio Pacelli ein Komet erschien. Zu handeln wird er erst um 1980 beginnen und um das Jahr 2000 wird er sich als universaler Monarch behaupten, wenn Rom zerstört sein wird. Dann wird es zum letzten Schisma kommen. Die Zeiten der Schmerzen werden »aus Liebe zu den Auserwählten« verkürzt werden.

Die üblen Taten des Antichrist werden sich über drei Jahre hinziehen, danach wird man ihn umbringen. Und die Menschheit wird nach all den Leiden auf die zweite Ankunft Christi warten.

In den Kommentaren der anderen Exegeten finden wir Variationen in den Zeiten und der Reihenfolge; was gleichbleibt, sind die langen Kriege, Verfolgungen und Hungersnöte, zu denen noch Naturkatastrophen kommen, welche die aufgewühlten Gemüter in noch so viel Unglück begleiten werden.

So wird zwischen Kriegen und Katastrophen der Juli 1999 kommen, in dem die letzte Invasion der Asiaten und des Antichrist zu erwarten ist. Aber es endet nicht alles in Verderben: Es handelt sich lediglich um eine schmerzhafte, aber nötige chirurgische Operation vor dem Heraufkommen einer neuen Menschheit.

Das ist das tragische Bild der Ereignisse, die nach den Kommentatoren von Nostradamus in der Zeit unmittelbar vor und unmittelbar nach dem Jahr 2000 geschehen werden.

Wenn sich alles tatsächlich auf diese paar Jahre zusammendrängen sollte, dann wäre das Bild düster ohnegleichen.

Aber als Überblick möchten wir unserem Leser noch einmal einige Punkte vorlegen, die wir nicht nur aus Nostradamus, sondern aus verschiedenen anderen, in der Bibliografie angeführten Sammlungen haben. Mit ihrer Hilfe können wir einen zusammenfassenden Überblick über die kommenden, vorhergesagten Ereignisse gewinnen. Die Reihenfolge der Geschehnisse kann nur ganz allgemein einen Hinweis geben, auf keinen Fall ist sie kategorisch. Es bleibt die Substanz der Tatsachen und ihr außergewöhnlicher Ernst.

I. Die Protagonisten

Die Sichel, die Roten, die Araber, von denen Nostradamus häufig spricht.
Der Kaiser des Nordens mit seinem alemannischen Gegenpapst.
Der Große Monarch und der Heilige Papst.
Die Kreuzträger.
Die zehn christlichen Könige der Welt. Selim. Der römisch-belgische König.
Der letzte Antichrist, der Universale Monarch.

II. Die Zeiten und die Ereignisse

Revolution in Italien und Flucht des Papstes.
Bürgerkrieg in Frankreich und Revolution in England.
Revolten auch in Amerika.
Arabisch-russische Invasion Europas.

Momentanes Übergewicht der Roten mit Gewalt, Verfolgungen und Hungersnöten.

Glaubensabfall der Katholiken, Gegenpapst in Rom. Schismen. Heiliges Römisches Reich, ausgerufen vom Alemannischen Kaiser und seinen Trabanten, dem Gegenpapst. Krieg mit China.

Weltweiter Aufstand gegen den Kommunismus mit blutigen Folgen. Naturkatastrophen, Erdbeben, Epidemien und Überschwemmungen.

Vertreibung der Invasoren und Wiederherstellung der Dinge durch das Wirken des Großen Monarchen zusammen mit dem Heiligen Papst.

Friedenszeit.

Wiederaufnahme der Kriege mit Revolten und Kataklysmen, wechselvolle Geschicke.

Unheilvolles Wirken des letzten Antichrist. Schlußkrieg mit dem Einsatz fürchterlicher Waffen. Endkatastrophe. Drei Tage Dunkelheit, Zeichen des Himmels. Abschluß einer Epoche gipfelnd in dem Großen Tag. Vollkommene Vernichtung der Gottlosen. Satan in den Abgrund verbannt.

Anbrechen einer glücklichen Ära mit einer erneuerten, geistbezogenen Menschheit.

Nun entnehmen wir den Prophezeiungen von Nostradamus ein paar hervorstechende Tatsachen, um ein paar Einzelheiten zu beleuchten.

I. Die Protagonisten

Wir geben einen kurzen Hinweis auf die Hauptgestalten der Epoche, die wir gerade untersuchen.

A) »Der Alemannische Kaiser (des Nordens)«

Unter den Dingen, die für diese verworrenen Jahre vorausgesagt wurden, ist auch die Proklamation des Römischen Reiches.

> »In Deutschland wird das heilige Reich ausgerufen wer-
> den«, sagt er in Cent. X, 31, »die Israeliten werden die
> Stätten offen finden; die Esel (Asiaten) werden auch
> Carmania (Frankreich) wollen, aber die Verfechter wer-
> den alle unter die Erde kommen.«

Das wird geschehen, wenn den Arabern für die Invasion
Tür und Tor offenstehen wird. Dieser Große Kaiser des
Nordens, der große Lügner, wie ihn Nostradamus nennt,
wird eine Geißel sein für Italien und besonders für die Kirche. *»Er wird das Befehlen nie satt werden ... er wird der
Schlimmste sein, Rom und Frankreich werden nie einen schlimmeren Tyrannen gehabt haben.«* (Cent. IX, 45)
Der Alemannische Kaiser wird so tun, als ergäbe er sich
dem Papst, wird ihm Hilfe vortäuschen und sich dann als
Lügner entpuppen. Das unheilvolle Wirken dieses Kaisers, dessen Taten wir wiedergeben, sobald die Rede von
Rom und dem Papsttum ist, wird aber nicht lange dauern:
sieben Monate zügelloser Herrschaft. Dann werden er
und der Gegenpapst, der sich mit ihm verbünden wird, besiegt und getötet werden. (Cent. II, 55 und Cent. VI, 76).
So wird das Pseudo-Römische Reich gestürzt werden, wie
es entstanden war: durch Gewalt.

B) »Der Große Monarch«

Dante sieht in seinem *De Monarchia* in großer seherischer
Vision den »Universalen Monarchen« voraus, »der den
Menschen liebt, weil er ihn als Menschen betrachtet, und

ihn, um ihn Bruder zu nennen, nicht zuerst fragt, woran er denkt und an welchen Gott er glaubt.« Da auf diese Weise die Uneinigkeiten und Streitgründe, die schon blutige Kämpfe genährt haben, beseitigt sind, kann sich eine Einigung auf der höchsten Ebene vollziehen.

Der Große Monarch müßte – nach den Aussagen der Prophezeiungen – noch vor den letzten Zeiten alles in Ordnung bringen. Die heilige Birgitta schreibt über ihn, daß

»er allen den Gebrauch von Waffen untersagen wird; die Menschen werden Gott erkennen, den Einen und Dreieinigen, und es wird eine Herde und ein Hirt sein.«

In einer anderen Voraussage heißt es:

»Der Große Monarch (oder der mächtige König) wird von Gott gesandt werden, um die Republiken auszurotten ...

... er wird der Erde den wahren Frieden bringen ...«

Nach Cent. I, 50 wird der Große Monarch in Italien zur Welt kommen und über die Orientalen und ihre Lehren wie ein verheerender Sturmwind herbrausen. Bei seinem Erscheinen werden alle Sekten verschwinden.

»Sieben Jahre, nachdem die barbarischen Völkerschaften des Nordens die Stadt Jaffa eingenommen haben, werden sie vom Großen Monarchen und einem Fürsten der himmlischen Miliz in alle Winde zerstreut werden.« (Heilige Hildegard, 1179)

»Er wird den Türken und die Häresien vernichten und den Kaiser des Nordens besiegen«,

lautet die Prophezeiung eines Kapuziners aus dem Jahr 1779.

»Vor dem Antichrist wird sich in Italien ein Mann erheben, so stark, daß er sich mit Samson messen könnte. Er wird aus Italien stammen ... und adeligen Geschlechtes sein. Dieser, der Liebling Gottes, wird die Lombardei aus der Sklaverei befreien und Italien von seinem

Martyrium erlösen. Vom Heiligen Papst und auch von der Vereinigung (der 10 Könige) entsandt, wird er mit seinen Seeleuten nach Griechenland fahren und dort viele Städte zerstören.« (Merlin, 1640)

C) »Der Pastor Angelicus«

Zwischen dem Großen Monarchen und dem Papst wird Harmonie und Einigkeit im Handeln herrschen. Nostradamus sagt von diesem Papst in seinen Prophezeiungen in Prosa:

>»Er wird Erbarmen, Tugend und Lehre haben, um die Kirche wieder zum Urzustand zurückzuführen. Sein Name wird sein Angelicus.«

Die sieben letzten Päpste, angefangen bei Pius XII., werden alle von überirdischer Wirksamkeit sein. Er wird dem nicht abgeschafften Orden, dem der Minoriten, angehören, denn bis dahin werden alle Orden abgeschafft sein, entweder, weil man sie für unnütz hält, oder, weil sie während der schrecklichen Invasion aufgelöst wurden. Der Papst, der mit dem Großen Monarchen zusammenarbeiten wird, wird der ideale Papst sein, einer von denen, auf die man Jahrhunderte vergeblich gewartet hat, und der durch sein Leben und Wirken zum Vorbild aller werden wird.

Sein Wirken wird auch die Ungläubigen erreichen, die sich bekehren werden.

Eine andere Voraussage verkündet:

>»Der neue Papst wird eine große Gestalt von großer Heiligkeit sein. Mit seinem Vorbild, seiner Fürsorge und zusammen mit dem Großen Monarchen, der seinen Wünschen entsprechen wird, wird er große Dinge für die Religion vollbringen.

85

Der Segen des Herrn wird auf die verzweifelte Nation herabsteigen; ein bedeutender Hirt wird auf dem päpstlichen Thron sitzen und die Engel werden über ihn wachen ... Dann wird ein anmutiger König aus der Nachkommenschaft Pippins wallfahren, um die Pracht des glorreichen Papstes zu sehen ...«

Eine andere, dieser ähnliche Prophezeiung sagt folgendes: »Nachdem der König von Blois seinen Sitz in die päpstliche Stadt verlegt haben wird, wird er die fürstliche Tiara auf das Haupt eines großen Papstes setzen, der voll Bitterkeit über die Heimsuchungen den Klerus zwingen wird, nach den Regeln der Zeit der Apostel zu leben ...«

D) »Die zehn Könige«

Zehn christliche Könige werden in der Zeit zwischen den zwei Kriegen, einer glücklichen, obschon kurzen Periode, die Helfer des Großen Monarchen sein und in der Wiederherstellung des Friedens wetteifern. Nostradamus nennt sie »Könige« nach der in seiner Zeit geläufigen Bezeichnung, aber sie könnten auch Staatsoberhäupter in einem Vereinigten Europa sein. Unter den zehn wird auch einer für Deutschland sein, der nach der Tötung des Alemannischen Kaisers (des Nordens) und der Niederlage seiner Anhänger gewählt werden wird.

In der Cent. V, 74 heißt es von ihm, daß
»er aus trojanischem (italienischem) Blut und germanischem Herzen geboren sein und so hohe Macht erreichen wird; er wird die fremden arabischen Völkerschaften vertreiben und die Kirche zu ihrer ursprünglichen Größe zurückführen.«

Mit der Hilfe des Großen Monarchen wird er alle Orientalen aus seinem Land vertreiben, zu dem ihnen vorher der tyrannische Kaiser die Pforten geöffnet hatte.

Ein weiterer Mitarbeiter des großen Monarchen muß unserer Ansicht nach der sein, den Nostradamus den römisch-belgischen König nennt.

»Ihm wird von einem großen Fürsten des Orients eine Lanze gegeben werden. Ein kriegerisches Volk aus dem belgischen Gallien wird ihn unterstützen.«

Olivarius schrieb 1542:

»Der Große Monarch wird herrschen über die vereinigten Reiche Europas. Er wird die Geschicke der Welt regeln und jeder Nation souveränen Rat erteilen. Er wird König über die Könige sein . . .« (s. Franz von Paola).

Eine Prophezeiung, die man Joachim (1200) zuschreibt, sagt, daß zwei christliche Könige, einer in Griechenland und der andere in Italien, gegen die Türken kämpfen werden. Diese Könige werden acht weitere Könige erwählen und so zehn werden und alle Christen sein und zusammen den Kaiser der Römer wählen.

E) »Die Kreuzträger«

Der Große Monarch wird den Orden der Kreuzträger gründen. Diese werden ein Heer bilden, dessen wirksame Mittel Waffen, Gebet und Gastfreundschaft sind.

»Gott wird über einen armen Mann vom Blute Konstantins kommen . . . der das Zeichen des Kreuzes auf der Brust tragen wird . . . dieser Mann wird in seiner Kindheit und Jugend fast heilig sein, als junger Mann ein Sünder, der sich dann bekehren und wieder heilig werden wird. Er wird zur Erde geworfen werden, wie es Paulus geschehen ist«,

so schreibt Franz von Paola (1507) und fügt hinzu:

87

»Er wird der Gründer der Kreuzträger sein. Der Große Monarch und die Kreuzträger werden die ganze Welt beherrschen. Die Kirche wird er mit seinen Anhängern reformieren, die die besten Männer in Heiligkeit, Waffenkunst und Gelehrsamkeit sein werden.«

Abgesehen vom Kreuz auf der Brust sind die Methoden dieser Kreuzträger wenigstens anfänglich nicht gerade christlich. Franz von Paola schreibt denn auch, daß sie die ganze mohammedanische Sekte und alle Ungläubigen vernichten werden.

»Sie werden ein ungeheures Gemetzel anrichten und man wird das Blut derer, die gegen Gott aufstehen, Flüsse und Seen bilden sehen.«

Wir sind bestürzt über diesen Begriff von Heiligkeit! Das Kruzifix auf dem Banner ist nicht genug, auch wissen wir nicht, wie sich ihr Handeln und die Feststellung *»Sie werden das Zeichen des lebendigen Gottes auf der Brust, aber mehr noch im Herzen tragen«* miteinander in Einklang bringen lassen könnte. Aber vielleicht wird das nur die Wut der ersten Zeiten sein. Das scheint durch die Aussage *»sie werden sich . . . in überaus getreue Diener Gottes verwandeln«* bestätigt zu werden, zugleich wird dadurch bewiesen, daß sie es vorher durchaus nicht waren.

Das Heer der Kreuzträger wird den Namen *Heilige Union* haben, weil es vielleicht das Heer des Großen Monarchen sein wird, der alle Völker Europas, deren Oberhäupter die zehn Könige sind, vereinigen wird. Die Waffen werden die Materialien sein, die verwunden und töten. Ein Sieg also mit der Überwältigung durch physische Kraft, nicht durch die Kraft, die Herz und Geist der Menschen gewinnt und dadurch den einzig gültigen Sieg erringt.

F) Die Sichel, die Roten und der Halbmond

In den Prophezeiungen von Nostradamus und anderen werden häufig in Zusammenhang mit Unheil die Sichel, die Roten und der Halbmond genannt. Zur Zeit des Sehers hätte niemand die Bedeutung dieser Wörter verstehen können.

Im Licht der heutigen Realität erscheint uns klar, was unseren Vätern noch dunkel scheinen konnte. Freilich wußten auch sie, daß der Halbmond auf die Araber hinweisen konnte; wir heute jedoch kennen dazu sehr wohl auch die Bedeutung der Sichel und wissen, wer die Roten sind. Darüber hinaus benennt der Prophet sogar mit der Bezeichnung »die ganz Roten« diejenigen, die wir heute mit der Erbitterung einer ins Extrem gesteigerten materialistischen Ideologie agieren sehen. Bis vor wenigen Jahren hätte niemand gedacht, daß die Araber zu Protagonisten der Geschichte werden könnten. Und doch hat das Erdöl dieses Wunder vollbracht. Jetzt sind sie die Richter über die Weltwirtschaft, vor allem in Europa, weil sie gegenüber den industrialisierten Ländern eine Schlüsselposition einnehmen.

In dieser Epoche der Auflösung aller Werte hat der Marxismus einen Nährboden gefunden, weil er sich auf einen »zoologischen« Begriff des Lebens als Selbstzweck stützt. Nostradamus schreibt den Roten das Zerstörungswerk dieser letzten Zeiten zu. Wir kennen das Programm, das, vor allem in der totalitären Version, die gegenwärtige Gesellschaft zu zerstören bezweckt, um die der eigenen Ideologie entsprechende zu errichten.

Nostradamus schreibt, daß die Araber in dem Zerstörungswerk dieser letzten Zeiten Verbündete der Sichel und der Roten sein werden. Von gemeinsamer Raserei getrieben, werden sie mit Gewalt und schonungslosem

Kampf diejenigen niedermachen, die sich ihren Vorstellungen nicht beugen wollen.

II. »Die Zeiten der Katastrophen«

Die Lektüre der Prophezeiungen des Nostradamus ist alles andere als trostreich. Es entspricht jedoch der Wahrheit, daß zweitausend Jahre lang eine heidnische Gesellschaft mit christlichem Etikett getötet, genossen und unterdrückt hat wie eh und je. Jetzt, da wir am Abschluß des Zyklus angelangt sind, sieht es aus, als würde dieser Rhythmus immer schneller, denn die Prophezeiungen sprechen von der Entfesselung einer Welle von Gewalttaten und Schrecknissen. Wahnsinn scheint die Menschen zu ergreifen, die Anarchie erschüttert die Gemüter und die Gesellschaft.

»Das Blut der Großen wird vergossen werden ... Die Nationen werden in großem Elend zusammenbrechen. Wer Almosen gab, wird sie nun empfangen ...
Nackt und hungrig, von Kälte und Durst verzehrt werden sie zum Ärgernis aller überall umherirren ...
Frauen, Alten und Kindern wird mit dem Tode gedroht.«

Seit Jahrhunderten tun wir in Abständen nichts als Kriege zu führen. Die Menschheit müßte sie satt haben. Aber Invasionen, Plünderungen, Massaker, Zerstörung und Zusammenbruch gehen weiter. Daraus entstehen Epidemien, Hungersnöte, Erdbeben und Kataklysmen. Nostradamus und mit ihm fast alle Seher und Propheten verkünden den Anfang einer neuen Ära für das siebte Jahrtausend, aber der letzte Kilometer vor dem Ziel ist über alle Maßen hart. P. Innocent Rissaut sieht in seinem Kommentar der Centurien eine kurze Friedenszeit von 1971 bis 1980 voraus, dann ist es nicht ausgeschlossen, daß nach 1980 ein dritter Weltkrieg ausbrechen und 1983 im russischen Sieg seinen Gipfel finden könnte; dann fünf Jahre Frieden, nur bis 1988, 1989 entweder Waffenstillstand oder siegreiche amerikanische Gegenoffensive. Der momentane Triumph der negativen Kräfte wird die Schwachen umwerfen, die noch nicht fest in ihrem Innersten verankert sind und noch nicht Kraft genug haben, um Widerstand zu leisten und zu siegen.

Michele de Socoa (Verlag Chacornac) sieht außerordentliche Geschehnisse voraus für die Jahre 1983, 1988 und 1991. Zweitausend Jahre Geschichte voller Grausamkeiten gipfeln nach der Aussage vieler Prophezeiungen und der Meinung verschiedener Kommentatoren von Nostradamus in einem Weltkrieg. Donato Piantanida meint sogar, daß in diesem Jahrhundert noch zwei Weltkriege die Menschheit erschüttern werden, bevor der Messias kommt. Es sieht so aus, als hätte Nostradamus den Einsatz nuklearer Waffen vorhergesehen. Cent. II, 95 scheint es in ihrem grausamen Ausdruck zu bezeugen: *»Die bevölkerten Stätten werden unbewohnbar gemacht werden.«*

Fast alle Kommentatoren sind sich darüber einig, daß die Zeit der Katastrophen, die etwa 27 Jahre dauern wird, kurze Friedenspausen für die gemarterten Völkerschaften enthalten wird. Nostradamus spricht von zahlreichen neuen Waffen, vom Feuer, das aus dem Himmel herunterschlägt, vom Pfeil aus dem Himmel, von großen leichten Pferden auf den Schlachtfeldern. Verschiedene Namen in alten Ausdrücken als Umschreibungen für Raketen, ferngesteuerte Waffen, Flugzeuge und noch unbekannte Waffen. Neue Gestirne werden am Firmament erscheinen, die an eine Verlagerung der Erdachse denken lassen.

Nach den verschiedenen Prophezeiungen werden viele Jahre lang bis gegen Ende des Jahrhunderts mehrere Teilkriege, ohne Atomwaffen, und Naturkatastrophen das Leben der Menschen erschüttern. Sobald ein Unglück vorbei ist, wird die Hoffnung wieder in alle Gemüter zurückkehren. Aber es wird nichts weiter sein als ein immer schneller werdender Wechsel zwischen Trauer und Hoffnung. Am Ende des Jahrhunderts könnte etwas geschehen, das nicht wiedergutzumachen ist, wenn der Mensch, geblendet durch den Haß, den der letzte Antichrist verbreitet, sich der todbringenden Zerstörungsinstrumente bedienen würde, die ihm von einer unmoralischen Wissenschaft zur Verfügung gestellt worden sind. Das könnte wirklich das Ende von allem, die totale Vernichtung bedeuten. Das Leben würde auf dem ganzen Planeten ausgelöscht auch durch die Wirkung der ungeheuren Kataklysmen, die das Werk vollenden würden. Der Vorabend der Apokalypse hat nach diesen Prophezeiungen schon 1966 begonnen. 1966–72 Kriege, Kämpfe, Verfolgungen und Einfluß des 6. Antichrists. 1979–1988 weitere Kriege, Zerstörungen und Einfluß des 7. Antichrists. Wer sich imstande glaubte, Datierungen vorzunehmen, hat für 1972/73 das Erscheinen eines mohammedanischen Antichrists erwartet, der zu einer weiteren Invasion Europas rüsten wird. Zwischen 1973 und 1982 werden die feindlichen Heere Spanien, Italien, Ungarn und Frankreich besetzen und bis 1987 dort bleiben. 1987 wird ein Papst als Gefangener sterben. 1995 letzte Invasion der Asiaten aus dem Osten und des Antichrists.

1994–96 abschließender Krieg, Erscheinen des 8. und letzten Antichrists, der die Geschichte der christlichen Welt beschließen wird. Die Prophezeiungen sprechen von siebenundzwanzig Jahren Krieg und Blut. In der Cent. VIII, 77 heißt es:

> »Der dritte Antichrist wird bald vernichtet, sein Krieg wird siebenundzwanzig Jahre dauern. Die Häretiker tot, gefangen, im Exil. Sein menschlicher Leib wird das Wasser röten, und Erde hageln.«

Nostradamus prophezeit das Ende des Adamsgeschlechtes gegen das Jahr 2000. Aber schon lange vorher *»wird es wimmeln von den Feinden Christi und es werden immer mehr werden«*, wie die heilige Birgitta schreibt. Und das sehen wir jetzt mitten in der vorapokalyptischen Zeit. Was Nostradamus mit dem 3. Antichrist meinte, dessen Krieg siebenundzwanzig Jahre dauern sollte, ist wohl geklärt. Hier haben wir eine Stufenfolge des Antichrists in groben Zügen; 1. das römische Kaiserreich; 2. die französische Revolution; 3. der Marxismus.

Eine Invasion von Arabern und Slawen?

Italien ist so sehr an fremde Invasionen gewöhnt, daß die wechselnde Folge von Fremdherrschaft sich sogar auf die Mentalität seiner Bewohner ausgewirkt hat. Nostradamus sagt noch weitere Invasionen voraus. In der Cent. IV, 82 steht zu lesen:

> »Eine Masse nähert sich von Schiawonien (Jugoslawien) kommend; der alte Olestant (?!) wird die Stadt zerstören; Rumänien wird ganz verwüstet, dann wird es ihm nicht gelingen, die große Flamme zu löschen.«

Vom Schwarzen Meer und aus der Großen Tatarei, so heißt es in der Cent. V, 34, wird sich ein Teil auf Frankreich zu bewegen, andere aus Armenien kommende Heere werden Konstantinopel besetzen. Es wird also eine slawische Invasion sein.

»Der Orientale wird seine Stätten verlassen, um über den Apennin zu steigen und Gallien zu sehen, den Himmel (Raketen?), die Wasser und den Schnee zu durchbohren. Und ein jeder wird am Hals getroffen werden.« (Cent. II, 29)

Und noch einmal in Cent. II, 39– 40:

»Kurz vor dem italienisch-deutschen Konflikt werden sich Franzosen und Spanier auf die Seite des Stärkeren schlagen. Das Mutterhaus der Republik wird fallen, wo bis auf wenige alle erstickt und tot sein werden.

Kurz darauf, nach einer gar nicht langen Pause, wird zu See und zu Land ein großer Aufruhr entstehen, noch viel größer wird die Seeschlacht sein . . .«

Nach Nostradamus werden die Araber die Unruhen in Europa ausnützen, um sich zu erheben. Der Papst, der zur Zeit der mohammedanischen Invasion in Italien im Amt sein wird, dürfte der sein, der mit dem Leitspruch *De mediaetate lunae* ausersehen ist. So heißt es in Cent. I, 9:

»Aus dem Osten wird das punische Herz (Libyen?) kommen, um Adria (Italien) und die Erben des Romulus zu quälen. Es wird begleitet sein von der libyschen Flotte, zittern werden die auf Malta, und die nahen Inseln werden geplündert werden.«

Die Eindringlinge werden aus dem Osten kommen (Cent. I, 9). An verschiedenen Stellen der Adria werden sie landen. Die kleineren Inseln und auch Sizilien und Sardinien werden ausgeraubt werden.

Cent. V, 68:

»Das große Kamel (die Araber) wird aus Donau und Rhein trinken und wird es nicht bereuen. Die an der Rhône werden zittern, und gewaltiger noch die an der Loire, und bei den Alpen werden sie vom Hahn zerstört werden.«

Nostradamus gibt für die arabischen Invasionen keinerlei

Datum an, zeichnet jedoch kurz die einzelnen Etappen. Zuerst erwähnt er islamische Einfälle in Südeuropa und im adriatischen Raum. Während der Westen uneins ist (Cent. VII, 25), erhebt der Islam seinen Kopf immer mehr. Er wird Spanien bedrohen (Cent. III, 20) und Israel zerstören (VIII, 96). Nach der Meinung von Ruir, der Nostradamus in dem Buch *Les proches et les derniers événéments* (Editions Médicis, Paris 1953) kommentiert, werden die mohammedanischen Horden unter dem Oberbefehl des 7. Antichrists um das Jahr 1973 über die europäischen Küsten herfallen, nachdem sie die afrikanischen aufgehetzt und erobert haben. Das alles werden sie nicht als Söldner des Westens (wie 1944) tun, auch werden sie nicht an einer einzigen Stelle landen, sondern zugleich an verschiedenen Punkten der Küste, wo sich leicht landen läßt, werden sie sogar auch mit Fischerbooten und Schaluppen ankommen, die unter dem Kommando der Chinesen – den Erben der nunmehr friedlichen Russen – von Algerien aus in See stechen werden. Unter einem karthagischen Anführer werden die Afrikaner vorrücken und zuerst auf Sizilien und Sardinien landen, dann Rom erreichen. Weitere Landungen sind vorgesehen an verschiedenen Stellen in Italien, dann in Marseille, darauf die Besetzung von Paris mit der Verstärkung durch Polen, Ungarn, Inder, Österreicher und Italiener, die alle schon Mohammedaner geworden sind.

Sicher ist jedenfalls, daß sich diese Prophezeiungen, wenn nicht in praktischer und materieller Hinsicht, so doch in wirtschaftlicher und finanzieller derzeit bewahrheiten, da die »Öldollars« der Scheichs und der großen arabischen Gesellschaften halb Europa richtiggehend überschwemmt haben.

Frankreich und England werden sich aufraffen und bis Genua, dem Brennpunkt der Kämpfe, vorrücken, aber sie werden sich schnell wieder nach Frankreich zurückziehen müssen, weil die Mohammedaner von neuem in Marseille und in die Provence einfallen werden. Überall werden sie Gräßliches vollbringen. In Italien werden sie Kirchen und Klöster und sogar den Vatikan in Brand stecken. Ein Gegenpapst wird sich sogar mit ihnen verbünden und die Christen zum Kult des apokalyptischen Tieres, den er einführen wird, verpflichten.

Ebenfalls nach Ruir, dessen tragische Vorhersagen wir gerade wiedergeben, ist 1987 das Jahr, in dem der marxistische Materialismus von ganz Asien ausgehend seine größte Verbreitung erreicht; 9/10 des Erdballs werden unter seiner Herrschaft stehen, selbst Australien und Kanada.

»Das große Grab des englischen Volkes wird sich bald im toskanischen Meer (oder im Golf von Genua) *auftun.«* Und das wird geschehen, weil *»sie zu spät aufgebrochen sind«* und *»wegen ihrer finsteren Methoden«*.

Die Schuld Frankreichs

Bei den Ursachen für den Untergang Europas nennt Nostradamus ausdrücklich *»die Nachlässigkeit und die Uneinigkeit Frankreichs«*. Wir alle wissen von Frankreichs jahrelangem Veto gegen die europäische Vereinigung, ein Veto, das von kurzsichtigem Nationalismus diktiert die russisch-mohammedanische Invasion vorbereiten half. Der wahnwitzige Geist der *»Grandeur«* endet wie ein leerer Traum in der Verzweiflung. So heißt es in der Cent. I, 18:

»Die französische Nachlässigkeit und Uneinigkeit wird Mohammed das Tor öffnen. Erde und Meer der Seine werden mit Blut getränkt sein, und der Hafen von Marseille wird bedeckt sein von Segeln und Schiffen.«

Die Invasionen werden vom Meer (Cent. I, 29) und vom Festland (Cent. IV, 37) kommen. Und Frankreich wird ein großes Blutbad erleben.

Wer sein Heil auf das Geld gebaut hat

Schlecht ergehen wird es auch denjenigen, die sich in der Schweiz in Sicherheit zu bringen glaubten. Die Cent. IX, 44 weist darauf hin:

>»Wandert aus, wandert alle aus aus Genf, denn der goldene Saturn wird sich in Eisen verwandeln. Der Anti-Zar wird alle niedermetzeln. Vor diesem Ereignis wird ein Zeichen vom Himmel kommen.«

Also nicht nur eine Invasion, sondern auch Plünderung und Blutvergießen. Und die Cent. IX, 12 sagt es noch deutlicher:

>»Die Götzenbilder des reichlichen Silbers von Diana und Merkur wird man im See finden. Der Figurenmacher auf der Suche nach neuer Tonerde, er und seine Anhänger werden mit Gold getränkt werden.«

Hochwürden Pater I. Rissaut sagt in seinem Kommentar, die Götzenbilder von Diana in dem reichlichen Silber seien in Bargeld und Wertpapieren die Einlagen der Kirche, die von Merkur der Gewinn der Geschäfte des Vatikans. Wenn er das schon sagt! . . . All das wird im See gefunden werden. Der Figurenmacher dürfte der Seelenbildner sein, der neue Tonerde suchen will, um die Gesetze Gottes zu ändern, und dabei mit Gold überhäuft wird, er, der Gegenpapst, und seine Anhänger.

Jahrelang Unglück und Trauer, aber am Ende die Befreiung.

»Die Barbaren werden bis Tunis in die Flucht geschlagen werden. Auf dem Meer wird ihr Anführer mitsamt seinen Piraten gefangen werden.

In öden, wilden Orten wird der falsche Nachfolger des Papstes umherirren.

Die Roten werden in die Abgründe des tiefen Strudels hinabgestürzt werden.«

Die Eroberer werden in der Nähe der Alpen eine ungeheure Niederlage erleiden; das wird das Werk des »Galliers« sein. Nach der Cent. V, 13 wird es ein nicht weiter bestimmter römisch-belgischer König sein, der die libyschen Völkerschaften verjagen wird.

»Der römisch-belgische König wird in großer Wut die barbarische Phalanx zerstören wollen, mit beißender Wut wird er die libyschen Völkerschaften von Ungarn bis Griechenland vertreiben.«

Die Alliierten des 3. Weltkriegs werden sich nicht so zusammensetzen wie die des 2. (Frankreich, Rußland, England und Vereinigte Staaten). Nach der Cent. II, 38 wird

»einer von ihnen (Rußland?) so schlimm im Wege sein, daß sie sich, wenn sie wieder Krieg führen, nicht mehr mit ihm verbünden werden.«

Es wird ein Rückeroberungskrieg sein. Die Cent. XI, 94 sagt: »*Die . . . Feinde der Sichel*« werden sich vereinen. Die stärkste Nation (USA) wird zur Verteidigung übergehen, aber ihre schwächeren Verbündeten werden angegriffen werden.

Ruir, der schon oft zitierte Interpret von Nostradamus, sagt, Amerika wird sich einmischen, ein Heer in Portugal an Land gehen lassen, die Mittelmeerländer befreien und den mohammedanischen Antichrist gefangennehmen, der in Konstantinopel hingerichtet werden wird.

Windstille im Sturm

Aber es wird sich leider nur um eine kurze Ruhepause mitten im Leid handeln.

»Nach der einen großen Zwistigkeit unter den Menschen«, so heißt es in der Cent. II, 46, »wird rasch eine zweite, noch größere kommen. Der ›Große Aufrührer‹ wird die Jahrhunderte erneuern; Regen, Blut, Kämpfe, Hunger, Feuer und Pest werden sein, wenn man Feuer am Himmel sehen wird, das entlang einem Funken läuft.«

Die letzte Phase und die Erneuerung der Zeiten nähert sich immer mehr. Das heißt, der Rhythmus der Ereignisse wird schneller und schneller. Fürs erste haben wir die fürchterliche Ankündigung des Einsatzes von Raketen. Dann wird es Feuer regnen, Kinderblut wird fließen, und alle Folgen eines Krieges, der vielleicht ganz plötzlich ausbrechen wird, werden sich zeigen. Eine totale Erneuerung, um das Jahrhundert zu beenden.

Das befriedete Italien

In der Cent. IV, 77 wird behauptet, daß Selim, der christliche König der Welt, nachdem er die Seepiraten vertrieben, Italien befriedet und die Reiche vereint hat, sterbend den Wunsch äußern wird, in heiliger Erde begraben zu werden. An dieser Gestalt, die Nostradamus Selim nennt, hat sich die Phantasie vieler Interpreten entzündet. Vielleicht ist Selim das Anagramm seines wahren Namens, es könnte aber auch den Geburtsort oder etwas anderes, noch Unbekanntes angeben. Wie bei anderen Namen wird sich seine wahre Identität erst nachher herausstellen. Aber er ist der siegreiche Feldherr, der nach so vielen Qualen den Frieden wieder bringen wird. Der Sieg des »Großen Selim« über den Halbmond wird auch in der Cent. VI, 76 erwähnt, wo er »der Adler« genannt wird, dem man zujubeln wird. Sollte es sich um einen wiedererstandenen Römer handeln? Das Reich Selims wird ein ideales Reich sein, *»ein menschliches Reich, engelsgleich gemacht«,* wie es in der Cent. X, 42 heißt, und auch *»von langer Dauer«.* Wie lange? Das sagt er nicht. Es handelt sich um einen Waffenstillstand, wie der Cent. VIII, 95 zu entnehmen ist:

> »Der Verführer wird in die Grube und in Ketten gelegt werden bis zu einem bestimmten Zeitpunkt. Der vereinte Klerus, dessen Oberhaupt mit dem Bischofstab, wird die Zufriedenen empfangen.«

Eine harmonische Regierungseinheit zwischen Selim, dem Monarchen, und dem Papst. In dieser Zeit werden viele zum Glauben zurückkehren. Piantanida ist der Ansicht, daß der Papst, von dem hier gesprochen wird, der mit dem Leitwort *De Labore solis* sein wird, einer der sieben engelhaften Hirten, der vorletzte von denen aus den »letzten Prüfungen«.

Nach dem Großen Monarchen

Mit dem Ableben des Großen Monarchen beginnt sich das Chaos wieder auszubreiten und zu wachsen. Es ist der zweite Akt, tragischer als der erste. Der letzte unerbittliche Zusammenstoß rückt näher. Satan nimmt Gestalt an im schlechtesten aller Menschen, im Antichrist, um alle Kräfte des Bösen zu verkörpern, die den letzten Angriff wagen. Aber sie werden ihre schlimmste Niederlage erleben. Die Zeit drängt und die Ereignisse überstürzen sich.

>»Früh oder spät«, heißt es in der Cent. I, 56, »werdet ihr sehen, wie eine große Veränderung, äußerste Schrecknisse und Rachetaten geschehen, wenn der Mond (die Kirche) nicht von seinem Engel geleitet würde . . .«

Die Wut des Negativen ist entfesselt gegen die religiösen Äußerungen, und deshalb

>»wird die Kirche von Gott verfolgt, und die heiligen Tempel werden ausgeraubt werden: Der Sohn wird die Mutter nackt bis auf das Hemd ausziehen, wenn die Araber die Verbündeten der Polen sein werden.«

Damit die totale Umwandlung eintreten kann, wird es für die Menschen die schrecklichste aller Prüfungen geben.

III. Der letzte Antichrist

In der Cent. IX, 10 sagt Nostradamus, daß der Antichrist von einem Mönch und einer Nonne gezeugt werden wird, die ihn dann aussetzen werden; ein Schweinezüchter wird ihn schließlich zu sich nehmen. Ein Symbol? Oder buchstäblich zu nehmende Wahrheit? Wie dem auch sei, es wird der sein, der dem Blutbad des letzten Krieges entkommen ist. Mit seiner Gerissenheit und seiner Scheinheiligkeit wird es ihm gelingen, alle hinters Licht zu führen, sogar den Großen Monarchen. Wird er es sein, der auf den Großen Monarchen folgen wird und bis zu seinem eigenen Regierungsantritt ein anderer schien? Die Cent. VI, 57 scheint es zu bejahen:

>»Derjenige, welcher sich in den vordersten Rängen des Reiches befand und einen Hauptsitz in der Hierarchie hatte, wird sich als rauh und grausam entpuppen und wird gefürchtet werden, wenn er in der Großen Monarchie an der Reihe sein wird.«

Bevor er sich offenbart, wird er versteckt leben, bis seine Stunde da sein wird. Nostradamus gibt sogar das Datum für die Ereignisse an, die mit den Taten dieser grausamen Gestalt verbunden sein werden.

»Im siebten Monat des Jahres 1999 wird vom Himmel ein großer König des Schreckens kommen, um den großen Hunnenkönig wiederaufzuerstehen zu lassen, vor und nach seiner Ankunft wird Mars glücklich regieren . . .« (Cent. X, 727).

Dieser neue Attila, der Große König des Schreckens, wird mit seinen Flugzeuggeschwadern vom Himmel herab den Tod säen und alles vernichten. Dann wird Mars (der Krieg) die Alleinherrschaft übernehmen mit all den traurigen Folgen, die wir kennen. Wir befinden uns auf dem Gipfel der harten Prüfungen, denen die Menschheit ausgesetzt wird. Der Antichrist, das zweite Tier der Apokalypse, wird den geeignetsten Augenblick für seine Vernichtungstaten nun finden.

Daß die grauenvolle Ankunft des »Schreckenskönigs« mit so großer Sicherheit für den Oktober 1999 (der Oktober ist der siebente astrologische Monat) festgesetzt ist, versetzt uns in Bestürzung und Staunen. Es ist erwiesen, daß die prophetischen Ereignisse nie mit den voraus bestimmten Daten übereinstimmen. Als Nostradamus am frühen Morgen des 2. Juli 1566 starb und man seinen leblosen Körper auffand, bemerkte man, daß er ans Ende seiner Weissagungen den November 1567 als Datum gesetzt hatte. Er hatte sich um mehr als ein Jahr geirrt. Ein ähnliches prophetisches Mißgeschick, das auch ein Datum betraf, widerfuhr Nostradamus auch, als er als Datum für die Wahl Papst Pauls V. das Jahr 1609 festlegte, während sie in Wirklichkeit im Jahr 1605 stattfand (vgl. Cent. X, 91). Der Prophet sieht wohl das Ereignis, nicht aber das Datum. Daraus ergibt sich der logische Schluß, daß prophetische

Daten überhaupt nicht in Betracht zu ziehen sind. Mit den Ereignissen ist es ganz anders, denn sie sind stets mit großer Genauigkeit beschrieben und entsprechen, wenn man sie im nachhinein überprüft, ganz genau der Wirklichkeit.

»Da kommt der große Feind des Menschengeschlechtes«, sagt Nostradamus in der Cent. X, 10, »der schlimmer sein wird als seine Ahnherrn, Väter und Onkel, er sät Tödliches, ungeheure Fälschungen, im Eisen, im Feuer und im Wasser, blutrünstig und unmenschlich.«

Seine Taten werden allgemeine Trauer und Sturz des Papsttums bedeuten. Das sagt die Cent. I, 4:

»Über das Universum wird es einen Herrscher geben, der nicht lang in Frieden und am Leben bleiben wird, wenn das Fischerboot (das Papsttum) zugrunde gehen wird, wird ihm der größte Schaden entstehen.«

Einziger Trost bei all dem Übel ist, daß es nicht lange dauern wird. Im Evangelium steht geschrieben, daß die Zeiten aus Liebe zu den Auserwählten abgekürzt werden. Aber nachdem der tiefste Punkt erreicht und überwunden ist, beginnt der Wiederaufstieg. Der Seher von Salon (Nostradamus) sagt, daß der letzte Antichrist nicht kollektiv sein wird, sondern eine Person, und er steht damit im Einklang mit der Apokalypse.

»Zur Zeit des großen Krieges, der Paris zerstören und den Vatikan verwüsten wird, in dem Augenblick, in dem der große französische König und der große Papst mit vereinten Kräften um den Sieg des christlichen Abendlandes kämpfen werden, wird von einem Mönch und einer Nonne gezeugt der Antichrist geboren werden ... – Der Knabe wird mit zwei Zähnen im Mund zur Welt kommen, wenn ein Steinhagel über die Pariser herniederprasseln wird ... Ein paar Jahre darauf wird es nicht genug Getreide und Gerste geben, um den Hunger derer zu stillen, die der Hunger niederschlagen wird ...

Der, dem der Finsternis verfallene Eltern das Licht geben werden, wird aus dem Abgrund und der unendlichen Stadt (der Verdammten) geboren werden.«

Die Greuel der Verwüstung sind für das Ende des sechsten Jahrtausends vorgesehen, das heißt für das Ende dieses Jahrhunderts. Man könnte glauben, daß nach soviel Unglück, Blut und Trauer, nach Kriegen und Kataklysmen der einzige Wunsch der Menschen Frieden und Liebe wäre. Leider kündigen die Prophezeiungen für die Schlußphase das Schlimmste an. In der Cent. I, 16 heißt es:

»Wenn das Symbol der Sichel die Erde wie das Wasser eines Teiches überschwemmt haben wird, wird es seine weiteste Verbreitung erreicht haben; dann wird die ganze Welt dem Elend verfallen, die Menschheit wird von Pestepidemien getroffen, von Krieg und Mord heimgesucht werden. Das Jahrhundert nähert sich seiner Erneuerung.«

Das fürchterliche Arsenal von Atombomben und neuen Waffen ist jedoch für den letzten Akt aufbewahrt geblieben.

Die große Täuschung derer, die das Tier anbeteten und Wohlergehen als Selbstzweck suchten, ist zu Ende: es herrscht allgemeines Elend und Trauer. Für viele von ihnen gibt es mitten in dieser Trostlosigkeit nicht einmal eine Hoffnung, da sie glaubenslos sind, Das sind die Greuel der Verwüstung, von denen in der Heiligen Schrift geschrieben steht, sie werden die ergreifen, für die das menschliche Schicksal dem Geschick von Tieren gleich ist.

Am Ende: Die Niederlage der Söhne der Finsternis

Wenn der Antichrist, der sich vielleicht in Rom selbst, »der Zuflucht des Bösen«, niederläßt, glaubt, er habe für immer die Herrschaft gewonnen, genau dann wird sein Ende da sein.

> »Wenn die Sonne in den 20. Grad des Stiers (11. Mai) treten wird, wird die Erde so stark beben, daß das große Theater (wo seine Anhänger versammelt sein werden) einstürzen und alle unter seinen Trümmern begraben wird. Luft, Himmel und Erde werden sich verdunkeln. Dann wird Gott mit den Seinen den Ungläubigen fortstoßen.« So steht es in der Cent. IX, 83.

Es hätte eine Versammlung zur Demonstration der Macht, eine Apotheose sein sollen, und wurde in eine Katastrophe verwandelt. Das scheint mit der Aussage in der Cent. II, 92 zusammenzuhängen, wo es heißt:

> »Auf der Erde wird man Feuer sehen und am Himmel Farben wie Gold. Von oben getroffen hat er seine Sache ... nicht verwirklichen können. Großes Blutbad, der große Enkel gefangen ... Tote ... der Hochmütige geflohen.«

So wird die Herrschaft des Lügners, den man zum universalen Monarchen gewählt hat, nach vierjähriger Dauer am 11. Mai erbarmungswürdig zu Ende gehen. Seine Anhänger werden bis zur totalen Vernichtung ohne Unterlaß verfolgt werden. Die Auswirkungen von Naturkataklysmen werden das Werk vollenden.

Die Söhne der Finsternis werden, nachdem sie Haß und Blut gesät haben, unter der Führung Satans, verkörpert im Antichrist, von den Söhnen des Lichtes besiegt werden, denn diese werden vom WORT selbst zum Endsieg geführt werden.

Die Tatsachen, die diesem glücklichen Ereignis vorausgehen werden, können sich jedoch nicht in einem Augenblick vollziehen. Es wird eine lange Kette von Ereignissen sein, die im Lauf mehrerer Jahre mit wechselvollen Geschicken, Unterbrechungen und Kämpfen abrollen werden. Schmerzens- und entbehrungsreiche Jahre, die wegen der lastenden Schwere und wegen der Schmerzen, die die Zeit dehnen, länger erscheinen werden. Diese Reinigung und die nötige Vorbereitung dazu werden zu ihrem Ende kommen in Ereignissen, die ihren Gipfelpunkt mit dem Großen Tag erreichen, an dem, wie in einem großen Finale, sich alles mit der Schnelligkeit eines Blitzes vollenden wird. Und dann wird die Morgenröte des neuen Zeitalters heraufziehen.

Der Abschluß einer Epoche

Nach Nostradamus wird das Ende um das Jahr 2000 kommen. In der Cent. I, 48 heißt es:

>»Wenn zwanzig Jahre der Herrschaft des Mondes (der Kirche) vorbei sind, dann wird die Herrschaft siebentausend Jahre lang dauern; wenn die Sonne ihre ausgelassenen Tage wieder aufnehmen wird, dann wird sich meine Prophezeiung erfüllen und Wirklichkeit werden.«

Wenn die zwanzig Jahrhunderte der Herrschaft der Kirche vorbei sind, dann wird sich im siebten Jahrtausend die Prophezeiung erfüllen. Die Toten werden auferstehen zur zweiten Ankunft Christi. Während der langen Jahre von Trauer und Unglück haben alle die Möglichkeit, zu begreifen und zu wählen. Das Böse ist nur ein Mittel, ohne reale Konsistenz, wie der Schatten vor der Sonne. Der Schmerz hat die Funktion zu erleuchten und zu reinigen. »Es ist Gottes Wille, daß alle Menschen gerettet werden ...«, schreibt Paulus in seinem zweiten Brief an Timotheus.

Die unendliche Liebe wirkt für die Realisierung des Guten, auch wenn es manchmal lange Mühen und unerhörte Leiden kostet.

In der Symbolik von Nostradamus bedeutet der Mond die Kirche, weil er nur reflektiertes, kein eigenes Licht besitzt. Nach dem Untergang des Mondes geht die Sonne – Christus – auf. Wie der Strahl des Blitzes wird Christus wiederkehren. In der Cent. X, 73 heißt es dazu:

»Der große Richter wird über die gegenwärtige und die vergangene Zeit richten. Die starrköpfige Welt (derer, die nicht auf ihn gehört haben) wird von dem rechtskundigen Klerus als unlauter erkannt werden, doch dieser wird selbst verstoßen werden, da Christus seiner müde geworden ist.«

Aus anderen Menschen wird die Neue Menschheit bestehen. Es werden neue Menschen sein mit einer anderen Lebensauffassung, sie werden – wie Cent. II, 13 sagt – den Tag ihres Todes als ihren wahren Geburtstag betrachten. Der geistige Leib, den sie nach der Ankunft Christi bekommen werden, wird nicht mehr ohne Seele bleiben, das heißt, sie werden keinen Tod mehr kennen.

Das ist die große Hoffnung, die die Guten in der großen Bedrängnis tröstet. Der Glaube vermag die Leiden in Freude, die Schmerzen in Gewißheit des Glücks zu verwandeln.

Diejenigen, die geglaubt hatten, ihre eigene Welt nach materialistischen Vorstellungen erschaffen zu können, werden große Enttäuschung empfinden. Mit Gewalt und Unterdrückung kann man nur zerstören, nicht aufbauen.

Es wird die totale Umkehrung des materialistischen Lebensbegriffs sein. Nur die Kraft des Geistes kann dem Menschen neuen Antrieb geben, um eine bessere Gesellschaft aufzubauen, die von völlig anderen Idealen bewegt sein wird als denen, die die Menschheit von heute erregt und sie mangels hoher Ideale ertrinken läßt.

Die ersten Lichter des Dritten Zeitalters

Einzigartige Prophezeiungen enthält das Buch *Le prime luci della terza era (Die ersten Lichter des Dritten Zeitalters)* von Karmohaksis, das 1959 in Rom erschienen ist und dessen Text wir teilweise wiedergeben wollen. Der Ausdruck »Drittes Zeitalter« ist im Sinne von Joachim de Fiore zu verstehen. Die Jahre vor 2033 sollen durch große Erneuerungen gekennzeichnet sein. Die Natur wird ein übriges tun, um der Neuen Menschheit neuen Raum zu schaffen. Das heißt: Untergang alten Festlandes und Auftauchen neuer Kontinente. Ein großer Teil der gegenwärtigen Menschheit wird verschwinden, um den neuen Menschen Platz zu machen.

Soweit die Ereignisse in großen Zügen. Aber im Text der Voraussagen sind sogar die Daten angegeben, an denen die Ereignisse eintreten sollen. Sehr unklug für eine Prophezeiung. Nicht so sehr, weil es immer zu Enttäuschungen führt, wenn sich die Prophezeiung nicht pünktlich erfüllt, sondern weil das Heranreifen kosmischer Ereignisse an keinen Menschenkalender gebunden ist. Die Ereignisse folgen aufeinander, nachdem sie einzeln herangereift sind, und sie können aufgrund des Gesetzes von Ursache und Wirkung sich auch verzögern, ihren Lauf beschleunigen oder in sekundäre Abläufe abschweifen: Es handelt sich um eine Kette von Ereignissen, nicht aber von Tagen.

Das Jahr 1970 wird in diesen Prophezeiungen als der Anfang vom wirklichen Ende betrachtet. Fünfzehn Jahre lang werden Kataklysmen jeder Art hereinbrechen: Erdbeben,

Meeresbeben, Vulkanausbrüche, Zyklone, Sturzfluten und Überschwemmungen. Auf dem ganzen Planeten werden riesige Territorien von den Wasserfluten verschlungen werden. Aber die Vision des »Propheten«, der zu genau sein wollte in der Angabe der Jahreszahlen, erwies sich als zeitlich nicht richtig angesetzt. Mit anderen Worten, als falsch. Das für 1970 vorausgesagte Meeresbeben, das das Untersinken von Ostia hätte bewirken sollen, ist nicht eingetreten. Und die blutigen Unruhen in Paris, die für dasselbe Jahr vorgesehen waren, kamen schon früher. Aber für Paris waren die Voraussagen noch düsterer gewesen, denn es sollte in jenem Jahr durch Feuer vom Himmel ganz zerstört werden. Das wird auch in anderen Prophezeiungen vorausgesagt, aber erst für spätere Jahre. Von größerer Bedeutung ist die Voraussage der russischen Invasion und des Sturzes von Elisabeth II., was auch von anderen geweissagt wurde, auch hier wieder zu anderen Zeiten; so sind auch diese nicht im Jahr 1970 eingetreten, wie es Karmohaksis vorausgesagt hatte. Damit wird wieder bestätigt, wie gewagt es ist, Daten für Ereignisse festzulegen, die aufeinanderfolgen und sich nur vollziehen können, wenn und sobald die eingetreten sind, die ihnen vorausgehen.

Ab 1972 setzt eine immer bedrohlicher werdende Folge von Ereignissen ein. Zur Dokumentation nun die Voraussagen von Karmohaksis:

1972 – Erste teilweise Zerstörung Roms: der Petersdom, die Engelsburg und die tiefer gelegenen Teile der Stadt werden unter Wasser bleiben.

– In der Folge werden im Lauf von drei Jahren durch sich zwei- oder dreimal wiederholende Meeresbeben und Nachgeben des Bodens andere Teile der Stadt unter Wasser gesetzt werden; schließlich wird das Wasser die zweite Stufe von S. Maria Maggiore (außen und von

oben angefangen, auf der Seite von San Giovanni) erreichen.

– Der Papst wird sich nach dem Untertauchen des Petersdoms nach San Giovanni begeben.

– Viele Teile der italienischen Halbinsel werden ab 1975
durch die Auswirkungen von Erdrindenbewegungen –
hauptsächlich Meeres- und Erdbeben – vom Meer bedeckt werden und Süditalien wird, da dort der Erdboden nachgeben wird, am meisten betroffen sein. Die
ganze Halbinsel wird schließlich in drei Blöcke getrennt
sein. Sizilien wird verschwinden und auch Sardinien
wird vollkommen verschwinden. Ein Teil der Poebene
und ein Teil der Toskana werden unter Wasser bleiben.
Mailand wird schwer mitgenommen werden.

– Allen Ländern Europas wird in kleinerem oder größerem Ausmaß und mehrmals hintereinander das gleiche
Geschick widerfahren wie Italien. Hart getroffen werden sein: Belgien, Holland, Rußland, Deutschland,
Frankreich, Spanien und Portugal. England wird fast
vollkommen verschwinden.

– Auch in den übrigen Teilen der Welt (Asien, Afrika,
Süd- und Nordamerika und Australien) werden schwere
Katastrophen geschehen. Die Sahara wird unter Wasser
gesetzt werden.

– In allen europäischen und auch in manchen Ländern
anderer Kontinente wird die staatliche, zivile und ge-
sellschaftliche Organisation schließlich vollkommen
darniederliegen, und die Völker werden führungslos
sein. In sehr vielen Fällen wird der Mensch wieder zum
Höhlenmenschen werden und gezwungen sein, sich
von Kräutern zu nähren.

– Der Umfang der Katastrophen und damit auch der
Umfang der Verluste von Menschenleben in den einzelnen Ländern wird vom Verhalten abhängen, das die Ge-

schöpfe bis zu dem Tag zeigen werden, an dem das
»Ende der Zeiten« seinen Anfang nehmen wird. In dem
Augenblick, in dem diese Prophezeiungen niederge-
schrieben werden, sieht es so aus, als könnten folgende
Prozentsätze der Menschheit gerettet werden:

in Rom 25 %;

in ganz Italien zusammen 20 %;

in den restlichen Teilen Europas durchschnittlich 18 %;

auf dem ganzen Planeten durchschnittlich 53,5 %.

– Gleichzeitig mit dem Versinken und der Vernichtung
so vieler Teile der Erde – mit der größten Intensität, wie
schon gesagt, zwischen 1970 und 1985 – wird neues
Festland aus den Meeren auftauchen. Ein weit ausge-
dehnter Kontinent (etwa dreimal so groß wie Australien) wird zwischen Australien und Neuseeland auftauchen, und im Atlantik wird ein Teil von Atlantis wieder
am Tageslicht erscheinen.

– Der Teil von Atlantis, der an die Oberfläche treten
wird, wird ungefähr so groß sein wie ein Viertel des anderen neuen Kontinents, doch man wird dort unermeßliche Reichtümer entdecken. Die Ruinen von Cernés,
der Hauptstadt von Atlantis, der Stadt mit den goldenen
Toren, werden wiederauftauchen und unter diesen Ruinen werden auch Trümmer des großen Poseidontem-
pels sein, fast intakt darunter die große Kristallkuppel.
Die Kuppel wird nicht mehr auf den sieben Messing-
säulen ruhen, die sie früher trugen, aber die Säulen werden wieder aufgefunden werden. Man wird Gegenstände aus durchsichtigem, uns völlig unbekanntem
Metall finden sowie andere äußerst kostbare Spuren der
blühenden Kultur der Rasse, deren Land versunken
war, weil das Volk die Gewalt, die ihm von oben gegeben worden war, mißbrauchte.

Diese Spuren werden im Verein mit den Kataklysmen,

die über unseren Planeten hereinbrechen werden, eine harte Mahnung für alle Völkerschaften sein, durch die sie zu einem ständig aufrechten Betragen, das die Himmlische Macht nicht beleidigt, angehalten werden. Zwischen 1970 und 1975 wird man neuartige Schiffe bauen, die kreisförmig sind und durch Düsen angetrieben werden; sie werden stabiler und schneller sein als die jetzigen Schiffe.

1985 – Die Menschen werden anfangen, einander zu lieben wie Brüder, und das Licht des Geistes wird allmählich intensiver auf alle wirken. Wahrscheinlich schon vor 1985 wird eine Weltregierung eingesetzt werden.

Die Erdrinde hat sich im Verhältnis zur Rotationsachse allmählich verschoben, so daß der Nordpol nordöstlich der Stelle sein wird, wo einst Großbritannien war, und auf einem Breitenkreis, der augenblicklich durch Skandinavien geht. Die Verschiebung der Erdachse hat schon jetzt begonnen, da diese Prophezeiungen niedergeschrieben werden.

Die klimatischen Verhältnisse unseres Planeten werden sich merklich ändern. Italien wird ein trockenes, kaltes Land werden, während in einigen Gebieten Rußlands ein so mildes und angenehmes Klima herrschen wird wie heute auf der Apenninhalbinsel.

Nach 1985 werden die Kataklysmen allmählich seltener werden und ihre Intensität wird rasch abnehmen, um 2006 fast vollkommen aufhören.

1995 – Tod des ausländischen Papstes. Die Kirche wird drei Jahre lang ohne Führung bleiben und dann wird ein italienischer Papst den Stuhl Petri besteigen.

1995 werden neue, vollkommen unheilbare Krankheiten auftauchen, die jedoch 1997 schon nicht mehr existieren werden.

Von 1995 an wird man sich daranmachen, alle staatlichen, zivilen und gesellschaftlichen Organismen, die vordem zerstört worden waren, wieder neu zu schaffen, und 1998 wird man schon beachtliche Ergebnisse erzielt haben. Die Wiederaufbauarbeiten werden mit Eifer, Gewandtheit und Weitblick vorangehen. Atombomben und Raketen werden nicht mehr hergestellt werden. Die Heere werden allmählich verschwinden. Beim Wiederaufbau der großen Städte wird man darauf achten, daß sich der Straßenverkehr über den Häusern abwickeln wird.

2000 – Das Licht des Dritten Zeitalters, das Zeitalter des Heiligen Geistes, wird in vollem Glanz unter den Völkern erstrahlen; eine neue, eine seelische Würde wird der Schatz der Menschen sein, und der Glaube an Gott wird immer lebendiger, tiefer und aufrichtiger werden. Die Kirche, in der es vordem zu Schismen gekommen war, wird sich wieder aufrichten. Wohlstand und Glück werden blühen und gedeihen. Die sechste große Rasse wird sich allmählich voll entfalten, und fast alle Erdenwesen, die ihr angehören, werden medianische Fähigkeiten haben.

Für das Jahr 2033 prophezeit Karmohaksis einen Papst, der von einem hohen himmlischen Wesen erleuchtet »der erste Verfechter der Prinzipien des Dritten Zeitalters« sein wird.

Aber diese »Prinzipien« sind schon seit langem aufgestellt, nur sind sie noch nicht angewandt worden.

Die Prophezeiungen über Rom
und über die letzten Päpste

In den Prophezeiungen sind die Geschicke der Stadt Rom gewöhnlich mit denen des Papsttums verbunden. Das ist verständlich, da viele Jahrhunderte weltlicher Herrschaft das eine mit dem anderen gleichsetzten.

I. Die Prophezeiungen über Rom

Im Mai 1954 verbreitete sich in Rom das Gerücht, das Ende der Welt stehe unmittelbar bevor. Überall, in den Büros, auf den Straßen und in den Kirchen sprach man davon. Skepsis und Gleichgültigkeit hatten die Herzen der Menschen noch nicht ganz einfrieren lassen. Die am besten informiert waren, wußten sogar das genaue Datum: es sollte Montag, 24. Mai sein. Es hieß, der Papst habe eine Vision gehabt. Man wandte sich an den Vatikan, der das Gerede als Lüge erklärte und als dummes Zeug bezeichnete. In den Zeitungen der Zeit kann man Berichte finden über dieses eigentümliche Phänomen einer Erregung im Volk.

Woher war es gekommen? Ein paar Tage zuvor war am Kolosseum ein Gerüst aufgestellt worden, und zwar auf der Seite, die zur Via Labicana schaut. Im alten Gemäuer des antiken Amphitheaters waren riesige Risse sichtbar. Das zur Reparatur errichtete Gerüst hatte die Volksphantasie entzündet. Die Römer aus den alten Stadtvierteln hatten sich offenbar an folgende Verse von Giggi Zanazzo erinnert:

Quanno er Coliseo crollerà
tutto er monno s'adda scapicollà.
(auf deutsch etwa:
Wenn das Kolosseum einmal zusammenkracht, dann
geht's der ganzen Welt an den Kragen.)
Es war die uralte Prophezeiung des englischen Mönchs
Beda (673–735), welche das Geschick des Kolosseums mit
dem Schicksal Roms und der ganzen Welt verband. Sie
lautete:
»Quando stabit Coliseus, stabit et Roma; quando cadet
Coliseus, cadet et Roma; quando cadet Roma, cadet et
mundus.« (Solange das Kolosseum stehen wird, wird
auch Rom stehen; wenn das Kolosseum fallen wird,
wird auch Rom fallen; wenn Rom fallen wird, wird auch
die Welt fallen.)
Der wahre Ursprung dieser Voraussage liegt jedoch noch
weiter zurück. Tertullian behauptet in seinem Apol. (32),
sobald Rom, nach den Prophezeiungen der Sibyllen, nur
mehr ein Trümmerhaufen sei, dann könne man auch nicht
mehr daran zweifeln, daß das Ende von allem gekommen
sei.

Rom wird nur enden, wenn alles zu Ende geht

Im Unterschied zu anderen Städten, die bei den vorhergehenden Kriegen und Kataklysmen verschwinden werden,
wird Rom am Ende der Zeiten beim Erscheinen des Antichrist verwüstet werden.
P. Innocent Rissaut ist davon überzeugt, daß der Antichrist nicht auftreten kann, bevor Rom nicht zerstört und
das Papsttum durch die Ermordung von Petrus Romanus
nicht beseitigt ist. Viel Unheil, Verwüstung und Gemetzel
wird es geben, aber Rom wird bestehen, solange die Welt

besteht. Eher wird es nicht enden. Der Name »Ewige Stadt« ist ein unbewußter Ausdruck dafür, daß sein Dauern an das Dauern alles Existierenden geknüpft ist.

Dann können also die Römer bis dahin unbesorgt bleiben? Es sieht nicht so aus, wenn sich die Katastrophen erfüllen, die von so vielen Weissagungen für Rom vorhergesagt werden.

Der heilige Ambrosius verkündete, daß der zweiten Ankunft Christi auf jeden Fall zwei wichtige Ereignisse vorausgehen würden: 1. die Zerstörung Roms; 2. das Erscheinen des Antichrist auf Erden. Lactantius war zu seiner Zeit überzeugt, daß der Zusammenbruch der Welt nicht mehr weit sei, was ihn wunderte, war nur die Größe und üppige Blüte Roms. Daraus schloß er, daß das Ende doch noch nicht so nahe sein konnte.

Rom mußte als *»caput mundi« (Haupt der Welt)* notwendigerweise Mittelpunkt und Bedingung für die Stabilität der Welt sein; seine Zukunft und sein Geschick mußten an ein gemeinsames Geschick gebunden sein. Durch diese Vorrangstellung, die die Stadt allen Winden aussetzte, war sie zum Gegenstand politischer Invektiven geworden wie etwa die berühmten Invektiven Dantes oder die religiösen der anderen christlichen Konfessionen, und oft hatte sie auch die Zornespfeile der Propheten auf sich gezogen. Man hatte Rom sogar mit Babylon, dem Sitz des Antichrist, gleichgesetzt. Aber aus all dem spricht nicht so sehr die Wahrheit als vielmehr Parteilichkeit und Leidenschaft, welche ein ungetrübtes Urteil verhindern.

Die Wechselfälle, die Rom stürzen werden

Michael Nostradamus spricht in mehreren Centurien seiner berühmten Prophezeiungen von Rom. Eine genaue

Analyse würde allein schon einen Band füllen, denn er erwähnt Rom sowohl, wenn er von der Geschichte Italiens spricht, als auch, wenn er vom Papsttum handelt. Wir wollen jetzt nur herauspicken, was mit der geschichtlichen Situation zusammenhängt, die uns hier beschäftigt, das heißt, was es mit dem Ende der Zeiten zu tun hat.

Bartolomäus von Saluzzo, gestorben 1605, legte als Anfang des »großen Wehklagens« um die Stadt Rom die Tage fest, die auf einen 13. Juni folgen werden, eine Jahreszahl nennt er jedoch nicht.

>»Der türkische Mohr wird kommen
und wie ein Stier brüllen,
mit Eisen und mit Feuer
wird er ein großes Blutbad anrichten.«

Manche bringen die Namen mit Daten in Zusammenhang, um daraus Schlüsse zu ziehen; inwieweit sie jedoch der Wahrheit entsprechen, wissen wir nicht.

Barbault, einer der Kommentatoren von Nostradamus, sagt, daß die Araber in Anzio landen und Rom zerstören werden. Er sieht in den Arabern den Antichrist. Aber wir sind der Meinung, daß viele Interpretationen zumindest etwas zu flüchtig sind. Auf jeden Fall wird Rom von der Invasion bestimmt nicht verschont bleiben.

»Rom wurde mehr und mehr von Trümmern zugedeckt.« (Schwester Imelda, 1872)

»Bald wird in die Stadt Rom, wo schon der Deutsche (der Kaiser des Nordens) eingedrungen war, auch der asiatische und mohammedanische Feind einrücken. Vom italienischen Land um Rom wird vom Meer her eine grauenvolle ›Kirche‹ kommen, welche die Künste einer Sirene beherrschen wird.« Soweit Nostradamus.

»Die Kirche Gottes wird verfolgt und seine religiösen Stätten werden konfisziert werden. Die Verwüstung« – so fährt Nostradamus fort – »wird die Römer erzittern lassen vor Angst, ihre große Stadt wird der Verderbnis anheimfallen, eine Republik wird ihre Monarchie ausrauben und ihre Kirchen entweihen . . . Der revolutionäre Geist wird, kaum daß er an seiner Wurzel getroffen war, in Italien wiedererstehen mit zwei Köpfen.«

Nach der Interpretation von de Fontebrune sind die zwei Köpfe: ein falscher Führer, der Italien zur Zeit des Chaos regieren wird, und ein falscher Papst.

Orosius sagt bei seiner Erklärung der apokalyptischen *»Septem capita septem montes . . .«* (Lib. II, cap. 4), daß Rom am Ende der Zeiten vom christlichen Glauben und vom Katholizismus abweichen wird, um zu seiner antiken Unrechtsform zurückzukehren; und nachdem es den Papst vertrieben und die Priester umgebracht haben wird, wird es eine größere Macht erreichen als in der Antike. Es wird die Kirche mit Mord und Totschlag verfolgen. Aber wenn es sich dann für ewig und glücklich halten wird, werden ihm die zehn Könige ein jähes Ende bereiten.

Großes Unglück wird der Kaiser des Nordens über Rom bringen, während der sieben Monate, die er zusammen mit seinem Gegenpapst in der Stadt wüten wird.

In der Cent. VI, 98 steht geschrieben:

»Die große Stadt der Volsker wird verwüstet und mit Schmutz und Pestilenz bedeckt werden . . . ihre Tempel wird man plündern und entweihen. Die beiden Flüsse (Tiber und Aniene?) werden sich röten von dem vielen Blut . . .«

Und in der Cent. X, 65: »O weites Rom, deine Zerstörung naht, noch nicht deiner Mauern, sondern deines Blutes und deines Wesens. Der hart Sprechende (der Kaiser des Nordens?) wird schrecklich einfallen und das spitze Eisen allen bis zum Knauf in die Brust stoßen.«

Die Cent. II, 93 scheint auch die Zerstörung der Engelsburg und des Vatikan ankündigen zu wollen. Rom wird verwüstet und ausgeplündert, der Papst gefangengenommen und durch einen Gegenpapst ersetzt werden, den der Kaiser des Nordens (der alemannische) ausgesucht hat. Aber in den schlimmsten Zeiten taucht eine geheimnisvolle, nie besänftigte uralte Feindesgestalt wieder auf. Nostradamus sieht ihr bedrohliches Vorrücken. Wird sie sich endlich rächen? In der schon zitierten Cent. I, 9 ist vom Punier die Rede, der die Erben des Romulus peinigen wird. Wie schon gesagt, ist E. Ruir der Ansicht, daß der »karthagische« Führer die Invasion befehligen wird, die mit der libyschen Flotte zusammen zur Zerstörung Roms führen wird. Soll das ein Karma sein, das sich nun erfüllt? Verlangt die Zerstörung des antiken Karthago nach so vielen Jahrhunderten vielleicht nach einem Ausgleich? Nostradamus scheint es in der Cent. II, 30 bestätigen zu wollen.

Nach manchen Interpretationen soll der derzeitige Staatschef Libyens die Reinkarnation Hannibals sein und zur Ausübung seiner Rache nach Rom kommen.

»Einer, der die höllischen Götter Hannibals wiedererstehen lassen wird, der Schrecken der Menschen, nie schlimmere Greulichkeit noch schlimmere Nachricht wird zu den Römern kommen, von Babylon geködert.«

Aber die letzte Verwüstung Roms wird der Antichrist bringen. Nostradamus nennt Rom Tochter der Morgenröte (Aurora), was andere in anderen Ausgaben als Tochter der Liebe (Amor) lesen (denn *Roma* von rückwärts gelesen ergibt *amor*), und er nennt es »Zufluchtsstätte des Bösen«, da der Antichrist sicher in Rom vorübergehend Wohnung nehmen wird.

Der Seher sagt:

»Du wirst mehr als viermal Sklavin sein, und wenn du ein Wunder sehen wirst, dann wird dein Übel nicht mehr weit sein.« (Cent. IV, 100)

Aber Rom wird nicht von Menschenhand zerstört werden. Die Natur wird sich mit der Wucht ihrer Elemente erheben. Wenn das Ende der Zeiten nahe ist, werden bei einem ungeheuren Kataklysmus die Meeresfluten steigen und den ganzen unteren Teil der Halbinsel bedecken, von Sizilien bis zum römischen Theater in Fiesole.

»Eine so große und plötzliche Sintflut, daß es weder einen Ort noch ein Stück Land geben wird, an dem man sich festhalten könnte.«

So heißt es in der Cent. VIII, 16. So wird das uralte Land, einst »Die Rose der Welt«, »*in den Wellen versinken*«.

In der Lebensbeschreibung des heiligen Benedikt von Nursia, geschrieben vom heiligen Gregor dem Großen, lesen wir: »Es pflegte sich auf Besuch zu Benedikt der Bischof der Kirche von Canusium zu begeben, von dem Mann Gottes wegen seines würdigen Lebens sehr geliebt. Dieser, als er mit ihm über die Invasion des Königs Totila und über die Plünderung Roms sprach, hatte zu sagen: ›Dieser König wird die Stadt so zerstören, daß sie niemals mehr bewohnt werden kann.‹ Ihm gab der Mann Gottes zur Antwort: ›Rom wird nicht von den Barbaren zerstört werden, sondern heimgesucht von den Unwettern, den Blitzen, den Stürmen und den Erdbeben, von selber wird es in Schutt fallen.‹«

Rom und die Sibyllinischen Orakel

Rom ist das Symbol für ein Ideal, das man im Lauf der menschlichen Evolution als Aufgabe von Kultur und Fortschritt versucht hat zu verwirklichen.

Daher konnte diese Stadt von den Prophezeiungen nicht unbeachtet bleiben.

Der Name Roms ruft nicht nur das Imperium wieder

wach, sondern auch den einigenden religiösen Mittelpunkt, der zwei Jahrtausende lang in Rom seinen Sitz hatte.

Deshalb ist Rom das Symbol, das für eine Idee und für eine Epoche in der Geschichte und im Leben der Menschheit steht. Vergil hat in der *Äneis* geschrieben, daß die ewige Dauer Roms von Zeus und Venus versprochen worden war. Horaz und andere Dichter wünschten, daß die Sonne nie eine größere Macht als Rom sehen möge.

Nach Cassius Dio Cocceianus hatte ein Orakel der Sibyllen, wenn man es buchstabengetreu interpretiert, vorhergesagt, daß Rom bis zur Auflösung der Welt an der Spitze der Erde bleiben würde. Doch die ewige Dauer Roms muß als Fortdauer des Prinzips betrachtet werden, das von der Einheit des Lebens, zu der Kaiserreich und Christenheit strebten, dargestellt wird, während die Liebe (Roma = Amor) das ewige Prinzip ist, auf das sich die christliche Botschaft, höchster Ausdruck des Lebens, gründet.

Dies ist die ideelle, geistige Macht Roms, die ewig ist, während jede materielle Macht schwindet und untergeht.

Es gibt eine Überlieferung, die dem König Tarquinius Priscus zugeschrieben wird. Um 500 v. Chr. empfing der König eine seltsam gekleidete Frau, die ihm neun Bücher, die die Rom betreffenden Orakel enthielten, zum Kauf anbot. Sie forderte einen Preis von dreihundert Goldmünzen. Der König lehnte ab, weil er die geforderte Summe für überhöht hielt. Die Frau verbrannte daraufhin drei der Bücher und verlangte für die übrigen denselben Preis. Neue, diesmal noch entschiedenere Ablehnung, die Frau als Verrückte davongejagt. Die aber verbrannte drei weitere Bücher, forderte noch immer den vorherigen Preis und sagte zum König, daß sie ihm einige Tage Zeit zum Nachdenken gebe. Tarquinius, von dieser Beharrlichkeit beeindruckt, wollte die Auguren befragen. Die Antwort auf Geheiß der

Numina lautete, er solle die Bücher um jeden Preis erwer-
ben, da der Kauf dieser Orakel Glück bringen würde.

Die Sibyllinischen Bücher wurden sorgsam gehütet und in
einer eigenen Steinurne in den unterirdischen Gewölben
des Kapitols verehrt. Sie wurden der Aufsicht eines beson-
deren Priesterkollegiums übergeben, anfangs *Duumviri,*
dann *Decemviri* und schließlich die *Quindecimviri sacris fa-
ciundis.* Cäsar erhöhte die Mitgliederzahl des Kollegiums
auf 16. Sie konnten die Bücher nur auf Anweisung des Senats konsultieren. Die letzte Konsultation, von der man
weiß, fand im Jahr 363 statt.

In der griechisch-römischen Welt erfreuten sich die Sibyllen eines allgemeinen Wohlwollens und wurden von allen
Menschen geachtet. Die Auguren, Haruspizes und Priester mit ihrer Magie und Nekromantie wurden nur als
Sterngucker und Tiereingeweideschauer betrachtet, währen die Sibyllen die Weissagungen über den Lauf der Jahrhunderte auf Inspiration durch die Götter aussprachen.
Wie die Musen und Nymphen waren die Sibyllen eine
ideelle Realität, die Ausdrucksform der Gottheiten selbst,
zu gleicher Zeit konkrete und abstrakte Erscheinungen.

Vergil erzählt von Äneas, der sich um Rat zur Sibylle von
Cumae begibt und sie bittet, sich bei der Gottheit für ihn
zu verwenden, damit er seinen Vater, der sich im Reich
der Toten befand, sehen kann.

Sammlungen der Sibyllinischen Orakel hat es im Lauf der
Zeiten drei gegeben: Die erste war diejenige, die an Tar-
quinius Priscus verkauft worden war und beim Brand des
Kapitols im Jahr 83 v. Chr. zerstört wurde.

Auf Anordnung des Senats wurde dann eine neue Samm-
lung erstellt. Dazu schickte man Gesandtschaften in alle
Divinationsstätten des Orients, um das Echo der antiken
Orakelsprüche zu sammeln. Doch die daraus entstandene
Sammlung unterschied sich stark von der ursprünglichen,

weil Phantasien und Manipulationen Eingang gefunden hatten. Die offizielle Sammlung wurde zur Zeit von Stilicho verbrannt.

Den einzelnen Texten aus den Sibyllinischen Büchern, die heute noch im Umlauf sind, kann man nur begrenzt Glauben schenken. Es wurden teils holprige Interpolationen angebracht, um messianische Voraussagen glaubwürdiger zu machen, wobei aber offensichtlich der Versuch unternommen wurde, sie spezifischen Zielen anzupassen. So geschah es, daß zwar die Zukunftsdeuter von den Christen als Werkzeuge des Satans angesehen wurden, daß man aber den Sibyllen eine Ausnahmestellung einräumte. Die kirchliche Überlieferung ließ die Sibyllinischen Orakel als wahr zu. Papst Innozenz III. fügte dazu eine Aussage in die Liturgie ein.

> *Dies irae, dies illa*
> *solvet saeculum in favilla*
> *teste David cum Sibylla.*

Auch Michelangelo malt die Sibyllen neben die Propheten, wie sie die katholische Liturgie in Beziehung zueinander gesetzt hatte.

Bei den Römern ist der etruskische Ursprung der Sibyllen offensichtlich, während bei den Christen die Herkunft aus dem jüdischen Prophetentum klar ist, was dessen Vorhersagen über das Ende der Zeiten anbelangt, besonders über Rom, das als zu stürzende heidnische Macht angesehen wurde. Nach der Einführung gefälschter Elemente sind die heute existierenden Sibyllinischen Orakelsprüche völlig wertlose apokryphe Zusammenstellungen, emphatisch im Stil und so abgefaßt, daß sie nicht glaubwürdig wirken. Wenn die ursprünglichen Sibyllinen vorhergesagt haben, daß Rom bis zur Auflösung der Welt *caput mundi* bleiben würde, so scheint heute die Zeit reif dafür zu sein. Wir sehen, wie stark die Macht Roms heute im Untergang begriffen ist; die Machtzentren haben sich anderswohin verschoben, materielle Mächte liegen in ständigem Streit, um einander zu überwältigen.

Der Niedergang Roms ist Anzeichen für die veränderten Zeiten, so wie es von allen Weissagungen übereinstimmend im Hinblick auf das Ende einer Epoche bestätigt wird. Doch im Ablauf des Lebens ist jede Überwindung einer Stufe ein Schritt hin zu neuen Zielen, auch wenn nicht jeder diese sofort erkennen kann.

II. Die Prophezeiungen über das Papsttum

In den Prophezeiungen über das Papsttum sind der Kirche sehr düstere Zeiten angekündigt. Heilige, Hellseher, Astrologen und Wahrsager: sie alle malen ihr ein dunkles Zukunftsbild. Hier ein paar bezeichnende Stellen:

>>Ein Papst wird fliehen müssen und wird von nur vier Kardinälen gefolgt in Köln Zuflucht suchen.<< (Helene Walraff, 1790)

>>Die Kirche wird wie der Engel purpurrot werden von Blut. Sie wird vom Blut gewaschen werden.<< (Katharina Emmerich, 1822)

Die Vision von Pius X.

1909 während einer feierlichen Audienz für das Generalkapitel der Franziskaner sahen die Anwesenden plötzlich zu ihrer Verwunderung, wie dem Papst der Kopf auf die Brust sank. Die Augenlider fielen ihm zu und er sank in einen tiefen Schlaf. Es dauerte nur wenige Minuten, während derer niemand auch nur die geringste Geste zu machen wagte. Kurz darauf öffnete der Papst die Augen wieder, und seine Mitarbeiter erblickten darin Erschütterung und Schrecken. Pius X. erhob sich von seinem Sitz und rief mit angstvoller Stimme:

»Was ich gesehen habe, ist fürchterlich! Werde ich das sein oder einer meiner Nachfolger? Ich weiß es nicht. Mit Sicherheit kann ich sagen: Ich habe den Papst aus dem Vatikan fliehen sehen und dabei trat er auf die Leichen seiner Priester. Sagt es niemandem, solange ich lebe.«

Die Anwesenden waren betroffen von der Wucht, mit der der Papst diese Worte ausgesprochen hatte. Kurz vor seinem Tod soll er noch gesagt haben: *»Ich sehe die Russen in Genua.«* Wegen der Zurückhaltung, die hinsichtlich aller Aussagen solcher Persönlichkeiten geübt wird, haben wir keine offizielle Dokumentation, sondern nur Notizen, die in verschiedenen Büchern nachzulesen sind, und Berichte, die sich auf die eben erwähnten Situationen beziehen.

Seit der Zeit von Pius X. hat noch kein Papst Rom oder den Vatikan auf so tragische Weise verlassen.

Wird es in Zukunft geschehen? Die Aussage von Pius X. steht in Einklang mit vielen anderen Prophezeiungen.

Die Prophezeiung Don Boscos

Aus dem Leben des heiligen Giovanni Bosco werden viele Episoden berichtet, die zeigen, daß er schon von Kindheit an mit außerordentlichen Fähigkeiten, einer Art sechstem Sinn, begabt war, mit dem er sehen und voraussehen konnte, was die anderen nicht wußten. Da er aber sehr wohl *wußte*, wie leicht man auf diesem Gebiet Blendungen unterliegen kann, sagte er scharfsinnig:

»Haltet mich ja nicht für einen Propheten, bis nicht alles eingetroffen ist.«

Don Bosco wird folgende lapidare Prophezeiung zugeschrieben, die in einem einzigen Satz eine überaus tragische Situation beschreibt:

»Die Pferde der Kosaken werden aus den Brunnen
Sankt Peters trinken.«

Was wir jetzt zitieren wollen, sind die Prophezeiungen,
die in der äußerst seltenen ersten Ausgabe (G. B. Lemojne,
Memorie biografiche di Don Bosco.) enthalten sind; sie handeln von den stürmischen Zeiten, die die Welt und das
Papsttum in den kommenden Jahren durchzustehen haben.

Erste Prophezeiung Don Boscos

(Aus Band IX, Kap. LXI, SS. 79, 80, 81, 82, 83, 84.) Sie
wurde 1870 für Papst Pius IX. geschrieben und an ihn geschickt. Am Vorabend der Epiphanie im Jahr 1870 hatte
Don Bosco im Traum eine Vision, von der wir den Teil zitieren werden, der sich auf Rom und Italien bezieht.

». . . Und du Italien, gebenedeites Land, wer hat dich in
die Verzweiflung gestürzt? . . . Sag nicht, deine Feinde,
nein, die Freunde waren es. Haßt du es nicht, daß deine
Söhne das Brot des Glaubens verlangen und niemanden
finden, der es ihnen bricht? Was werde ich tun? Ich
werde die Hirten schlagen und die Herde zerstreuen,
bis die, die auf dem Thron des Moses sitzen, gute Wei-
deplätze suchen, und die Herde ihnen willig zuhört und
weidet. Aber über der Herde und über den Hirten wird
meine Hand lasten; Hungersnot, Pestilenz und Krieg
werden bewirken, daß die Mütter das Blut ihrer Söhne
und Männer, die im Feindesland gestorben sind, bewei-
nen müssen.

O Rom, was wird aus dir werden? Undankbares Rom,

verweichlichtes Rom, hochmütiges Rom! So tief bist du gesunken, daß du bei deinem Herrn nichts anderes suchst und nichts anderes bewunderst als den Luxus und vergißt, daß deine und seine Glorie auf Golgatha steht. Nun ist er alt, hinfällig, wehrlos, nackt; dennoch läßt er mit dem Sklavenwort die Welt erzittern. Roma! ... Viermal werde ich über dich kommen!

Das erste Mal werde ich dein Land und die auf ihm wohnen erschüttern. Das zweite Mal werde ich Gemetzel und Blutbad bis an deine Mauern herankommen lassen. Machst du die Augen noch nicht auf? Es wird das dritte Mal kommen, und ich werde Wehr und Verteidiger niederschlagen und statt dem Befehl des Vaters wird eine Herrschaft des Schreckens, der Angst und der Verzweiflung über dir sein. Aber meine Weisen werden fliehen, mein Gesetz wird immer noch mit Füßen getreten, daher mein vierter Besuch.

Wehe dir, wenn mein Gesetz nur leerer Schall für dich ist! Unterschleif wird vorkommen bei Gebildeten und Ungebildeten. Dein Blut und das Blut deiner Kinder werden die Flecken reinwaschen, die du dem Gesetz deines Gottes machst.

Krieg, Pest und Hunger sind die Geißeln, mit denen der Hochmut und die Bosheit der Menschen geschlagen werden. Ihr Reichen, wo ist eure Pracht, wo eure Villen, eure Paläste? Zu Müll auf Plätzen und Straßen sind sie geworden!

Aber ihr, o Priester, warum weint ihr nicht zwischen Vestibül und Altar und fleht, daß die Geißel ein Ende nehmen möge? Warum ergreift ihr nicht den Schild des Glaubens und steigt auf die Dächer, geht in die Häuser, auf die Straßen und Plätze, an alle Orte, auch wenn sie unerreichbar scheinen, um den Samen meines Wortes zu säen? Wißt ihr denn nicht, daß dieses furchtbare zweischneidige Schwert meine Feinde niederschlägt und den Zorn Gottes und der Menschen bricht? Diese Dinge werden kommen müssen unerbittlich eins nach dem anderen. Die Dinge folgen zu langsam aufeinander.

Aber die hehre Himmelskönigin ist gegenwärtig. Die Macht des Herrn ruht in ihren Händen; sie zerstreut ihre Feinde wie Nebel. Der ehrwürdige Alte hat sich all seine alten Gewänder angelegt. Es wird noch ein heftiger Orkan kommen. Die Schändlichkeit ist zu Ende, die Sünde ist erschöpft, und, bevor zwei Vollmonde des Blumenmonats verstrichen sind, wird der Regenbogen des Friedens auf Erden erscheinen.

Der große Diener wird die Braut seines Königs im Festgewand erblicken. Auf der ganzen Welt wird eine so helle Sonne scheinen, wie sie seit den Flammen des Abendmahlsaales bis heute nie mehr geschienen hat und nie mehr gesehen werden wird bis zum letzten aller Tage.«

Zweite Prophezeiung Don Boscos (24. Mai – 24. Juni 1874)

Diese Prophezeiung scheint sich speziell auf unsere Zeit (die finstere Nacht) und die Zukunft zu beziehen.

»Es war finstere Nacht, die Menschen konnten nicht mehr erkennen, welchen Weg sie einschlagen sollten, um zurückzukehren, als plötzlich am Himmel ein strahlendes Licht erschien, das die Schritte der Wanderer erhellte, als wäre es Mittag. In diesem Augenblick war eine große Menge von Männern, Frauen, Alten, Kindern, Mönchen, Nonnen und Priestern zu sehen, die mit dem Papst an der Spitze den Vatikan verließen und sich dabei zu einer Prozession aufstellten.

Aber da kam plötzlich ein wütendes Gewitter; das Licht verdunkelte sich zusehends und es schien sich ein Kampf zwischen Licht und Finsternis zu entfachen. Inzwischen waren sie auf einem kleinen Platz angelangt, der mit Toten und Verwundeten bedeckt war, von denen viele mit lauter Stimme um Hilfe flehten.

Die Reihen der Prozession lichteten sich immer mehr. Nachdem sie einen Weg zurückgelegt hatten, der zweihundert Sonnenaufgängen entspricht, merkte ein jeder, daß sie nicht mehr in Rom waren. Fassungslosigkeit bemächtigte sich ihrer und alle scharten sich um den Papst, um seine Person zu schützen und ihm beizustehen.

Von dem Augenblick an waren zwei Engel zu sehen, die eine Standarte trugen und sie dem Papst mit folgenden Worten überreichten: ›Empfange das Banner Derjenigen, die gegen die stärksten Völker der Erde kämpft und sie zerstreut. Deine Feinde sind verschwunden, deine Kinder beschwören mit Tränen und Seufzern deine Rückkehr.‹ Wenn man den Blick zum Banner erhob, sah man auf der einen Seite geschrieben ›Regina sine labe concepta‹ und auf der anderen ›Auxilium christianorum‹.

Der Papst ergriff freudig das Banner, aber als er die geringe Zahl derer sah, die bei ihm geblieben waren, wurde er betrübt. Die beiden Engel fügten hinzu: ›Geh schnell und tröste deine Kinder. Schreibe deinen Brüdern, die in alle Teile der Welt zerstreut sind, daß eine Reform in den Sitten und in den Menschen notwendig ist. Und die kann man nur verwirklichen, wenn man den Völkern das Brot des Göttlichen Wortes bricht. Unterrichtet die Kinder im Glauben, predigt Entsagung von den irdischen Dingen. Die Zeit ist gekommen‹, so schlossen die beiden Engel, ›in der die Völker den Völkern das Evangelium bringen. Die Leviten sind bei Hacke, Spaten und Hammer zu suchen, damit sich die Worte Davids erfüllen: Gott hat das Volk vom Erdboden erhoben, um es auf den Thron der Fürsten seines Volkes zu setzen.‹

Nachdem der Papst das gehört hatte, setzte er sich in Bewegung, und die Reihen der Prozession begannen dichter zu werden. Als er dann die Heilige Stadt betrat, weinte er, als er die Verzweiflung der Bürger sah, von denen viele nicht mehr lebten. Als er schließlich den Petersdom betrat, stimmte er das ›Te Deum‹ an, dem ein Engelschor antwortete: ›Gloria in excelsis deo, et in terra pax hominibus bonae voluntatis.‹ Nachdem der Gesang verklungen war, verschwand die Dunkelheit, und es zeigte sich eine strahlende Sonne.

In den Städten, den Dörfern und auf dem Land gab es nur mehr ganz wenige Leute; die Erde war zertreten wie von einem Orkan, einer Wasserflut oder einem Hagelschlag, und die Leute gingen bewegt aufeinander zu und sagten: ›Est Deus in Israel.‹

Vom Anfang des Exils bis zum ›Te Deum‹ war die Sonne zweihundertmal aufgegangen. Die ganze Zeit, die verging, bis sich all das vollzogen hatte, belief sich auf vierhundert Sonnenaufgänge.«

Was Nostradamus über das Geschick des Papsttums sagt

Zur Zeit von Nostradamus mußte man, wenn man über das Papsttum schrieb, mit großer Vorsicht zu Werke gehen, um nicht der Wut der Inquisitoren zum Opfer zu fallen und im Kerker oder auf dem Scheiterhaufen zu enden. Im Gegensatz zu seinen Zeitgenossen hielt Nostradamus die Macht der Päpste durchaus nicht für ewig. Er sagte sogar ganz unmißverständlich das Ende des Papsttums voraus. »*Wenn das Fischerboot untergehen wird*«, heißt es in der Cent. I, 4.

Bei unserer Untersuchung wollen wir ausschließen, was unserer Meinung nach schon in Erfüllung gegangen ist, und uns mit den da und dort verstreuten Vierzeilern befassen, die uns Hinweise auf die nähere oder fernere Zukunft zu enthalten scheinen. Die Centurien enthalten viele deutliche und bis in die Einzelheiten genaue Hinweise auf das Geschick des römischen Pontifikats. Die angekündigten Ereignisse sind im wesentlichen folgende: Schismen, Entstehen einer neuen Religion, Übersiedlung der römischen Kurie, Blutbad von Geistlichen usw.

Ein Schisma und viele Trauerfälle für die Kirche

Wer würde in der vorapokalyptischen Epoche, in der wir leben, keine marxistischen Priester kennen? Es gibt sogar welche, die sich selbst als Atheisten bezeichnen. Sie gleichen den Eingeborenen, die bei der Landung von Christoph Columbus das Gold und die Perlen, die sie hatten, nicht zu schätzen wußten und ihnen gierig die Glasstückchen und Spiegelchen vorzogen, die ihnen die schlauen Spanier brachten.

Ein Zeichen der Zeit ist die Verwirrung, die sich überall ausbreitet. Ganz offensichtlich ist die Entgleisung vieler; bei manchem geschieht sie mit gutem Gewissen, aber mit wenig Verstand. Man braucht nur an die Marxisten und Freudianer unter den Priestern zu denken, an die Theologie des Atheismus und an alle Verwirrungen und Widersprüche, die wir täglich vor Augen haben.

Vor dem großen Konflikt und der Barbareninvasion werden revolutionäre Bewegungen im Inneren der Kirche ein

Schisma zur Folge haben. Aus Angst, das Schifflein Petri müsse untergehen, werden viele Geistliche das Boot verlassen (Cent. II, 57), sich ins Wasser stürzen und sich schwimmend weiterbewegen. Aber da sie nur ihrer egoistischen Angst folgen, werden sie die ersten sein, die ertrinken. Die Kommentatoren von Nostradamus sind sich über die angekündigten Geschehnisse einig, wenn auch einige von ihnen bemüht sind, Interpretationen zu geben, die ihre eigenen Thesen unterstützen.

Nach Meinung einiger soll eine Zeit kommen, in der durch gleichzeitige Wahl dreier Päpste – ein italienischer, ein griechischer und ein deutscher – innerhalb der Kirche anarchische Zustände herrschen werden. Nach anderen Prophezeiungen (heiliger Joachim, 1200) werden alle drei getötet, und die Kirche verwaist.

Weitere Kämpfe und Auseinandersetzungen werden folgen, sagt die Cent. X, 76:

»Der große Senat (das Konklave) wird die Pracht einem verleihen, der dann verjagt werden wird. Die Güter seiner Anhänger werden unter Trompetenklang enteignet werden und der Feind aus der Verbannung geholt.«

Dazu sagt die Cent III, 65, daß der Papst des Schismas, der italienische, gefangengenommen und dann getötet werden wird. Das bestätigt auch die Cent. IX, 99:

»Ein Drachenwind wird den Sitz wegtragen, während von den Mauern Asche, Kalk und Staub geworfen werden wird. Der Regen wird ihnen noch übler bekommen . . . an ihrer Grenze wird am Ende die Hilfe kommen.«

Der Papst wird vor etwas, das vom Norden (der Drachenwind) kommt, aus Rom fliehen; die Verteidigung der Römer wird eine schlimmere Reaktion der Feinde hervorrufen. Dann wird die Hilfe kommen. Aber die Übel sind damit noch nicht zu Ende, wie aus Cent. II, 57 hervorgeht:

»Die große Mauer (welche?) wird fallen, der Große wird getötet werden, sein Tod wird plötzlich sein, und er wird zu sehr beweint werden. Das Schiff wird schadhaft sein, und die meisten werden schwimmen ... die Erde beim Fluß wird rot sein von Blut.«

Andere sind der Ansicht, daß das wahre Zeitalter des Greuels kommen wird, wenn der Sitz der katholischen Kirche an einen anderen Ort verlegt werden wird. Nostradamus und auch andere Seher haben dieses Ereignis mehrmals prophezeit. Es sieht so aus, als sollte die »Verwirrung Israels« 153 Monate nach unserem Kalender dauern; Barbarin spricht in seinem Buch über die »Große Pyramide« davon.

Und in der Cent. VIII, 99 heißt es:

»Wegen der Macht von drei weltlichen Königen wird der Heilige Stuhl an einem anderen Ort aufgestellt werden, wo die Substanz des verkörperten Geistes wiederhergestellt und als wahrer Heiliger Stuhl empfangen werden wird.«

Erst am Ende des Konfliktes wird der Papst an seinen wahren Wohnsitz zurückkehren können. Die heilige Birgitta schreibt:

»Die Kirche wird mit Füßen getreten werden. Dem Schifflein Petri und der Priesterschaft wird schwere Gefahr drohen. Petrus wird in Bedrängnis sein und fliehen, um nicht versklavt zu werden.« Aber die Streitigkeiten nehmen noch kein Ende, wie es in der Cent. V, 46 heißt: »Von seiten der Rothüte werden neuer Streit und neue Schismen kommen; wenn der Mann aus den Sabiner Bergen erwählt werden wird, wird man große Sophismen gegen ihn schmieden, und Rom wird von den Albanern beschädigt werden.«

In der Cent. II, 41 werden genauere Angaben über Details gemacht:

»Der große Stern wird sechs Tage brennen, eine Wolke wird zwei Sonnen erscheinen lassen, der große Hund wird die ganze Nacht lang heulen, wenn der Große Pontifex in ein anderes Land ziehen wird.«

Über die näheren Umstände, die diese Ereignisse begleiten werden, wie Nostradamus sagt, kann man jedoch nur Vermutungen anstellen. Hier noch ein anderes Beispiel: Cent. I, 53:

»Weh, ein großes Volk wird man gepeinigt sehen
Und das Heilige Gesetz völlig verfallen
Um anderer Gesetze willen in der ganzen Christenheit
Wenn man ein neues Gold- und Silberbergwerk
finden wird.«

Worum geht es hier? Hier noch ein geheimnisvoller Nebenumstand, den die Cent. VI, 66 ankündigt:

»Bei der Geburt der neuen Sekte wird man die schlecht bestatteten Knochen des Großen Römers finden, das Marmorgrab wird offen zu sehen sein; die Erde wird im April zittern.«

Das Schiff ist nun ein Spielball der Wellen, wie es in der Cent. V, 73 heißt:

»Die Kirche Gottes wird verfolgt
und die heiligen Tempel ausgeraubt werden
die Mutter wird dem nackten Sohn ein Hemd anziehen
(wenn) die Polen und die Araber verbündet sein werden.«

Durch diese Elemente wird geklärt, woher das Übel kommen wird, dessen Schwere von der Cent. VIII, 98 zum Ausdruck gebracht wird:

»Das Blut der Kirchenleute wird so reichlich vergossen werden wie Wasser, und es wird lange nicht getrocknet werden: hier kommt dem Pfaffen Elend und Bedrängnis!«

Nostradamus sagt, die Welt wird mit ihren Orgien eingeschläfert, während der Papst in Avignon Zuflucht suchen wird, weil seine Stadt eingenommen werden wird. Avignon heißt hier Exil, denn zur Zeit von Nostradamus war die Epoche schon vorbei, in der die Päpste in der französischen Stadt geweilt hatten. Das Elend der Kirche wird alles und alle betreffen, am ersten aber ihr Haupt, dem als Sündenbock das größte Gewicht zukommt. Eine Warnung erteilt Cent. II, 97 dem Papst:

»Römischer Pontifex, hüte dich davor, dich der Stadt
zu nähern, die zwei Flüsse benetzen,
in ihrer Nähe wirst du dein Blut speien,
du und die deinen, wenn die Rose blühen wird.«

Nach dem Tod des Papstes *De mediaetate lunae* (1987) wird ein neuer Papst in Konstantinopel eingesetzt werden. Nach Nostradamus soll es ein französischer Papst königlichen Geblüts sein.

Diese Ereignisse, denen die Barbareninvasion vorausgeht, werden Deutschland, Frankreich, Spanien und Italien betreffen. Die Kirche wird das natürlich sehr zu spüren bekommen. Nostradamus sagt auch, daß der letzte Papst ermordet wird. Aber es wird auch etwas Gutes und Neues geben: Ein Franziskanerpapst wird Maßnahmen zur Erneuerung der Kirche treffen. Eine wohltuende Atmosphäre von Geistigkeit wird sich dadurch verbreiten:

Cent. V, 79:

»Der Heilige Prunk wird seine Flügel sinken lassen
bei der Ankunft des Großen Gesetzgebers
er wird den Demütigen erheben, die Rebellen verfolgen,
auf der Erde wird kein solcher mehr geboren werden.«

Und vom Orient wird ein Großer Eingeweihter kommen, der neues Licht bringen wird:

Cent. X, 75:

»So erwartet wird keiner je nach Europa kehren,
in Asien wird erscheinen
einer der Liga, ausgegangen vom Großen Hermes und
über alle Könige des Orients wird er hinauswachsen.«

Die Prophezeiungen des heiligen Malachias über die Päpste

Wenn man von Prophezeiungen über die Päpste spricht,
denkt man gewöhnlich an die, die unter dem Namen des
heiligen Malachias bekannt sind, denn sie sind auch am
weitesten verbreitet. 112 Päpste, von Coelestin II. (1143)
bis zum mutmaßlichen letzten Papst, werden je durch ein
symbolisches Motto gekennzeichnet. Im Motto ist die Be-
sonderheit eines jeden symptomatisch zusammengefaßt;
ohne Unterschied zwischen Papst und Gegenpapst sind
alle chronologisch nacheinander aufgeführt. 1595 veröffentlichte Arnold von Wion, ein aus Douais stammender
Benediktinermönch aus dem Kloster Santa Giustina in Padua, in Venedig ein Werk mit dem Titel *Lignum Vitae*, das
sich mit Legenden aus dem Leben von Heiligen des Bene-
diktinerordens befaßt. In diesem Werk bringt er die berühmten Prophezeiungen über die Päpste, die er dem heiligen Malachias zuschreibt und denen er den Kommentar
eines Dominikanerbruders namens F. A. Giaccomius folgen läßt. Die späte Veröffentlichung und die Umstände,
unter denen sie erfolgte, erschienen verdächtig, denn das
Buch wurde vor dem Konklave veröffentlicht, bei dem ein
Streit über die Wahl von Kardinal Simoncelli aus Orvieto
entbrannte, da das Motto, das in den Prophezeiungen vorgesehen war, nämlich *Ex antiquitate urbis*, genau auf ihn
paßte: *Orvieto* heißt auf lateinisch *»Urbs Vetus«*. Der irische
Bischof Malachias, dem die Prophezeiungen zugeschrieben werden, war mit dem heiligen Bernhard von Clairvaux
befreundet. Der aber erwähnt in der Lebensbeschreibung

des heiligen Malachias die Prophezeiungen über die Päpste nicht unter dessen Schriften, bringt hingegen ein paar seiner Voraussagen, die sich damals schon erfüllt hatten. Die Echtheit der Prophezeiungen wurde bestritten. Aber Für und Wider halten sich die Waage. Die Echtheit einer Prophezeiung besteht in ihrer Erfüllung.

Wir wollen nun die Voraussagen wiedergeben, die sich auf die zukünftigen Päpste beziehen.

Die letzten Päpste

Die lange Reihe soll durch drei Päpste abgeschlossen werden, die von den Kommentatoren »die Päpste der letzten Prüfungen« genannt werden. Es handelt sich um folgende:

1. *De labore solis* – *(Von der Mühe der Sonne),* der derzeitige Papst Johannes Paul II.

2. *De gloria olivae* – *(Von der Herrlichkeit des Ölbaums)*

3. *In persecutione extrema Sanctae Romanae Ecclesiae sedebit Petrus Romanus qui pascet oves in multis tribulationibus, quibus transactis, civitas septicollis diruetur et judex tremendus judicabit populum suum.*

(Bei der letzten Verfolgung der Heiligen Römischen Kirche wird ein römischer Petrus da sein, der seine Schafe unter vielen Drangsalen weiden wird; wenn diese vorbei sind, wird die Siebenhügelstadt zerstört werden und ein fürchterlicher Richter wird ihr Volk richten.)

Dann sind wir also dem Ende nahe?

Pius XII. sagte in einer seiner Reden: »Das Papsttum lebt, weil es der Fels ist, auf den die Kirche gebaut ist, und die wird durch Christus und in Christus leben bis zum Erlöschen der Jahrhunderte.« M. Dorato kommentiert diesen Satz in seinem Buch *Die letzten Päpste und das Ende der Welt in den großen Prophezeiungen* und schreibt: »Es sieht jedoch so aus, als wäre das Erlöschen der Jahrhunderte nicht mehr weit entfernt, wenn wir den Prophezeiungen des heiligen Malachias über die Päpste Glauben schenken dürfen.« Es sind nur drei Päpste, deren Motto mit dem lateinischen »*de*« beginnt. Aber was bedeutet es wirklich? Jedes hat ein Symbol: den Mond, die Sonne und den Ölbaum. Wir wollen nicht an die Stelle der Propheten treten, aber wir können Hypothesen und Konjekturen aufstellen.

1. *De Medietate Lunae. – Hälfte des Mondes* bezieht sich auf das kurze, meteorgleiche Erscheinen von Papst Johannes Paul I.: wenige Wochen, wie die Mondphasen. Der Mönch aus Padua hatte ihn als *Heiliger Mittler und zukünftiges Opfer* bezeichnet, und eigentlich hätte er den Namen Pius XII. tragen sollen, der dagegen schon von Kardinal Pacelli angenommen worden war. Das beweist, wie unzuverlässig gewisse Prophezeiungen sind, die sich zu sehr auf Details einlassen wollen. Für die Amtszeit dieses Papstes des Halbmonds war eine Zeit bitterer Bedrängnis prognostiziert worden, in der die arabische Invasion stattfinden sollte.

2. *De Labore Solis. – Mühe der Sonne* bezieht sich nach Meinung der Kommentatoren der Prophezeiungen von Malachias auf den derzeitigen Papst Johannes Paul II. Wir erleben täglich das Wirken von Papst Woityla, doch wir kennen die Bedeutung des ihm zugeschriebenen Mottos nicht: Mühe der Sonne für den Triumph der Wahrheit? Als einigermaßen zuverlässig könnte sich auch unsere Interpretation von *De labore Solis* als »von der Sonnenenergie« erweisen. Nicht zufällig wird nämlich, vor allem wegen der weltweiten Energiekrise, gerade die Amtszeit von Papst Woityla von der Forschung zur größtmöglichen Ausnutzung der Sonnenenergie bzw. der davon abgeleiteten Energie charakterisiert – mit Resultaten, die mit den fortschreitenden Studien immer günstiger und interessan-

ter werden. Das könnte tatsächlich eine wichtige Etappe in der menschlichen Geschichte bedeuten und zu einem Symbol unserer Epoche werden und dieser Interpretation zu großer Aktualität verhelfen.

Unter anderem heben wir hervor, daß der Mönch aus Padua ihm den Namen Gregor XVIII. zugeschrieben hatte, der sich als falsch erwies. Nach P. I. Rissaut soll dieser Papst der wahre *Pastor Angelicus* sein. Andere sehen wegen seiner Armut in ihm den *Pastor Funalis.*

3. *De Gloria Olivae. – Herrlichkeit des Ölbaums,* damit wird der zukünftige Papst umschrieben. Das Motto drückt ohne Zweifel ein allgemein bekanntes Friedenssymbol aus: der Ölbaum.

Wird es vielleicht, wie von vielen Kommentatoren behauptet, der Friede vor dem alles fortreißenden Sturm sein? Eine Ära der Stille und Ruhe vor dem abschließenden Ende? Gewiß ist, daß der letzte Akt des Dramas in düsteren Farben angekündigt wird, so daß man die Ära *de Gloria Olivae* als einen kurzen Waffenstillstand interpretieren kann.

Der Römische Petrus. – Mehr als ein besonderer Name oder eine Gestalt ist damit eine Endzeit angedeutet als Gegenpol zum Beginn durch den Apostel Petrus. Die Zeit dieses Papstes ist die Epoche der großen Heimsuchungen, die ein Zeitalter beschließen; er ist der Papst der Apokalypse, und er wird die allgemeine Verwüstung und die Zerstörung von allem sehen, bevor die große Erneuerung kommt. Jetzt beginnt der letzte Antichrist sein Wirken. Leute wie E. Ruir, deren prophetische Qualitäten uns unbekannt sind und die es wagen, unbekannte Ereignisse mit Daten zu versehen, legen diese Epoche in die Zeit zwischen 1995 und 2023 und erkühnen sich sogar zu der Behauptung, im Jahr 1994 sei der achte Antichrist absoluter Herrscher über Asien, der die Weisen Indiens und Tibets hat verschwinden lassen und die Mohammedaner durch Terror gezwungen hat, den Koran zu verleugnen und ihn als Gott anzuerkennen, dem alle Menschen der Erde zu gehorchen haben. Durch wunderähnliche Kunststücke wird er die Massen sich gefügig machen, und alle werden sich ihm zu Füßen werfen. Satan, der Geist des Bösen, wird ihm seine ganze negative Kraft geben. Zur Eroberung des Abendlandes wird er einen Vernichtungskrieg mit 200 Millionen Kämpfern unternehmen.

Das werden die langen Tage neuen Unglücks sein, schlimmer als zuvor, und sie werden nur aus Liebe zu den Auserwählten abgekürzt und ihren Gipfelpunkt im Großen Tag erreichen.

Das ist der letzte Akt. Rom wird verschwinden, und die Welt wird durch Feuer gereinigt werden.

Aber in der allgemeinen Zerstörung ist etwas da, das den neuen Tag sehen wird, und das Leben wird wieder erwachen und erneuert zu seinem neuen Zyklus.

Das Ende des Papsttums hat nichts zu tun mit der Lebenskraft der Religion und des Glaubens, die im Herzen des einzelnen Menschen lebendig sind. Die Einrichtungen können wechseln, und die äußeren Manifestationen einer Religion können neue Formen annehmen. Was sich nicht verändern läßt, ist die Substanz, und keiner materiellen Kraft wird es je gelingen, daran zu rühren. Im Gegenteil, je höher der Mensch auf dem Lebenspfad emporsteigt, desto mehr wird er vom Wesen der Religion durchdrungen sein, und die äußeren Manifestationen werden nicht mehr so äußerlich sein wie die der heutigen Menschheit.

Die ewige Religion

Jahrhundertelang hat man geglaubt, daß es nur *eine* Wahrheit gebe. Und dieser Irrtum hat viel Blut gekostet.

Diese irrige Vorstellung wurde von der richtigeren ersetzt, daß es Wahrheit auf jeder Ebene gibt, daß sie relativ zur Entwicklungsstufe jedes einzelnen ist und daß man in dieser relativen Welt die absolute Wahrheit nicht kennen kann.

Jetzt bricht sich endlich der Gedanke Bahn, daß jeder das Recht auf seine eigenen Erfahrungen hat, an dem Ort, in der Religion und in der Umwelt, wo ihn das Leben hingestellt hat. Nunmehr ist die Ansicht verbreitet, daß ein jeder seinem eigenen Weg folgen muß und für jeden der Weg gut ist, der zum gemeinsamen Gipfel führt. Die Wahrheit liegt in jedem, um von ihm entdeckt zu werden, und niemand besitzt die ausschließliche oder ihr Monopol. Gott ist der Vater aller, er hat nicht Kinder und Stiefkinder.

Heute blickt man mit Erstaunen auf die noch übriggebliebenen Dogmatiker, wie auf die verwirrte Nachhut eines besiegten Heeres, die in eine falsche Richtung marschiert.

Wahre Religion ist diejenige, die ihr Zentrum im Gewissen des Menschen hat, das einem jeden vorschreibt, was er tun soll.

Man kann nicht als Religion bezeichnen, was nur in Riten und äußerlichen Zeremonien besteht oder nur in blindem Gehorsam einem Anführer gegenüber, der an etwas von ihm Vorgeschriebenes zu glauben befiehlt.

Freilich, bevor man zum Bewußtsein seiner selbst gelangt, ist es nötig, durch das Stadium geistiger Minderjährigkeit hindurchzugehen, den Zustand der Unterworfenheit unter einen Anführer durchzumachen und wie Minderjährige, die unfähig sind, sich selbst zu steuern, sich an Normen von außen zu halten.

Aber jede äußerliche Religion hat nur Gültigkeit, wenn sie den Menschen zur Entwicklung einer innerlichen Religion hinführt, die des Gewissens, das einem jeden seine eigenen Normen diktiert.

Die innerliche Religion besteht aus der Harmonie mit dem Ganzen, in wahrer, erlebter Liebe, und soll vor allem ins tägliche Leben umgesetzt und zum neuen Habitus unter fortgeschrittenen Menschen werden.

Dies ist die Religion, die, nach den Prophezeiungen, fähig sein wird, die zukünftige Menschheit, die auf eine höhere Entwicklungsstufe emporgestiegen ist, zu formen.

Heilige und Hellseher, Astrologen und Wahrsager

Die Ankunft einer neuen religiösen, wissenschaftlichen und gesellschaftlichen Ära ist seit geraumer Zeit von Leuten vorausgesagt worden, die im voraus den Pulsschlag des wechselvollen Lebens spüren oder die von den Zeitgenossen häufig nicht verstandene oder sogar verspottete Fähigkeit besitzen, in die Zukunft zu schauen. Die Tatsachen, die Tag für Tag geschehen, zeigen, wie sich vollzieht, was im Unsichtbaren, das heißt in den Herzen der Menschen, schon vollzogen ist.

Das künftige Geschick der Menschheit ist schon geschrieben. Wir sind die Akteure des großen Dramas.

Von 1975 an

Viele geistige Zentren, kleine, aber heute überall auf der Welt blühende Gruppen und die verschiedenen Schulen esoterischen Charakters verkünden, daß ein neues Zeitalter naht für das Leben des Menschen und für den Planeten, auf dem er wohnt.

Pius XII. rief am Ostersonntag 1957 am Ende seiner Enzyklika aus:

»Komm, Herr Jesus, es sind Zeichen da, daß deine Ankunft nicht mehr fern ist! . . .«

Nach der Ansicht der Theosophen werden die letzten 25 Jahre des Jahrhunderts eine ganz besondere Bedeutung haben. Große Veränderungen, von umfassender Bedeutung für die Menschheit, sind vorgesehen. Nach der Lehre ihrer Meister empfängt das letzte Viertel eines jeden Jahrhunderts einen stärkeren Entwicklungsimpuls.

Die Anhänger der Schule für Geheimwissenschaften, Schüler von A. A. Bailey, der das Denken des tibetanischen Meisters interpretiert, behaupten, daß zur Vorbereitung und Einstimmung auf das Zeitalter des Wassermanns Eingeweihte auf der Erde erscheinen werden, und ihre Arbeit wird hauptsächlich darin bestehen, als Vorhut der Hierarchie zu agieren, die die Entwicklung der Menschheit leitet, und ihr in der äußeren Manifestation vorauszugehen. Sie bestätigen die Wiederkehr Christi, um den göttlichen Plan für die Erde wiederherzustellen. Die Arbeit der Eingeweihten und der Jünger muß bis 2025 darauf abzielen, grundlegende Änderungen im Denken, im Bewußtsein und in der Blickrichtung des Menschen hervorzurufen; und diese Arbeit wird Offenbarungscharakter haben. Die Unterweisung wird mit modernsten Mitteln wie Radio, Presse und Fernsehen auf weltweiter Basis erteilt werden. Während dieser Zeit wird die »zweite Herabkunft« – wie sie der Tibetaner nennt – geschehen, die »ganz bewußt von der Menschheit selbst herbeigeführt werden muß«. Im Bewußtsein der Menschen muß die göttliche Idee und allmählich auch das Bewußtsein vom Ziel der Existenz und vom göttlichen Plan des Lebens entstehen. Das ist wichtig für die von falschen Elixieren des Glücks in die Irre geführten und betäubten Massen. Das sind die mühevollen Jahre, in denen sich die vereinigen müssen, die eine höhere Schau des Lebens haben.

Wenn die Menschen ihre Zivilisation hoch entwickelt haben, aber unfähig sind, im guten Fortschritte zu machen

Die Orientalen behaupten, daß die Menschheit im letzten Viertel eines jeden Jahrhunderts mehr Hilfe von den Großen Geistigen Wesen verlangen kann, die zu der Hierarchie gehören, von der die Entwicklung der Menschheit geleitet wird. Besonders in Momenten schwerer Gefahr, wie jetzt, kann diese Hilfe verlangt werden, weil sie besonders nötig gebraucht wird.

1882 wurde durch einen Meister der Weisheit der warnende Hinweis gegeben, die Menschheit befinde sich auf dem Weg zur Selbstzerstörung. Diese Botschaft zitiert A. P. Sinnet in seinem Buch *Der esoterische Buddhismus.*

»Der Fortschritt im absolut Bösen, den nur ein Kataklysmus aufhalten kann, beginnt sich in jeder Kultur zu zeigen, wenn sie ihren Gipfel erreicht hat, wenn die Menschen der jeweiligen Rasse durch rein intellektuelle Untersuchungen und gewöhnliche wissenschaftliche Experimente die Herrschaft über besondere Kräfte der Natur erlangt haben.

Diese Kräfte besitzt der Adept; aber bei ihm sind sie nicht unheilvoll, weil sie durch die Entwicklung höchster geistiger Qualitäten erworben wurden; aber in den Händen von Egoisten und Verdorbenen werden sie zum Instrument für die abscheulichsten Verbrechen.

Wenn eure Rasse, die fünfte Rasse auf Erden, den Höhepunkt ihrer physischen Intelligenz erreicht hat und ihre Zivilisation bis zum äußersten hochgezüchtet ist, dann wird sie – unfähig im guten fortzuschreiten – bemerken, wie sie plötzlich stehenbleibt und überhaupt keine Fortschritte mehr macht. Auf die gleiche Weise sind Lemuren und Atlantiden in ihrem Fortschritt und in ihrer Kultur steckengeblieben.

Das hängt von dem zyklischen Gesetz ab, das die Ereignisse lenkt; nicht hindernd wirkt dieses Gesetz auf den individuellen Willen, der Ursachen zeugen kann, die dann ihre eigenen Wirkungen hervorbringen.

Daher steht geschrieben (in der Bibel), daß manchmal ›ein Weiser‹ genügte, um eine Stadt zu retten, und daß, wie ein Fluß an der Quelle durch ein Steinchen seinen Lauf ändern kann, so der gute Wille weniger das schreckliche Geschick, das sich über der Menschheit zusammenbraut, ein wenig mildern kann.«

Das Phänomen Jeane Dixon

In einem Buch, das in den Vereinigten Staaten erschienen ist, wird von Jeane Dixon, einer außerordentlichen Hellseherin berichtet, die wiederholt bewiesen hat, die geheimnisvolle Gabe der Zukunftsvision zu besitzen.
Viele ihrer Voraussagen sind schon in Erfüllung gegangen, sie wurden in verständlicher Sprache oft vor Millionen Zuschauern bei lokalen oder nationalen Fernseh- oder Rundfunksendungen abgegeben.
Jeane Dixon ist imstande, medizinische Fälle zu diagnostizieren, die den Ärzten ein Rätsel sind. Sie sieht die Ereignisse des persönlichen Lebens voraus, bevor sie wirklich eintreten.
Berühmt geworden sind ihre Voraussagen des Todes von Martin Luther King und von Robert Kennedy. Beachtenswert auch die Voraussage von der Machtergreifung des Kommunismus in China, vom Start des ersten Sputnik, der Wiederwahl Präsident Trumans und der Ermordung J. F. Kennedys. Nicht immer haben sich ihre Prophezeiungen jedoch als ganz genau gezeigt.
Die Hellseherin hat René Noorbergen ihre Geschichte erzählt und ihm auch enthüllt, was sie für die Zukunft voraussieht.
Sie schreibt: »Visionen, telepathische Botschaften und psychische Empfindungen geben mir eine tiefe Kenntnis

von dem, was in unserer Generation und auch später passieren wird, und wenn ich diese Ereignisse, oft von den Ausmaßen eines Kataklysmus, ankündigen muß, erfaßt mich große Angst.«

Das ist ganz natürlich, bedenkt man den dramatischen, oft tragischen Charakter dessen, was sich ihren Blicken bietet. Was die amerikanische Seherin für die kommenden Jahre voraussieht, wollen wir nun knapp zusammengefaßt bringen.

Das Geschick Rußlands

Die Hellseherin spricht von der Rückkehr Rußlands zum Christentum, nicht sofort, sondern in ferner Zukunft, während heute eine radikale Änderung im Gange ist. Das so traditionelle religiöse Gefühl dieses Volkes »wird ein wesentlicher Bestandteil der allgemeinen Wiederauferstehung des Glaubens an Jesus Christus sein«.

Leider muß vorher noch viel Tragisches geschehen, denn Rußland hat den festen Vorsatz, die Welt zu beherrschen, und zu diesem Zweck setzt es alle möglichen Mittel ein. Diesem »großen Plan« dient das Aufwiegeln unwissender Massen, die graduelle Durchdringung der Lebensnerven jedes einzelnen Staates, die offene Subversion, der Versuch, chaotische Zustände in der Wirtschaft und in allen anderen Zweigen des sozialen Lebens bei allen Nationen zu schaffen.

1980 soll das Gewicht der russischen Macht erheblich anwachsen: Rußland wird die ganze sozialistische Welt kontrollieren und beherrschen, und die Zahl der Diktaturen, die auf verschiedene Weise von den Russen kontrolliert werden, wird steigen.

Der Krieg wird nur im Notfall als letztes Mittel eingesetzt

werden, denn viel vorteilhafter für ihre Zwecke ist die Zersetzung der kapitalistischen Welt auf langsame und heimtückische Weise durch das vorhin schon angedeutete Eindringen, den Druck und den Umsturz.

Die Hellseherin hat »mit den Augen des Geistes« gesehen, daß an der Grenze zwischen Indien und Rußland Experimente des bakteriologischen Krieges durchgeführt werden:

> »Ich habe in ihrem Verlauf Tausende von Vögeln sterben sehen . . . die Zukunft bringt uns auch einen Krieg mit diesen Waffen. Es wird ein kostspieliger Krieg werden wegen des Verlustes der vielen Menschenleben und Ernten.«

Sie schreibt auch, daß sich die Anzahl der für Westeuropa bestimmten Raketen auf etwa 750 beläuft, die schon in der langen Gebirgskette der Karpaten versteckt sind. Während alle Protagonisten, die Regierenden der größten Nationen, heute nicht die geringste Absicht haben, abzurüsten, werden die verschiedenen Weltabrüstungskonferenzen Jahr um Jahr weiter abgehalten werden als Beruhigungsmittel und Schlafpulver für die einzelnen Völker.

In Afrika und Asien werden sich Umsturz- und Aufruhrherde bilden, die auch von Rotchina angeheizt und genährt werden. In Vietnam und in Korea wird es immer schlimmer werden. Die Tatsachen werden beweisen, daß der Vertrag über die Einstellung von Atomwaffenversuchen zum Schaden der Vereinigten Staaten ausschlagen wird.

Durch die Verschlechterung der Weltlage kann es zwischen 1980 und 1990 zum Ausbruch eines Weltkriegs kommen. Rußland und die Vereinigten Staaten werden sich vorübergehend gegen China verbünden. Dieser Krieg wird außer ungeheurer Trauer und unermeßlichem Leid eine geistige Erneuerung der Menschheit zur Folge haben.

Vor 1980 werden sich immer mehr kleine Kampfherde
entzünden: Rebellionen, Kämpfe untereinander, zwischen
sozialen Klassen und Nationen werden sich mehr und
mehr ausweiten, bis sie schließlich zu einer einzigen großen Flamme der Zerstörung werden.

Das Drama der neuen Generation

Es ist ziemlich leicht, das Geschick der Generation voraus-
zusagen, die wir heute sich so wild gebärden sehen, die
Rechte verlangt und wenig von Pflichten wissen will.
Jeane Dixon sagt, daß diese Generation viel wird leiden
müssen, weil sie vollkommen unvorbereitet den tragischen zukünftigen Ereignissen ausgesetzt sein wird.
Für viele wird das Studium der psychischen Phänomene
und die außersinnliche Wahrnehmung heilsam sein, das
im kommenden Jahrzehnt große Beliebtheit erreichen
wird; dabei werden uralte Vorurteile endlich fallen. Dann
wird man Experimente auf allen psychischen Gebieten
machen, und viele werden auf diesem Weg zum Glauben
finden; denn diese Phänomene werden bei vielen das
Licht des Geistigen wieder aufleuchten lassen.
Von 1979 an wird nach Ansicht der Hellseherin eine Reihe
von Nahrungskrisen ausbrechen, weil das ganze techni-
sche Wissen und alle Vorräte immer mehr zur Eroberung
des Weltraums verwendet werden, statt daß man sie der
Erde zuwenden würde, die doch die wahre Mutter ist, aus
der die Menschen alles schöpfen können, was sie für ihr
leibliches Leben brauchen.
Zwischen dem Westen und Japan, das aufgrund seines
ständigen Fortschritts eine der größten wirtschaftlichen
Mächte der Welt werden wird, wird ein Wirtschaftskampf
von gigantischen Ausmaßen entbrennen.

»Etwa in der Mitte des Jahres 1980«, sagt Jeane Dixon,
»wird die Erde von einem Kometen getroffen werden. Erd-
und Meeresbeben werden das Ergebnis dieser schrecklichen Kollision sein, die in einem der großen Ozeane vor
sich gehen wird. Das wird eine der schlimmsten Katastrophen des 20. Jahrhunderts sein. Obwohl mir die Stelle des
Zusammenstoßes schon in etwa bekannt ist, glaube ich,
sie noch nicht nennen zu dürfen, aber später werde ich bestimmt noch eine genauere Auskunft geben.«
Sollte das schon die erste von den »Umwälzungen« in der
Natur sein, die von verschiedenen Seiten wiederholt angekündigt wurden und von denen auch die zahlreichen prophetisch inspirierten Mitteilungen sprechen, die aus verschiedenen Zentren kommen?
Erd- und Meeresbeben werden auch in vielen anderen
Prophezeiungen angekündigt mit Auswirkungen für das
menschliche Leben, die man sich leicht vorstellen kann.
Die Auswirkungen des Zusammenstoßes mit einem Kometen lassen jedoch schon an etwas Apokalyptisches denken.
Die gleiche Jeane Dixon behauptet noch einmal, daß ein
paar Jahre später eine weitere, nicht genauer ausgeführte
Katastrophe hereinbrechen wird: »Gegen die Mitte der
achtziger Jahre, genau gesagt um 1985, wird die Natur di-
rekt auf die russischen Welteroberungspläne einwirken.
In jenem Jahr wird sich ein Naturphänomen von solchen
Ausmaßen zutragen, daß es die Ereignisse, die den Weg
der Menschheit beeinflussen, tiefgreifend verändern
wird.«
Erst dann werden sich viele Skeptiker und Zweifler Christus zuwenden und vieles wird sich ändern. Aber seltsa-
merweise wird es so sein, daß es für viele Menschen,

wenn alles vorbei ist, so aussehen wird, als wäre gar nichts passiert. Das wird den noch zu verhärteten Seelen geschehen, die, wenn sie berührt werden, sich vorübergehend öffnen, aber dann sich wieder ebenso hermetisch verschließen wie zuvor, was ihrer geringen Entwicklung zuzuschreiben ist. Wenn sich die Tatsachen wiederholen, öffnen und schließen sie sich wieder, bis die Seele schließlich gereift ist und eine höhere Stufe der Erleuchtung und des rascheren Fortschritts erreicht hat.

China gegen Rußland

Nach der Meinung der Hellseherin stellt China die größte Gefahr für die Zukunft dar. Nach all den vorausgehenden Kämpfen wird es im ersten Viertel des neuen Jahrhunderts die Zähne zeigen.

»2025 wird China die ausreichende wirtschaftliche und politische Stabilität erreicht haben, um zu großen Eroberungen aufzubrechen. In jenem Jahr wird China in Rußland einmarschieren, ein großes Stück im Norden des Landes erobern, und es wird nicht haltmachen, bis es nicht Finnland, Norwegen, Schweden und Dänemark besetzt hat und an der deutschen Grenze angelangt ist.

Westeuropa wird zu der Zeit nicht besetzt werden, Rußland wird jedoch seine direkte Einflußsphäre ausgeweitet haben und nicht mehr nur die osteuropäischen Länder unter Kontrolle haben, sondern auch Libyen, Äthiopien, den Iran und einen Großteil Afrikas.

Dieser Eroberungskrieg wird von 2025 bis 2037 dauern.«

Die Rivalität zwischen Rußland und China ist der Kampf zwischen zwei Giganten.

Der Konflikt wird solche Ausmaße annehmen, daß alle vorhergehenden demgegenüber als kleine unbedeutende

Kämpfe erscheinen werden. Die riesigen Waffenarsenale, die seit Jahren im Nahen Osten, in Afrika, in Südafrika und in Ländern wie Venezuela, Bolivien und Guatemala gestapelt sind, werden samt und sonders eingesetzt werden.

Araber und Israelis

Im Nahen Osten sieht die Hellseherin nichts als Unheil: »Ein wahrer Friede liegt ganz weit in der Zukunft. Der Zwist wird erst enden, wenn Jerusalem von einem Erdbeben getroffen wird.«
Es handelt sich also um eine ständige Spannung: Diplomatische Tätigkeit, ab und zu Kämpfe, gelegentlicher Waffenstillstand, aber das unruhige Gären bleibt.
Aber es kommt schlimmer. Für das Jahr 2000 sieht sie in diesem Gebiet eine Invasion chinesischer und mongolischer Truppen, Schlachten bis östlich des Jordans. Es wird ein Krieg zwischen Ost und West sein. Israel wird mit einer ungeheuren feindlichen Übermacht zu tun haben, aber die Orientalen werden schwere Verluste erleiden, und Israel wird nicht niedergeschlagen werden.
Aus dieser Kriegsepoche wird Israel stärker und gesünder hervorgehen, erst dann wird sich das Volk der göttlichen Hilfe bewußt werden und endlich Jesus Christus als den Sohn Gottes anerkennen.

Der Fortschritt in Wissenschaft und Technik

Bei soviel Unglück und Zerstörung durch die Kriege, durch die Invasionen und Naturkataklysmen von unerhörten Ausmaßen und oft vom Hunger bedroht, werden die

Menschen gezwungen sein, ihren ganzen Verstand einzusetzen, nur um zu überleben. Da wird man – so schreibt die Hellseherin – Entdeckungen auf dem Gebiet der Medizin machen, die der Gesundheit zugute kommen, aber ebenso der Wirtschaft und der ganzen Lebensführung.
Viele notwendige Nahrungsmittel wird man aus den Ozeanen schöpfen. Man wird Entdeckungen auf dem Gebiet des Antriebs machen und die magnetischen Kräfte des Kosmos ausnutzen und dadurch imstande sein, mit unerhörter Leichtigkeit von einem Planeten zum anderen zu fliegen. Aber, was wichtiger ist, viele Menschen werden in ihrem Leid wie Brüder zusammenfinden und begreifen, daß der einzige Weg der Weg der Liebe ist, wie sie auch in vielen Botschaften prophetisch inspirierter Menschen immer wieder verkündigt wird.

Das Geschick der Kirche

Für die katholische Kirche sieht die Seherin drastische Veränderungen, die sich in den kommenden zwanzig Jahren vollziehen werden, sowohl auf dem Gebiet der Lehre wie auf dem der Tradition. Die Kirche wird gespalten sein, aber nicht nur in Fragen des Dogmas und der Prinzipien, sondern auch in Disziplin und Moral.
»Die ökumenische Bewegung«, so schreibt die Seherin, »von der ich mir soviel erwartete, ist im Begriff, zu einem Traum ohne Konsistenz und ohne Wirkung auf die Realität zu werden. Für die verschiedenen Kirchen sehe ich in diesem Jahrhundert mehr Erschütterungen als in den vergangenen. Die nächsten 29 Jahre sind Jahre voll Kampf und Spaltung.«
Einander kontrastierende Sekten und Parteien werden entstehen. Viele Priester werden heiraten wollen und es auch

tun, sich den Vorschriften widersetzen und dadurch nie gesehene Spaltungen und Verwirrungen hervorrufen.

Der Großteil wird jedoch den alten Traditionen treu bleiben.

»Gegen Ende des Jahrhunderts«, schreibt die Hellseherin, »wird Gott selbst eingreifen: Ein Kreuz wird am östlichen Himmel erscheinen, und eine große Stimme wird die Menschen dazu aufrufen, sich unter einem einzigen Gott zu vereinen. Dann werden die Menschen, auch wenn sie bei verschiedenen Kirchen bleiben, alle in demselben apostolischen Glauben zusammenfinden müssen.

Im Lauf der dramatischen Wechselfälle dieses Jahrhunderts wird ein Papst verletzt und ein anderer getötet werden. Das wird der sein, den man binnen kurzem wählen wird; seine Wahl wird jedoch bestritten werden und nicht das Placet des römischen Klerus finden. Aber seine Kraft wird ein solches Gewicht haben, daß die Kräfte der Opposition verschwinden werden.«

»Das wird der letzte Papst sein, der die Kirche allein regiert«, sagt Jeane Dixon, denn die Kardinäle werden immer mehr Macht an sich reißen, bis sie sich schließlich die Möglichkeit einräumen werden, einen Papst, der ihnen nicht paßt, durch einen anderen zu ersetzen.

Die unheildrohende Gestalt des Lügners

Aber die Gestalt, auf die sich die Aufmerksamkeit Jeane Dixons am meisten konzentriert, ist das verhängnisvolle Bild des Lügners, der sich im wandelbaren Aussehen des Betrugs zeigt. Über den Antichrist, seine Vorläufer, seine Lehre und seine Anhänger äußert sich Jeane Dixon deutlich und sehr genau; es wäre der Mühe wert, ihre Aussagen im Wortlaut nachzulesen.

Als Prolog zu seinem unheilvollen Wirken bezeichnet sie den Satanskult, der heute schon in verschiedenen Formen durch abscheuliche okkulte Übungen praktiziert wird und von dem auch in der Presse schon des öfteren die Rede war. »Satan rückt unverhüllt heran, um die Welt zu verführen, und wir müssen uns auf die zukünftigen Ereignisse vorbereiten.«

»Sein Wirkungsgebiet wird die individuelle Verführung der Menschheit sein, das heißt, eine Ideologie, die sich aus politischen, philosophischen und religiösen Begriffen zusammensetzt und die die Menschen in eine tiefe Glaubenskrise stürzen wird.«

»Während der Prophet des Antichrist seine Ideologie verbreiten wird, werden die Menschen vom Fortschritt der Technik und von äußerem Wohlergehen geblendet sein. Die Gesellschaft wird sich schließlich selbst und ihre materiellen Errungenschaften anbeten, bis zu dem Augenblick, in dem der Mensch sagen wird: ›Ich bin die Kraft und brauche keinen Gott. Nur meine menschliche Wissenschaft habe ich nötig.‹«

Vor der Ankunft des falschen Christus wird sich eine Propaganda und eine aktive Organisation seines »fürchterlichen, schreckenerregenden Despotismus« entwickeln, mit dem er »die ganze Welt unterjochen wird«.

Dann werden die »Wunder« geschehen, das heißt, wunderähnliche Äußerungen, die »die Bewohner der Erde auf den falschen Weg bringen werden«. Das überzeugendste dieser Wunder wird durch die Eroberung der Naturkräfte gegeben; das »Feuer des Himmels« wird das größte Symbol dafür sein. Bei allen diesen Äußerungen wird es sich nicht um überirdische Erscheinungen handeln, sondern um Wunder, die von den Errungenschaften der menschlichen Wissenschaft herrühren, die man jedoch auf eine bestimmte Weise deuten wird, um die Menschen von Gott

157

zu entfernen und sie zum Kult des Antichrist hinzufüh-
ren.

Noch dazu wird dieser falsche wissenschaftliche Prophet
einen stolzen, hochmütigen Geist unchristlicher Wissenschaft entstehen lassen, durch den viele religiöse Traditionen für die Menschen des »erleuchteten« Zeitalters (wie
man diese Zeit nennen wird) alt und unannehmbar erscheinen werden.

Das Bild dieser Wissenschaft werden viele Menschen anbeten . . .

Der Abfall von Gott und das atheistische Denken werden
von dem falschen Propheten als einzige Quelle der Erkenntnis und der Weisheit bezeichnet werden.

Er wird versprechen, ein Reich der Gerechtigkeit zu errichten, und dem Menschengeschlecht eine vollkommene Befreiung vorgaukeln, indem er ihm von der zukünftigen
Einheit, Solidarität, dem Frieden und dem Glück für alle
»Menschen« erzählt.

Die gleiche Sprache hören wir tagtäglich aus dem Munde
vieler, die sich ebenfalls als Befreier bezeichnen.

Aber wovon? Wie sollen sie uns geben können, was sie
selbst nicht haben?

Der Irrtum in der Datierung der Prophezeiungen

Das Mißtrauen gegenüber der Datierung der Prophezeiungen ist mehr als gerechtfertigt, und jede Zurückhaltung ist angebracht: Die Daten sind zu oft trügerisch, weil
sie völlig willkürlich zugeordnet werden. Wer naiverweise
glaubt, für die Prophezeiungen einen Kalenderablauf festlegen zu können, ignoriert, daß die Ereignisse je nach ihrem Heranreifen in der Zeit variabel und nicht streng festgelegt sind.

Deshalb sagte Jesus: »*Jenen Tag aber und jene Stunde* (des Endes) *weiß niemand, auch nicht die Engel des Himmels, auch nicht der Sohn, nur der Vater allein.*« (Matthäus XXIV, 36)

Dagegen haben Daten für die Menschen eine große Bedeutung, daher der Wunsch, sie zu kennen; doch für das Leben der Menschheit und für die Evolution der einzelnen haben Daten keinerlei Bedeutung, weil beide sich nicht nach Daten, sondern nach Geschehnissen bemessen. Die Fakten sind die Grundpfeiler ihres Aufbaus, nicht die Jahre.

Daten finden sich in der Konstellation der kleinen Wahrsager, niemals in der großer Propheten. Nostradamus rechnet nach Ereignissen, für ihn sind es sogar die Abfolgen des Antichrists, die Zeitabschnitte bezeichnen, nicht nur einer, sondern verschiedene bis zum letzten, dem großen Lügner. Es gibt nur ein einziges klares und unmißverständliches Datum in seinen Prophezeiungen: das Jahr 1999. Das ist der Grund, weshalb die Möglichkeit fehlt, die Quartinen chronologisch zu ordnen und einer jeden die Daten der angekündigten Ereignisse zuzuordnen. Die Quartinen, die man bei dem Versuch, ein wenig klarer zu sehen, zitiert, sind durch eine thematische Ähnlichkeit verbunden. Dort, wo die Zeit eine ewige Gegenwart ist, existieren keine Daten. Deshalb ist es schwierig und trügerisch, die Daten der Ereignisse festzulegen.

Doch es gibt prophetische Daten mit klarer Bedeutung, wie das Jahr 1914; von anderen, wie 1953, 1966 oder 1980, hat man die Wertigkeit nicht erkannt. Einige Kommentatoren behaupten, daß sich Vorkommnisse von weltweiter Wichtigkeit in diesen Jahren erfüllen sollten.

Dennoch scheint zu einigen von diesen Daten nichts geschehen zu sein. Doch auch im Leben eines Menschen gibt es Augenblicke, die zwar entscheidend, aber nicht aufsehenerregend sind, daher bleiben sie manchmal unbe-

159

kannt und gehen unbemerkt von den meisten anderen vorüber. Christi Geburt wurde in Rom überhaupt nicht bemerkt: Weder Kaiser Augustus noch der Senat hatten davon Kenntnis. Nur wer in den Sternen lesen konnte, wußte davon.

Keines der Daten, die den Beginn oder das Ende der historischen Epochen bezeichneten, wurden zu ihrer Zeit erkannt. Wichtige Daten können unbemerkt vorübergehen, Ereignisse von weltumschließender Tragweite können geschehen, ohne daß sie von jemandem wahrgenommen werden. Man kann die Wirkungen nur im zeitlichen Abstand feststellen.

Der persische Astrologe Anwai bemerkte in der Nacht des 16. September 1188 die Konjunktion von fünf Planeten im Zeichen der Waage: Sonne, Mond, Saturn, Jupiter und Mars. Das war ein ganz außergewöhnliches Phänomen, das aufgrund seines astrologischen Gehalts ein verhängnisvolles Datum für die Menschheit anzeigte. Er teilte es der Bevölkerung mit, die etwas Unheilbringendes für alle erwartete, etwa einen Kataklysmus oder eine andere Katastrophe. Doch es geschah nichts Auffallendes, und der Astrologe mußte Gelächter und sarkastische Bemerkungen über sich ergehen lassen. In dieser Nacht wurde Dschingis-Khan geboren, der mit seinen Nomadenstämmen einen Großteil Asiens heimsuchen sollte.

Das Datum der Ereignisse gleicht einem Schleier, den man nicht lüften kann, die Stunde kann der Menschheit nicht offenbart werden.

Daten sind ein Geheimnis und werden es bis zuletzt bleiben. *»Ich werde kommen wie ein Dieb in der Nacht«,* sagte Jesus und wollte damit dazu anspornen, wachsam zu sein und sich bereitzuhalten.

Prophezeiungen mit Datenangaben sollte man lieber keinen Glauben schenken. Es sind Pseudo-Prophezeiungen.

Die Ereignisse treten tatsächlich ein, doch das Datum erweist sich nur zu oft als falsch.

Ist der Antichrist im Nahen Osten schon geboren?

Jeane Dixon erzählt, in einer Vision im Februar 1962 sei ihr ein außergewöhnliches Ereignis geoffenbart worden: An einem kleinen Ort im Nahen Osten wurde am 5. Februar 1962 kurz nach sieben Uhr früh das Kind geboren, das die Welt revolutionieren wird, das auf der Grundlage seiner »Allmächtigkeit« ein falsches Christentum gründen und die Menschen weit wegführen wird von den Unterweisungen Christi.

»Die Umstände bei seiner Geburt und die Ereignisse seines Lebens, die ich gesehen habe, lassen ihn Christus so ähnlich erscheinen und gleichzeitig so anders, daß ich *nun keinen Zweifel mehr darüber habe, daß dieses Kind kein anderer ist als der Antichrist, das heißt der, der die Welt im Namen Satans betrügen wird.«*

Sein Leben sieht aus wie eine Imitation des Lebens Jesu.

»Ich sehe, er ist nicht mehr in dem Land, wo er geboren wurde, seine Eltern haben ihn an einen anderen Ort im Nahen Osten gebracht, und ich habe den deutlichen Eindruck, daß es sich um ein dicht besiedeltes Gebiet in den Vereinigten Arabischen Republiken handelt.«

»Der Grund für ihre Übersiedelung ist mir unbekannt, aber ich weiß, daß das Kind von Kräften umgeben ist, die es beschützen.«

»Wenn dieses Kind elf Jahre alt sein wird, wird ihm etwas ungeheuer Bedeutsames zustoßen. Sehr wahrscheinlich werden wir in dem Augenblick (1973–1974) nichts davon erfahren, aber ihm selbst wird in diesem Alter seine satanische Mission voll zum Bewußtsein kommen.

Dann wird er allmählich seinen Einfluß verbreiten, die ihm am nächsten stehen, werden die Urzelle seiner getreuen Anhängerschaft bilden, sobald er 19 Jahre alt sein wird. Mit ihnen zusammen wird er in der Stille sein Werk beginnen, bis er 29 oder 30 Jahre alt sein wird; dann wird sein gewaltiger Eintritt in die Welt die ersten schlimmen Früchte tragen.«

Schon von 1980 an wird sich der Einfluß dieses Mannes allmählich fühlbar machen, aber er wird sich ständig vergrößern, und seine Lehren werden sich verbreiten, dabei wird er die propagandistische Organisation der Vereinigten Staaten ausnützen, was seiner Sache auf unvorstellbare Weise zugute kommen wird. Häufig wird er selbst Reisen nach Nordamerika unternehmen, weil ihm die Führung der Vereinigten Staaten eine enge Zusammenarbeit anbieten wird.

Bis 1999 wird die Macht dieses Mannes ins Unermeßliche gestiegen sein. Jegliche Form christlicher Bildung wird aus den Schulen nahezu verschwunden sein, und die Jugend wird bereitwillig die neuen Theorien aufnehmen. Die Jugend wird überhaupt sehr viel dazu beitragen, daß dieser Mann die Hebel der Macht über die ganze Welt in die Hand bekommt.

Wer die christlichen Prinzipien nicht tief in sich verwurzelt hat, wird von seinen unheilvollen Lehren erschüttert werden.

Der schlimmste aller Tyrannen

Jeane Dixon behauptet, der Antichrist werde im wesentlichen ein Phänomen politischen Charakters sein. Einen religiösen Häretiker würde die Welt ignorieren, aber einen, der eine große Macht in Händen hat, die er für seine

Zwecke gebrauchen kann, muß sie wohl oder übel beachten.

»Er wird eine militärische Gestalt sein. Mit den modernsten Waffen wird er die Erde erobern und auch in Schach zu halten verstehen.«

»Seine Herrschaft wird sich über die ganze Welt erstrekken und jeden einzelnen erreichen, denn er wird sogar die Gedanken der Menschen überwachen. Es wird keine Staaten mehr geben, und die ganze Erde wird zu einer Rieseninsel mitten im Universum werden. Der Krieg, wie er bisher bekannt war, wird verschwinden, denn der Antichrist wird sich zum ›Friedensfürsten‹ ausrufen.«

Aber noch mehr:

»Er wird eine eigentümliche und im Grunde anti-menschliche ›Religion‹ einführen, deren Grundlage der Atheismus und der Kampf gegen jede Form von Religion ist.« Das ist das Tier, welches die christliche Religion mit dem Antichrist identifiziert. Auch die Merkmale, an denen man das Tier erkennen kann, sind angegeben: »1. Die Herrschaft über die Menschen mit eiserner Faust; 2. die Verführung der menschlichen Geister durch eine falsche Ideologie, die mit Hilfe der Propaganda eingehämmert wird.«

»Er wird sich dem Menschengeschlecht als höchster Mittler darstellen, fähig, auch den fernsten Widerhall eines Krieges zunichte zu machen, als Meister der neuen Lebensart, die sich endgültig vom christlichen Erbe entfernen wird, das nun als überholt gelten wird, und als ›Erlöser‹ aller Menschen von ihren uralten Ängsten, Schuldkomplexen und dem gegenseitigen Übelwollen.«

»Der Antichrist wird für die Menschen seiner Zeit eine tiefe ethische Herausforderung darstellen, er wird beinahe dazu zwingen, seine ›Heiligkeit‹ anzuerkennen, eben weil die Menschheit nicht mehr imstande sein wird, die ursprüngliche Bedeutung von ›Heiligkeit‹ in Zusammenhang mit dem menschlichen Leben und dem Kult zu verstehen. Und das alles wird das Ergebnis des Atheismus sein.«

»Dieser dämonische Betrug, der dem Menschen jener Tage aufgezwungen werden wird, wird aus zwei Komponenten bestehen: 1. eine falsche, mit allen Mitteln einer durchtriebenen Propaganda eingehämmerte Ideologie; 2. mysteriöse Zeichen und Wunder.«

»Das Ergebnis seines Einflusses und seiner Überzeugungskraft wird sein: allgemeine Verwirrung, Spaltung und Schisma. Einige Religionen werden sogar zum Atheismus übergehen, und die wenigen Gläubigen, die in ihren Herzen den Glauben an den *einen* Gott bewahren werden, müssen Gewalttaten erdulden, und das alles als Werk des sogenannten ›Friedensfürsten‹.«

Die Prophezeiung des blühenden Mandelbaums

Im Frühling 1944 fand Nicol Rycempel unter den Trümmern der St.-Pauls-Kirche in Berlin ein in ein Bleirohr eingeschlossenes Manuskript. Die Lektüre zeigte, daß es sich um die Weissagungen eines Benediktinermönchs aus dem frühen neunzehnten Jahrhundert handelte. Unter anderem verkündete es den Tod des Haken-Löwen vor der dreizehnten Blüte des Mandelbaums. Man befand sich damals mitten im Krieg. Deutschland wurde ständig bombardiert und war schon zu einem Trümmerhaufen geworden. Die Hoffnung auf ein Ende der Qualen floß wie Balsam in alle Herzen, zumal die dreizehnte Blüte dem Frühjahr 1945 entsprach. Diese Voraussagen waren schon einige Jahre unter den Leuten, und die Polizei hatte den Befehl, das Material auf jeden Fall zu finden. Deshalb war das Manuskript vielleicht an jenem Ort verborgen worden.

Wie von anderen Prophezeiungen, so können wir auch von diesen die Echtheit nicht feststellen. Diese Prophezeiungen danken ihren Ruhm der Genauigkeit, mit der die Ereignisse von 1900 an eingetreten sind. Wir bringen nur die, die sich auf die zukünftigen Jahre beziehen:

1972 – Triumph des Fährmanns
1973 – Licht in der Nacht
1974 – Weg der Sterne
1975 – Sturm der Kreuze
1976 – Liebe zum Mond
1977 – Irdische Schwindel
1978 – Verbotene Träume
1979 – Tod des Judas
1980 – Rom ohne Petrus
1981 – Triumph der Arbeit
1982 – Der neue Mensch
1983 – Hosianna der Völker
1984 – Delirium im Weltraum
1985 – Die Stimme des Antichrist
1986 – Feuer aus dem Osten
1987 – Lichtung der Kreuze
1988 – Wahnsinn der Erde
1989 – Erwartung des Menschen
1990 – Zeichen der Himmel
1991 – Licht in der Nacht
1992 – Stürzen der Sterne
1993 – Tod des Menschen
1994 – Schrei des wilden Tiers
1995 – Schluchzen der Mutter
1996 – Sintflut auf Erden
1997 – Tod des Mondes
1998 – Gloria in der Höhe
1999 – Der neue Petrus
2000 – Triumph des Ölbaums

Zu diesen Weissagungen gibt es auch Kommentare. Aber es handelt sich zumeist um Phantasieübungen, denn nur, wer die Gaben eines Sehers hat, kann die Wahrheit erkennen. Mehr als einmal haben wir gesagt, daß die Daten nicht zählen, sondern die Ereignisse, die heranreifen und früher oder später eintreten. Die Äbtissin von Rupertsberg, die »heilige Hildegard«, hat zahlreiche Weissagungen ausgesprochen. Ihre Offenbarungen haben klassischen Charakter angenommen. In den *Scivias,* in die Beschreibungen über das Ende der Welt eingefügt sind, und in ihren apokalyptischen Visionen, gibt sie Rat, man solle den Zeitpunkt dieser Ereignisse nicht festzulegen versuchen.

Heilige und Hellseher

Die Heiligen haben oft die Gabe zu sehen und zu hören, was den gewöhnlichen Sterblichen entgeht. Und das ist auch natürlich; denn sie haben geschärftere Sinne als die anderen, so daß sie in einer den meisten unbekannten Dimension sehen und hören können. Daher lesen wir in ihren Lebensbeschreibungen von außerordentlichen Tatsachen, die von den Skeptikern abgelehnt, weil nicht verstanden werden.
Bei den Gesichten der Heiligen und bei den verschiedenen Erscheinungen religiösen Charakters kommt es häufig vor, daß die Seher und die mit überirdischen Fähigkeiten ausgestatteten Personen berichten, sie hätten Christus in großem Zorn über die Menschen oder die Muttergottes traurig über das Verhalten der heutigen Menschheit gesehen. Natürlich sind Gefühlsaufwallungen und Leidenschaften bei so hohen Wesen ausgeschlossen. Sie bedienen sich dieser Sprache, um sich ihren Zuhörern verständ-

lich zu machen, die noch in den Wirbeln der Gefühle und der Leidenschaften gefangen sind. Wer Kindern, die ja keine andere Sprache verstehen, etwas beibringen muß, verfährt genauso. Wer eine andere Ausdrucksweise fordert oder daraus seinen Unglauben ableiten wollte, befindet sich im Irrtum.

Es ist auch offensichtlich, daß alle christlichen Seher von der Lektüre der Heiligen Schrift beeinflußt sind, besonders vom Alten Testament, wo der Zorn, die Entrüstung und die Rache Jehovas, der Blitze und Strafen vom Himmel schleudert, die normale Weise war, das noch primitive jüdische Volk zu leiten, da es eine andere Sprache und vor allem die Liebe noch nicht verstehen konnte.

Heute versteht man, daß das Herannahen eines neuen Zyklus für die Menschheit notwendigerweise auch schmerzhafte Veränderungen mit sich bringt.

Jesus hat die Liebe gebracht. Und alles, was geschieht, ist für das Wohl der Menschen, so wie eine chirurgische Operation zwar schmerzhaft ist, aber nur von der Liebe zur Heilung diktiert wird.

Nach Augustinus sind wir jetzt im »sechsten Abschnitt« der Menschheitsgeschichte, der von der Geburt Jesu bis zum Ende der Zeiten dauert. Er schrieb auch, daß am Ende der Zeiten alle Nationen zum Haus des Herrn strömen werden.

Aber hinsichtlich der Zeit sagt die heilige Hildegard:

»Der Mensch darf nicht wissen, wann es mit der Welt zu Ende geht, denn das ist das Geheimnis, das der Vater für sich bewahrt.«

Trotzdem sagt sie aber auch, daß die Erde zwischen 1955 und 1980 der Schauplatz für die Unternehmungen verschiedener Verkörperungen des Antichrist sein wird. Jasper aus Dortmund, ein Bauer, der im 18. Jahrhundert lebte und von allen für einen Propheten gehalten wurde, sagte:

»Ich fürchte aus dem Osten einen Krieg, der so plötzlich kommen wird, daß am Abend noch Friede sein wird, und am Morgen steht schon der Feind vor der Tür. Es wird keinen Frieden geben, es wird kein Religionskrieg sein, aber alle Gläubigen werden gemeinsame Sache machen. Die Zeichen dieses Krieges werden sein: Lauheit im Glauben und Verderbnis der Sitten, das Laster wird man Tugend nennen und die Tugenden Laster. Die Gläubigen wird man für verrückt halten und die Ungläubigen für Erleuchtete. Dann wird der Feind in endloser Zahl erscheinen . . . Kampf, Sieg und Flucht werden so schnell aufeinander folgen, daß es genügen wird, sich kurze Zeit zu verbergen, um der Gefahr zu entgehen. Wer sich nicht verstecken wird, wird getötet werden . . . Der Türke wird einen Augenblick unser Herr sein, aber er wird dann niedergeschlagen werden, so daß nur wenige ins Vaterland zurückkehren werden.«

I. Rissaut bringt auch die Prophezeiung eines deutschen Sehers, der vor ein paar Jahrhunderten gelebt hat:

»Gott wird die Welt bestrafen: Von Osten und von Norden wird überall ein erbitterter Krieg entbrennen, und barbarische Horden werden unsere Gaue bis zum Rhein überfluten. Aber in der äußersten Not wird uns Gott einen Retter aus dem Süden (Italien) senden.«

Eine weitere uralte Weissagung wiederholt das gleiche:

». . . zuerst werden die Völker des Nordens siegen, aber dann wird ihre Macht gebrochen werden.«

Anna Katharina Emmerich (1824), die große augustinische Seherin, hatte ein Gesicht vom Antichrist, wie er um 1960 am Werk war.

Ein Olivetanermönch (13. Jahrhundert) hat gesagt, daß zwischen 1955 und 1980 Verzweiflung und Greuel herrschen werden. Auch die heilige Birgitta prophezeite, daß

1980 die Gottlosen die Oberhand gewinnen werden. Die Muttergottes verkündete 1943 in einer ihrer Offenbarungen zu Berthe Petit in Belgien:

»Die Strafen nahen heran wie eine Wolke, die immer größer wird und sich immer weiter ausbreitet, bis sie schließlich alles bedeckt; sie sprüht Funken in alle Richtungen, bis die Völker in Feuer und Blut ertrinken. Welch fürchterliche Aussicht! Mein Mutterherz würde verzweifeln, wenn ich nicht wüßte, bis zu welchem Punkt die göttliche Gerechtigkeit für das Seelenheil und zur Reinigung der Völker gehen wird.«

Ein anderes Mal heißt es in einer Offenbarung, die ebenfalls in Berthe Petit gemacht wird:

»Die Menschheit nähert sich einem schrecklichen Sturm, der die Völker spalten, die menschlichen Verbindungen zunichte machen und zeigen wird, daß ohne Mich nichts dauert, und daß Ich es bin, der die Geschicke der Völker lenkt. Jetzt ist der Augenblick gekommen, in dem man gut daran tut, sich dem Unbefleckten Herzen Mariä anzuvertrauen.«

Am 21. Januar 1868 schrieb die ehrwürdige Schwester Philomena vom Kloster Vals in Katalonien folgendes:

»Vor vier Jahren sah ich in einem grauenvollen Gesicht das Unheil und die Strafen, welche die Menschheit bedrohten. Es war wie eine neue Sintflut, aber nicht aus Wasser, sondern aus tausend anderen Katastrophen bestehend ... Nichtsdestotrotz hatte ich andererseits den Trost, daß aus dem Herzen Jesu reichlich Gnaden strömten, die die christliche Welt aufs neue befruchteten und den Triumph der Kirche mit sich brachten.«

J. Le Royer hatte eine ekstatische Vision vom Ende der Welt, das, wie sich aus dem Gesicht schließen läßt, um 2000 eintreten müßte, nachdem der letzte Papst gestorben ist.

Die selige Anna Maria Taigi verkündete 1837:
»Über die Erde wird eine ungeheure Dunkelheit kommen, die drei Tage und drei Nächte dauern wird. Nichts
wird man sehen können, und die Luft wird schädlich
und stinkend sein und wird den Feinden der Religion
(aber nicht nur ihnen) Schaden bringen. Während dieser
drei Tage wird es unmöglich sein, künstliches Licht an-
zumachen; nur die geweihten Kerzen werden brennen.
In diesen Schreckenstagen müssen die Gläubigen in ihren Häusern bleiben, um den Rosenkranz zu beten und
Gott um Barmherzigkeit anzuflehen. Alle Feinde der
Kirche – die sichtbaren und die unbekannten – werden
während dieser allgemeinen Dunkelheit auf der Erde
zugrunde gehen, mit Ausnahme der kleinen Gruppe derer, die sich bekehren werden, um einen neuen Papst zu
wählen.«
Marie Julie Jahenny de la Faudais verkündet (1819) dasselbe Phänomen, macht jedoch andere genauere Angaben:
»Es werden drei Tage andauernder Finsternis kommen.
Während dieser schrecklichen Finsternis werden nur
die Kerzen aus geweihtem Wachs Licht spenden. Eine
Kerze wird ausreichen für drei Tage, aber in den Häusern der Gottlosen werden sie nicht brennen. Während
dieser drei Tage werden die Dämonen in fürchterlicher,
abscheulicher Gestalt erscheinen, und die Luft wird wi-
derhallen von ihren schrecklichen Flüchen. Strahlen
und Funken werden in die Häuser der Menschen eindringen, sie werden aber dem Licht der heiligen Kerzen
nichts anhaben können, denn sie werden weder durch
Winde noch durch Stürme oder Erdbeben ausgelöscht
werden. Eine blutrote Wolke wird über den Himmel
ziehen; das Rollen des Donners wird die Erde erbeben

lassen. Das Meer wird seine schaumgekrönten Wellen über die Erde ergießen. Die Erde wird sich in einen riesenhaften Friedhof verwandeln. Die Leichen der Gottlosen wie der Gerechten werden den Erdboden bedecken. Die Verzweiflung, die darauf folgen wird, wird groß sein. Die ganze Vegetation der Erde wird zerstört werden, und zerstört wird auch der größte Teil des Menschengeschlechtes. Die Krise wird für alle plötzlich kommen, und die Strafe wird allgemein sein.«

In der Vision von Schwester Maria vom »Gekreuzigten Jesus« in Pau aus dem Jahr 1878 steht sogar eine Angabe über die Zahl der Überlebenden:

»Während der drei Tage Finsternis werden die, die sich auf dem Pfad der Verderbnis befinden, zugrunde gehen, so daß nur der dritte Teil der Menschheit überleben wird.«

Auch der Gründer der Kongregation vom »Kostbarsten Blut« hat (1837) eine ungeheure Hekatombe an Opfern vorausgesehen:

»Wer die drei Tage Finsternis und Weinen überleben wird, wird sich selbst als der einzige Mensch auf Erden vorkommen, der noch am Leben ist, denn die Erde wird über und über mit Leichen bedeckt sein.«

Aus der Weissagung der heiligen Odilie

Es ist fast unglaublich, wie genau die heilige Odilie den vergangenen Zweiten Weltkrieg in den Einzelheiten der Zeit und in der Beschreibung der Taten von Besiegten und Siegern vorausgesehen hat. Wir wollen jedoch hier nur die Stellen wiedergeben, die die Zukunft betreffen:

»... Wehe in jenen Tagen denen, die den Antichrist nicht fürchten werden, denn er ist der Vater derer, die das Verbrechen nicht erschreckt. Er wird wieder neue Morde anregen, und viele Tränen werden vergossen werden wegen der üblen Sitten. Die Menschen werden gegeneinander in Streit geraten und, soviel sie auch tun werden, um die Ordnung wiederherzustellen, es wird ihnen nicht gelingen, und es wird ihnen immer schlechter gehen. Aber wenn die Dinge ihren Gipfel erreicht haben und Menschenhand nichts mehr bewirken kann, dann wird Er seine Hand ausstrecken oder eine große Strafe schicken, so schrecklich, wie man sie noch nie erlebt hat.«

»Gott hat schon die Sintflut geschickt, aber Er hat geschworen, daß er sie nie wieder schicken würde. Was er tun wird, wird etwas Unerhörtes und Schreckliches sein. Aber die Ära des Friedens wird unter dem Eisen angekommen sein, und man wird sehen, daß sich die beiden Hörner des Mondes mit dem Kreuz vereinigen. In jenen Tagen werden die erschreckten Menschen Gott wirklich anbeten und die Sonne in ungewöhnlichem Glanz erstrahlen.«

Die Vision der Elisabeth Canori

Am 10. Dezember 1815 hatte Elisabeth Canori eine Vision: Sie sah die Kirche in Gestalt einer ehrfurchtgebietenden Frau, schön und mit reichem Schmuck bedeckt, aber voll Traurigkeit. Sie schickte ein heißes Flehen zu Gott für ihre entratenen Söhne. Der Herr sagte zu ihr:
»Bedenke meine Gerechtigkeit und dann beurteile du selbst deine Sache.« Da wird sie bleich und beginnt sich all ihres Schmucks zu entledigen. Da ziehen ihr drei Engel, die die göttlichen Ratschlüsse ausführen, ihre Prunkkleider aus. Die ehrfurchtgebietende Dame fühlt, wie sie in

diesem bescheidenen Zustand ihre Kräfte verlassen, sie schwankt und scheint umzufallen. Aber das läßt der Herr nicht geschehen, er flößt ihr neue Kraft ein und hebt der illustren Dame das Haupt, die traurig und niedergeschlagen wegen der Abtrünnigkeit ihrer Söhne in tiefem Dunkel zu weilen scheint. Da umgibt sie der Herr mit seiner Glorie und läßt von seinem Glanz etwas auf sie übergehen. Mit einem Mal wirft sie mächtige Lichtstrahlen in alle vier Himmelsrichtungen und vollbringt wunderbare Taten. Die Bewohner der Erde werden von diesem hellen Schein geblendet, und sie erheben sich wie aus tiefem Schlaf erwacht; und aus dem Dunkel ihrer Irrtümer brechen sie auf zum Licht des Evangeliums, bekennen sich zum Glauben an Christus und drängen sich in hellen Scharen um die illustre Dame, die nun schöner und glorreicher denn je erscheint.

Diese Offenbarungen ließen in der Seele Elisabeths einen inneren Kampf entbrennen. Sie wollte zwar den Triumph erleben, aber aus Schrecken vor den Heimsuchungen bat sie Gott, sie zu entfernen und ihr diese Todesängste zu ersparen. Später erklärte ihr der Herr ganz offen, daß dem Triumph der Kirche eine furchtbare Strafe und ein Blutbad unter den Gottlosen vorausgehen würde und daß dann das Blut der Märtyrer in großen Strömen fließen würde. (*Biografie* Kap. XXVII)

Ein weißes Wölkchen zwischen den zwei Türmen der Kirche Santa Maria Maggiore in Rom

Der ehrwürdige Pater Bernardo M. Clusi, Mönch des Minoritenordens des heiligen Franz. von Paola, sagte, daß eine Zeit allgemeiner Verderbnis kommen würde und daß die Welt ganz böse würde. Es wird jedoch nicht lange dau-

ern, und die Guten werden nichts mehr zu fürchten haben.
Er sagte: »Wenn ich daran denke, stehen mir die Haare zu
Berg. Der Herr hat es mir so oft während des Meßopfers
mitgeteilt, da, *wo der Dämon keine Macht hat.*« Er sprach davon auch zu den Nonnen vom »Kinde Jesu« auf dem Es-
quilin und fügte hinzu:

»Nicht ihr selbst, sondern die eurer Schwestern, die in
jener Zeit leben werden, werden die ersten sein, die
diese große Sache bemerken werden, die Gott wirken
wird, um der Welt den Frieden zu bringen; denn es wird
damit beginnen, daß zwischen den beiden Türmen von
Santa Maria Maggiore ein weißes Wölkchen erscheinen
wird. Und dieses große Ereignis wird zur gleichen Zeit
wie in Rom auch auf der ganzen Welt sichtbar sein.
Dann werden sich auch die hartnäckigsten Sünder bekehren, den Kopf senken, sich an die Brust klopfen
und sagen: ›Das ist wirklich das Werk der Hand Gottes.‹

Und danach wird die Welt wie ein vorweggenommenes
Paradies sein, jeder kann ruhig aus dem Haus gehen,
ohne die Tür zu verschließen und sicher sein, daß niemand hineingehen wird.«

Paracelsus soll vorausgesagt haben, daß es am Ende der
Zeiten zu der nicht näher definierten Entdeckung der Ver-
wandelbarkeit der Metalle kommen würde. Einige haben
das als die Entdeckung der Atomspaltung definiert.

Ein unbekannter Mönch, der im 17. Jahrhundert lebte,
scheint der Autor einer Prophezeiung zu sein, die Ludwig
Emmerich in seinem Buch *Die Zukunft der Welt* wiedergibt.
Es heißt da:

»Das 20. Jahrhundert wird eine Epoche des Schreckens
und des Elends sein. In diesem Jahrhundert wird alles
Böse und alles Unangenehme, das wir uns vorstellen
können, Wirklichkeit werden. In vielen Ländern wer-

den sich die Prinzen gegen ihre Väter, die Bürger gegen die Obrigkeit, die Kinder gegen ihre Eltern, die Heiden gegen Gott und ganze Völker gegen die festgesetzte Ordnung erheben. Ein Bürgerkrieg wird ausbrechen, in dem Bomben vom Himmel fallen werden. Und dann wird ein zweiter Krieg ausbrechen, in dessen Verlauf fast das ganze Universum erschüttert werden wird. Finanzielle Katastrophen und der Ruin von Besitztümern werden viele Tränen fließen lassen. Die Menschen werden seelenlos sein und kein Mitleid kennen. Vergiftete Wolken und Strahlen, die stärker brennen als die Äquatorsonne, eherne marschierende Mächte, fliegende Schiffe voll schrecklicher Bomben und Pfeile, tödliche Sternschnuppen und Schwefelfeuer werden die großen Städte zerstören. Es wird das verderbteste Jahrhundert von allen sein, denn die Menschen werden einander in den Himmel heben und einander vernichten.«

Eine Dienstmagd des Herrn Bouquillon, Krankenschwester am Krankenhaus Saint Louis in Saint-Omer, wo sie 1850 in heiligähnlichem Zustand starb, sagte folgendes voraus:

»Das Ende der Zeiten rückt näher, und bald wird auch der Antichrist kommen. Wir werden ihn nicht sehen und ebensowenig die Schwestern, die nach uns kommen werden, aber die, die nach diesen kommen werden, werden unter seine Herrschaft fallen. Wenn er kommen wird, wird sich nichts ändern, im Hause wird sich alles in der gewohnten Ordnung befinden, die religiösen Übungen und die Ordnung in den Krankenzimmern werden wie gewöhnlich sein ... wenn unsere Schwestern wissen werden, daß der Antichrist der Herr ist.«

Bartholomäus Holtzhauser, gestorben 1658, sagte, daß der Antichrist im Alter von 55½ Jahren erscheinen wird. An-

dere hingegen sprechen von 30 Jahren, als wollte er die Taten Christi nachäffen.

Salvaneschi spricht von Mary, einer amerikanischen Seherin, die 1930 gesagt haben soll, der Antichrist sei schon in
Jerusalem geboren. Sein Vater ist ein Bischof und seine
Mutter eine Klosterschwester jüdischer Abstammung. In
einer anderen Offenbarung verkündet sie, der Antichrist
sei schon unter uns und sei ein gewöhnlicher, aber von Judas besessener Mensch. Seine Persönlichkeit würde sich
um 1958 zeigen. Schließlich weissagt Mary wie Nostradamus und die Protokolle der Alten Weisen von Zion, daß
der Vatikan in die Hände eines Gegenpapstes geraten
wird. Dann wird sich Luzifer einen Leib aus der Materie
machen, um als Mensch unter den anderen Menschen zu
erscheinen. Nach den Aussagen Marys müßte der Antichrist um 1980 sterben.

Die Visionen von Schwester Elena Aiello

Ziemlich deutliche Aussagen über die zukünftigen Zeiten
werden Schwester Elena Aiello zugeschrieben, der heiligen Nonne, die berühmt geworden ist, weil sie Benito
Mussolini vergeblich alle Katastrophen voraussagte, die
in Italien passieren würden, wenn er an der Seite Hitlers in
den Krieg eintreten würde.

»Eine gottlose Propaganda hat viele Irrtümer in der
Welt verbreitet und überall Verfolgung, Zerstörung
und Tod verursacht. Wenn die Menschen nicht aufhören werden, meinen Sohn zu beleidigen, dann ist die
Zeit nicht mehr fern, in der die Gerechtigkeit des Vaters
die gebührende Geißel auf die Erde schicken wird, und
es wird die schlimmste Strafe sein, die die Menschheit
in ihrer ganzen Geschichte erlebt hat. Wenn am Himmel

176

ein außergewöhnliches Zeichen erscheint, dann mögen die Menschen wissen, daß die Bestrafung der Welt nahe ist.« (7. Januar 1950)

»Ich will, daß man weiß: die Geißel ist nahe. Nie gesehenes Feuer wird sich über die ganze Erde senken, und ein Großteil der Menschheit wird vernichtet werden. Es werden Stunden der Verzweiflung sein für die Gottlosen; mit Geschrei und satanischen Flüchen werden sie darum flehen, die Berge möchten sie bedecken, und sie werden versuchen, sich in die Höhlen zu flüchten, aber es wird vergeblich sein . . .

Die übrigbleiben werden, werden durch meine Fürsprache die Barmherzigkeit Gottes finden, während alle, die ihre Schuld nicht bereuen wollen, in einem Feuermeer zugrunde gehen werden. Selig diejenigen, die sich in jenen Augenblicken wahre Verehrer Mariä werden nennen können.

Rußland wird fast vollkommen niederbrennen. Auch andere Nationen werden verschwinden. Italien wird wegen des Papstes zum Teil gerettet werden.«

(11. April 1952)

»Die Welt ist in einen Abgrund maßloser Verderbnis gesunken . . . Die Regierenden sind zu wahren Inkarnationen des Bösen geworden; während sie von Frieden sprechen, rüsten sie und bereiten die tödlichsten Waffen vor, . . . um Völker und Nationen zu vernichten.«

(16. April 1954)

»Der Zorn Gottes ist nahe, und die Menschheit wird großes Unglück erleiden müssen: blutige Revolutionen, starke Erdbeben, Hungersnöte, Epidemien und schreckliche Orkane, die Flüsse und Meere über die Ufer treten lassen. Die Welt wird durch einen neuen schrecklichen Krieg erschüttert werden. Tödlichste Waffen werden Völker und Nationen vernichten. Die

Diktatoren der Erde, wahre höllische Ungeheuer, werden die Kirchen mitsamt den heiligen Ziborien niederreißen, Völker und Nationen und die liebsten Dinge vernichten. In diesem gotteslästerlichen Kampf wird durch den wilden Trieb und den hartnäckigen Widerstand viel einstürzen, was Menschenhand errichtet hat. Wolken mit Feuerschein werden schließlich am Himmel erscheinen, und ein Feuersturm wird auf die ganze Erde losschlagen. Die schreckliche, in der ganzen Geschichte der Menschheit nie vorhergesehene Geißel wird siebzig Stunden dauern. Die Gottlosen werden zu Staub gemacht werden, und viele werden in der Verstocktheit ihrer Sünden verlorengehen. Dann wird man die Macht des Lichtes über der Macht der Finsternis sehen.«

(16. April 1955)

Aus der Botschaft von 1959:

»Es wird einen wirklichen großen Zweikampf zwischen mir und dem Satan geben . . . Der Materialismus schreitet bei allen Völkern voran und setzt seinen durch Blut und Tod gezeichneten Marsch fort . . .

Wenn die Menschen nicht zu Gott zurückkehren, wird ein großer Krieg kommen von Ost bis West, ein Krieg des Schreckens und des Todes, und am Ende wird das reinigende Feuer vom Himmel fallen wie Schneeflocken auf alle Völker, und ein Großteil der Menschheit wird vernichtet werden. Rußland wird in alle Länder Europas einmarschieren, insbesondere in Italien, und sein Banner wird auf der Kuppel des Petersdoms wehen . . .«

»Die Welt ist wie ein überschwemmtes Tal, voller Abfälle und Schlamm. Sie wird noch den härtesten Prüfungen der göttlichen Gerechtigkeit ausgesetzt sein, bevor das höllische Feuer über der ganzen Menschheit lodert . . .

Große Katastrophen werden über die Welt hereinbre-

chen, sie werden allen Verwirrung, Tränen und
Schmerz bringen. Starke Erdbeben werden Städte und
Länder versenken. Epidemien und Hungersnöte werden fürchterliche Zerstörung bringen, vor allem da, wo
die Söhne der Finsternis weilen. Nie zuvor brauchte die
Welt Gebet und Sühne so dringend wie in diesen tragischen Stunden, denn der Papst, die Kirche und die Priester sind in Gefahr, und wenn nicht gebetet wird, marschiert Rußland in Europa und vor allem in Italien ein
und bringt Zerstörung und Gemetzel . . . Die Regierenden verstehen das nicht, denn ihnen fehlt der wahre
christliche Geist und sie sind auch blind im Geist, weil
sie die Wahrheit nicht sehen. Auch in Italien sind sie
wie reißende Wölfe im Schafsfell, denn sie nennen sich
zwar Christen, öffnen aber dem Materialismus Tür und
Tor, helfen dazu, daß sich die Unredlichkeit verbreitet,
und sie werden Italien ruinieren; aber viele von ihnen
werden in Verwirrung geraten . . .
Ich werde meine Vorliebe für Italien zeigen, denn es
wird vom Feuer verschont werden; aber der Himmel
wird sich mit tiefem Dunkel überziehen, und die Erde
wird von schrecklichen Beben erschüttert werden, die
tiefe Abgründe aufreißen werden, und Städte und Pro-
vinzen werden zerstört werden; und alle werden
schreien, daß das Ende der Welt da ist.
Auch Rom wird nach der Gerechtigkeit bestraft werden
für seine großen und schweren Sünden, denn das Ärgernis hat seinen Gipfel erreicht. Die Guten aber, die
leiden und die um der Gerechtigkeit willen verfolgt
werden und die gerechten Sinnes sind, haben nichts
zu fürchten, denn sie werden von den Gottlosen und
den verstockten Sündern geschieden und gerettet werden!«
Nun die letzte Botschaft, vom 22. August 1960:

»Die Menschheit hat sich von Gott entfernt, und von
den irdischen Gütern geblendet, hat sie den Himmel
vergessen und ist in einen Abgrund maßloser Verderbnis gesunken, der nicht seinesgleichen findet, nicht einmal in der Zeit der Sintflut ... Aber der Augenblick der
Göttlichen Gerechtigkeit ist nahe, und er wird schrecklich sein! Grauenvolle Geißeln drohen der Welt, und
mehrere Nationen werden von Epidemien, Hungersnöten, starken Erdbeben, gräßlichen Orkanen und Tod
heimgesucht werden! ... Und wenn die Menschen in
diesen Geißeln den Ruf der Göttlichen Barmherzigkeit
nicht erkennen und durch ein wahrhaft christliches Leben nicht zu Gott zurückkehren wollen, wird ein weiterer Krieg kommen von Ost nach West, und Rußland
wird mit seinen Waffen gegen Amerika kämpfen und
Europa überrollen, und vor allem der Rhein wird voll
Leichen sein.
Auch Italien wird durch eine große Revolution gepeinigt werden, und der Papst wird viel leiden müssen.
Der Feind wird wie ein Löwe gegen Rom vorrücken, und
seine Galle wird Völker und Nationen vergiften ...«

Der Seher von Vorarlberg

Im Jahr 1922 hatte ein Bauer aus der Bregenzer Gegend
eine Reihe prophetischer Gesichte, die der Benediktiner-
pater Ellerhorst schriftlich niederlegte. Wir wollen sie hier
systematisch wiedergeben:
1. Christus weicht vor der andrängenden menschlichen
Bosheit zurück und überläßt die Menschheit sich selbst
und dem Fürsten der Finsternis.
2. Allgemeine Verderbnis und große Hungersnot: Man
wird selbst Baumrinden mahlen, um Mehl aus ihnen zu

gewinnen; auch das Gras auf den Wiesen wird als Nahrung verwendet werden.

3. Politische Revolten, in deren Verlauf viele eingesperrt und hingerichtet werden. Flucht auf die Berge und Massenandrang bei den Pfandleihern.

Das Unheil wird ganz plötzlich aus Rußland kommen: Zuerst wird es Deutschland treffen, dann Frankreich, Italien und England. Überall Tumulte und Zerstörung. Der Seher sieht eine breite, lange Straße: Zu beiden Seiten stehen Soldaten; am Straßenrand Männer, Frauen, alte Leute und Kinder und eine Guillotine mit zwei Scharfrichtern; das Blut unzähliger Geköpfter fließt in Strömen.

4. Die Rheingebiete werden durch Flugzeuge und eindringende Heere zerstört.

5. Paris wird in Brand gesteckt und vernichtet; Marseille wird in einen Abgrund versinken, der sich um die Stadt herum gebildet hat, und es wird von einer Sturmflut zugedeckt werden.

6. Massenmord in Rom, Haufen von Leichen. Der Papst flieht mit zwei Kardinälen in einem alten Wagen bis Genua, dann in die Schweiz. Dann kommt er nach Köln, wo er im Dom den neuen Kaiser weiht, dem Haupt und Hände gesalbt werden. Er empfängt mit einem langen Schwert den Ritterschlag, dann die alte Reichskrone, den weißen Umhang mit der goldenen Lilie, das Zepter und den Reichsapfel. Er tauscht das Zepter gegen ein Kreuz aus und schwört der Kirche Treue und verspricht ihr seinen Schutz.

7. Drei Tage und drei Nächte lang Dunkelheit. Sie beginnt mit einem fürchterlichen Donner oder Erdbeben. Es wird kein Feuer brennen. Man wird weder essen noch schlafen können, nur beten. Nur geweihte Kerzen werden brennen. Blitze werden in die Häuser eindringen. Erdbeben und Meeresbeben. Die einen werden Jesus und Maria anrufen,

die anderen werden fluchen. Schwefeldämpfe und Gestank erfüllen die Luft.

8. Ein Kreuz erscheint am Himmel wie am Anfang des Gesichts. Das bedeutet das Ende der Dunkelheit. Die Erde liegt verlassen da wie ein riesiger Friedhof. Verschreckt kommen Menschen aus den Häusern. Die Toten werden zusammengelesen und in Massengräbern beigesetzt. Auf den Straßen ist es still, und in den Fabriken arbeitet keine Maschine, weil niemand da ist.

9. Die Überlebenden sind heilige Menschen. Die Erde verwandelt sich in ein Paradies. Der Seher hört lautes Beten, in deutscher Sprache.

10. Die Güter werden unter die Überlebenden verteilt. Man begibt sich in die am stärksten entvölkerten Gebiete. Die Menschen kommen von den Bergen herunter, um in den Ebenen zu leben, wo die Arbeit nicht so schwer ist. Die Engel stehen den Menschen mit Rat und Tat bei.

Die Voraussagen von Pietro Ubaldi

Klar, aber auch kategorisch sind die Voraussagen von Pietro Ubaldi, der sehr viele Bücher geschrieben hat, am bedeutendsten ist wohl *Die große Synthese (La grande sintesi,* Hoepli, Mailand 1933) mit dem Untertitel *Synthese und Lösung der Probleme der Wissenschaft und des Geistes.* Auch dieses Buch wurde ihm wie alle anderen von einer Stimme diktiert.

Ubaldi lebte viele Jahre lang in Brasilien und wurde dort vom Direktor der Zeitschrift *O Cruzeiro* in einem Interview über folgende Punkte befragt:

– Können Sie uns ein paar Voraussagen politisch-gesellschaftlicher Art nennen, die schon eingetroffen sind?

»1931 schrieb ich unter dem Diktat der Stimme eine private Botschaft an Mussolini. Er bekam sie auch. Der Duce las sie und hat mir persönlich dafür gedankt. In der Botschaft schrieb ich ihm folgendes: ›Ein Krieg ist im Anzug, und wir werden eine bedeutende Rolle dabei spielen. Vermeiden Sie ihn auf jeden Fall, denn er könnte das Ende der abendländischen Kultur bedeuten und der asiatischen Invasion in Europa Tür und Tor öffnen.‹ 1931 sah ich bereits die Atomspaltung voraus, von der ich in meinem Buch ›Die große Synthese‹ berichtete. Um sich davon zu überzeugen, braucht man nur in der Ausgabe von 1933 nachzusehen.«

– Was haben Sie auf wissenschaftlichem Gebiet außer der Atomspaltung noch vorausgesagt?

»18 Jahre bevor Albert Einstein mit der allgemeinen Gravitationstheorie und der Theorie des einheitlichen Schwerefeldes zu seinen letzten Schlußfolgerungen auf physikalisch-mathematischem Gebiet kam, hatte ich das alles schon vorausgesehen und in meinem Buch ›Die große Synthese‹ zwar nicht in mathematischer, sondern in philosophischer Form darüber berichtet. Einstein hat mir zu diesem Thema eigens geschrieben, und nun sucht er auf wissenschaftlichem Gebiet zu verwirklichen, was ich philosophisch schon vorausgesehen habe.«

– Was hat Ihnen die Stimme über die unmittelbare Zukunft der Menschheit gesagt?

»Sie hat viel gesagt. Sie hat die Ereignisse bis zum Jahr 3000 vorausgesehen, aber besonders mitgeteilt, was in den nächsten Jahren passieren wird. Von heute bis zum Jahr 2000 werden wir große Kämpfe erleben, apokalyptische Kämpfe in allen Bereichen des Denkens – in Philosophie, Wissenschaft, Wirtschaft, Soziologie und Politik –, die heute die Welt spalten. Unsere auf den

Materialismus gegründete Kultur geht ihrem Ende entgegen, um einer neuen Platz zu machen, deren Grundlage der Geist ist. Es wird unvermeidlich zu einem Krieg zwischen den beiden materialistischen Prinzipien kommen, die heute die Welt beherrschen, das heißt zwischen dem Prinzip der Freiheit und der Demokratie auf der einen und dem der angeblichen sozialen Gerechtigkeit und dem Staatsimperialismus auf der anderen Seite.
Der Zusammenprall ist unvermeidlich. Und jeder wird glauben, er könne siegen, aber das Endergebnis wird anders aussehen, das heißt, es wird der Welt den materiellen Beweis und folglich auch die Überzeugung liefern, daß der Krieg zur Lösung universaler Probleme vollkommen untauglich ist und daß das materialistische Prinzip im Endeffekt nur zur Vernichtung führen kann. Die Atombombe, das Produkt einer materialistischen Wissenschaft, ist eine Strafe Gottes, die den Materialismus vernichten wird.«
– Und was wird nach der Vernichtung geschehen?
»Von den beiden materialistischen Prinzipien wird nur das Gute übrigbleiben, das in jedem von ihnen enthalten ist; überleben wird die wahre Demokratie, das Prinzip der Freiheit und das Prinzip der sozialen Gerechtigkeit.«
Da Ubaldi von der Überlegenheit des Geistes über die Materie gesprochen hatte, warf ihm der Journalist nun vor:
– Aber warum besiegt dann der Geist nicht einfach die Materie und vermeidet so den Zusammenprall, den Schmerz und die Vernichtung?
»Die Menschen lernen nur durch den Schmerz ... leider! Gott ist der Vater, auch ein irdischer Vater ist gezwungen, sein Kind, wenn es nicht hören will, zu bestrafen.«

184

– Und wer wird aus dem Zusammenprall der beiden Kolosse – des demokratisch-kapitalistischen auf der einen und des atheistisch-fortschrittsgläubigen auf der anderen – als Sieger hervorgehen?

»Einen eigentlichen Sieger wird es nicht geben, denn der Sieger wird dem Tod geweiht über den Besiegten sinken. Beide werden den Krieg verlieren. Und die Stimme hat mir gesagt, daß die ganze nördliche Hemisphäre: Asien, Europa und die USA, total zerstört werden wird, durch Atombomben usw., usw . . .«

– Und wie wird die Welt nach dem Krieg aussehen?

»Nach der Zerstörung des Materialismus wird es auf der Welt nur mehr *eine* einzige Regierung, *einen* Staat und *ein* religiöses Prinzip geben.«

Alle, die glauben, werden gerettet werden, versicherte die Stimme, und alles wird einem wirklichen, echten Fortschritt dienen, damit die Menschheit zu einer großen Familie wird.

Prophetisch inspirierte Mitteilungen

> ». . . alle Gottlosen werden's nicht ver-
> stehen, aber die Verständigen werden's
> verstehen.«
>
> Daniel, XII, 10.

Wer sich mit Untersuchungen und Forschungen jenseits
des Wahrnehmbaren befaßt, weiß schon seit mehreren
Jahren von Ereignissen, die in der nahen oder der fernen
Zukunft der Menschheit eintreten werden. In den verschiedenen Mitteilungen finden wir in bedeutungsvoller
Übereinstimmung dieselben Mahnrufe wie in den prophetischen Verkündigungen und den Visionen der Hellseher.
Wenn auch bei einigen Mitteilungen ohne Zweifel ein bißchen psychische Veranlagung nicht fehlt, so ist es doch erwiesen, daß viele dieser Übertragungen von höchster
Klarheit inspiriert sind. Manche dieser übersensiblen Personen sind wahre Empfängerantennen und fangen Botschaften aus dem Unsichtbaren auf für die allzuoft tauben
und blinden Menschen. Auch wurde schon in der Vergangenheit angekündigt:

> »Und es soll geschehen in den letzten Tagen, spricht
> Gott, da will ich ausgießen von meinem Geist auf alles
> Fleisch; und eure Söhne und eure Töchter sollen weis-
> sagen, und eure Jünglinge sollen Gesichte sehen, und
> eure Alten sollen Träume haben;...« (Apostelge-
> schichte, II, 17)

Die Kontakte mit dem Unsichtbaren gehören zu den
schönsten Dingen des Lebens, wenn sie dazu dienen, den

rechten Weg in den menschlichen Wechselfällen zu finden, und uns zu einem höheren geistigen Leben führen. Nach den Aussagen der Wesenheiten ist die Erde zum Großteil von niederen Wesen bewohnt, denen der göttliche Plan vollkommen unbekannt ist, die sich jedoch für die höchsten auf der Stufenleiter des Lebens halten, besser gesagt für die einzigen, denn sie sind davon überzeugt, daß über ihnen nichts existiert. Nur wenige sind höher entwickelt. Dadurch ist das Gleichgewicht alles andere als stabil, wodurch sich Störungen aller Art entwickeln. Aber im Bereich des Großen Lebens ist die Erde nur eine Etappe auf dem langen Weg der Geschöpfe. Nun ist der Augenblick einer Auswahl gekommen; die reiferen unter den Menschen werden auf eine höhere Ebene aufsteigen.

Ebenfalls nach den Aussagen der Wesenheiten befinden wir uns in apokalyptischer Zeit, in der Epoche, die in der Apokalypse als das »Zeitalter des Tiers« bezeichnet wird, das heißt die Epoche der niederen Leidenschaften und des Materialismus. Die Zahl »666« stellt das Ende des dritten der fünf großen Evolutionszyklen dar; denn jeder dieser Zyklen wird in der Symbolsprache der Esoterik mit der Zahl 6 wiedergegeben.

In ihren Aussagen heißt es auch, daß sich in der zweiten Hälfte unseres Jahrhunderts die Vorbereitung auf den Übergang in den anderen Zyklus beschleunigen wird. Die Umwälzungsbewegungen werden immer heftiger werden und mit elektromagnetischen Stürmen, Kataklysmen und Erdbeben verbunden sein. Die Erde selbst soll eine Veränderung der Form erfahren, indem sie sich in Nordsüdrichtung verlängert, durch ein besonderes Phänomen der »Aspiration« (Ansaugung) entlang ihrer Achse.

Der Übergang von einem Zyklus zum anderen wird nicht plötzlich geschehen, sondern mehrere Jahrhunderte umfassen. »Zählt bis drei!« ist gesagt worden. Dann werden tatsächlich apokalyptische Ereignisse eintreten. In jener Zeit werden fast überall auf der Erde feurige Regengüsse vom Himmel stürzen. Es wird die Endzeit sein.

Die Aktion im großen wird von Südamerika ausgehen, wo der Erdboden einbrechen wird; dadurch wird sich das gegenwärtige geozentrische Gleichgewicht des Erdballs verändern. Das wird den Untergang ganz Amerikas zur Folge haben, so wie es bei Atlantis einst geschah.

Damit die Menschen imstande sein werden, die enormen atmosphärischen Unterschiede auszuhalten, vollziehen sich schon jetzt Veränderungen an ihnen. Weitere Veränderungen werden sich im wirtschaftlichen und sozialen Organismus vollziehen, Schranken zwischen den einzelnen und zwischen den Nationen werden fallen usw. Jeder Wechsel ist mit Schmerz verbunden, aber nur durch Opfer wird ein Potential geschaffen. Nur auf diesem Weg kann der Impuls zum Aufstieg auf eine neue Lebensebene empfangen werden.

Wir geben nun eine kleine Auslese von prophetisch inspirierten Mitteilungen aus verschiedenen esoterischen Zentren.

Eine leuchtende Morgenröte

»Für die Menschheit geht eine Morgenröte auf, die den Glanz, die Farbe und das Licht des Vaters widerspiegelt. Diese Morgenröte steht uns unmittelbar bevor und wird alles und alle wärmen und erleuchten. Ihren leuchtenden, goldenen Schein kann man schon ahnen, und er ist eine Ausstrahlung der Wärme, die uns erwärmt, weil sie vom Vater kommt. Nun kommt sie zur Menschheit, die arbeitet, sich abmüht, schwitzt und blutet; zu der Menschheit, um deretwillen der geliebte Sohn auf die

Erde herabgestiegen ist, um sie zu retten und zu erlösen; zu der Menschheit, die mit großer Mühe ihren
Kreuzweg zurücklegt, aber den Blick nach oben richtet,
zum Vater, von dem sie Kraft, Licht und Wärme
schöpft, um weiterzugehen auf dem Weg ihrer Vervoll-
kommnung und ihrer Erlösung.«

Albano, 2. April 1962

Die Menschen von heute

»Die Menschheit ist heute schlechter als zu den Zeiten
von Ninive, das von Jonas vor der Strafe gewarnt
wurde. Daher muß die Sühne jetzt größer sein als zu
den Zeiten Ninives, dessen Volk wirkliche Reue emp-
fand und so der Zerstörung entging.«

Aus München, Akademiestraße 15

Das Zeichen des Kreuzes wird riesengroß am Himmel
leuchten . . .

». . . und alle Menschen werden zittern, als befänden sie
sich der Ewigkeit gegenüber, sie werden ihre Sünde bereuen und ein feierliches Glaubensbekenntnis ablegen.
Ein großes Wunder wird sein die allgemeine Erschütterung zur Reinigung der Welt von aller Sündhaftig-
keit . . . Gott wird in einer kalten, dunklen Winternacht
mit dem grauenhaften Getöse eines wütenden Sturmes
auf die sündige Erde kommen. Hagel von nie gesehe-
nem Ausmaß und Feuerblitze werden, wo die Sünde,
der Hochmut, die Unehrlichkeit und die wahnwitzige
Frechheit der Menschen herrschten, alles verwüsten, in
Brand stecken und in Asche legen. Auch die Erde und
die Bäume werden zittern, und alle werden glauben, das
Ende der Welt sei da, aber es wird nicht das Ende sein,
sondern der Anfang der göttlichen Gerechtigkeit . . .
Beim gräßlichen Rollen des Donners müßt ihr Türen
und Fenster so fest verschließen, daß von außen kein
Licht eindringen kann, denn ihr dürft mit eurer Neugier

den heiligen Zorn nicht entweihen, der die Erde reinigen wird für die Gerechten und die kleine Herde, die ihm treu geblieben ist ... Wenn ihr dann Stimmen lieber Personen hört, öffnet nicht, denn es sind nicht sie, sondern trügerische Dämonen, die in eure Häuser eindringen wollen. Habt Gott im Herzen und versammelt euch um das Kruzifix und stellt euch durch das Gebet unter den Schutzmantel der Muttergottes, seid gläubig und habt keine Angst! Wenn ihr mutig kämpft, werdet ihr nicht zugrunde gehen. Meine mütterliche Liebe wird euch für alle Leiden jener schrecklichen Nacht belohnen, und der neue Morgen wird erstrahlen und die Schrecken der kurzen, furchtbaren Nacht besänftigen ...

Der Schrecken des großen, unerhörten Kataklysmus, so groß wie keiner je auf Erden gekommen ist, wird ein Zeichen für das Herannahen von Gottes Reich auf Erden sein.

... wachet und betet und erwartet mit Vertrauen und im Zustand der Gnade das große Ereignis. Selig diejenigen, welche meinen Worten geglaubt und im Namen Gottes gelitten haben, ohne anderer Offenbarungen zu bedürfen.«

Aus P. P. Caval, Rom, 27. 9. 1970

Die Erde, wie wir sie sehen

»Wenn der Mensch die Erde sehen könnte, wie wir sie sehen, würde das Schauspiel, das sich seinen Blicken bietet, sein Herz mit Schrecken erfüllen. Er würde den armen Kerl sehen, würde sehen, wie stinkende Schwaden weite Gebiete der Erde bedecken. Das ist nichts anderes als das Böse, das in die Welt dringt und die seltenen Flammen des Guten erstickt, die sich zu entzünden versuchen. Diese stinkenden Schwaden verdecken allmählich den ganzen Planeten, bis die Menschheit schließlich, als wehrlose Beute der ungeheuren ›narkotischen‹ Wolke vollkommen unterjocht, den neugestärkten Kräften des Bösen willig ist. Weder Blumen noch Pflanzen irgendeiner Art gibt es dann mehr, sondern nur Pilze, Flechten und gestaltlose Gewächse; keine Tiere mehr, sondern nur noch Milben, Bandwürmer und Blutegel. Kein Tod, sondern die Verwandlung von allem in jene halb gasförmige Substanz, die die konkret gewordene Komponente des Bösen ist.

Diese Kugel zusammengeballter Energie, zu der die Welt würde, würde ihre Entladung und ihr Ende in einer Explosion ohnegleichen finden, nach der sie nichts mehr wäre als ein Staubkörnchen im Universum.«

Aus Fior., 6. 1. 1971

Alles um euch zittert und wankt schon . . . und geht vorwärts

»Vor allem bitte ich euch, seid auf der Hut, gebt keine eiligen flüchtigen Urteile ab, begebt euch nicht mitten unter die Massen oder die Geschöpfe und vor allem nehmt nicht teil an den Verrücktheiten eurer Zeit. Darum bitte ich euch zu eurem Wohl (und mit dieser Bitte gebe ich euch eine Hilfe), aber vor allem bitte ich alle die darum, die nicht stark genug sind und die sich in der Menge, in der wahren Menge verirren könnten. Enthaltet euch jeder Äußerung, nehmt teil, aber versucht, nicht zu urteilen und nicht zu verschlimmern weder durch Worte noch durch Taten, was ringsum schon zittert und wankt.

Ich sage euch, ihr steht an diesem Rand, an diesem Abgrund, aber ihr seid noch nicht hinabgestürzt. Aber ihr könnt auch nicht zurückkehren. Daher versucht, schnell

einen festen Damm an diesen Rand zu bauen, der eure
Erde rettet und retten wird, versucht, den Damm mit allen Mitteln zu errichten, wie ich gesagt habe, mit eurer
Hilfe, mit der Hilfe von allem und von allen, mit etwas,
das ihr seht, das euch unnütz oder zu leicht erscheint,
aber vielleicht gerade das kleine Körnchen sein kann,
das die ganze Menge vor dem Sturz bewahrt.

Ich habe gesagt, daß ihr nicht zurückkehren könnt,
denn zurückkehren hieße auf Lagen zurückkommen,
die die Geschöpfe schon längst vergessen und vor allem
schon zerstört haben. Ihr könnt nicht rückwärts gehen,
weil alles um euch vorwärts geht, wenn auch oft in ne-
gativer Weise oder in der Gestalt des Fortschritts, wenn
nicht in der Gestalt des Lichtes.«

Aus Piacenza, 1971.

Der Fortschritt besteht in der Liebe, die verbindet

»Während sich die Geschichte dem dritten Jahrtausend
nähert, sage ich euch: Umarmt euch wieder angesichts
der Drohung des bevorstehenden geschichtlichen Au-
genblicks, auf daß euer Bund eine Schranke gegen das
Böse bilde, das zu einem fürchterlichen Angriff an-
setzt . . .

Liebt euch im Namen Christi, und eure Ordnungen
werden vollkommen sein. Vor dem Beginn des neuen
Jahrtausends werden alle menschlichen Werte einer
großen Revision unterzogen werden, und der Glaube
wird eine Bereicherung erfahren durch den Beitrag der
Vernunft und der Wissenschaft . . . Die Menschheit
strebt auf große politische und geistige Einheiten zu. Es
wird keine neuen Religionen geben, sondern die jetzigen werden sich in weltweitem Glauben vereinen. Der
Fortschritt besteht nicht in den Rivalitäten, die trennen,
sondern in der verbindenden Liebe.«

Aus: *Flügel des Denkens* (Ali del pensiero) April 1933

Das Ende unseres Evolutionszyklus

»Die Elemente werden sich auflösen, ihre Struktur wird sich notwendigerweise zusammenziehen müssen, und diese Zusammenziehung wird vor sich gehen mit Zukkungen der Erde, wildem Aufschäumen der Wasser, und schließlich wird sich alles neu ordnen. Himmel und Erde werden also ineinander verschmelzen, aber nicht, um sich aufzulösen, sondern, um eine fast durchsichtige Kugelform entstehen zu lassen, auf der alle Lebewesen ein Fluidum haben werden; eine Sprache wird man nicht mehr brauchen, weil das Denken als einziger Strom alle Bewegungen umfassen wird.

Die Menschen werden nicht tatenlos sein, sondern sogar Gedankenwerke hervorbringen, die von ihrem Fluidum durchdrungen sind. Es wird nur noch geflügelte Tierarten geben. Die Verwandlung wird vollkommen sein, so werden auch die heute geltenden Gesetze verwandelt werden, und die Schwerkraft wird es nicht mehr geben.

Alles wird aus Fluidum bestehen, und der Schein der Himmelsgewölbe wird ganz durchdrungen sein; so werden die Sterne in ihren Konstellationen erscheinen und den Menschen als ihrer Orientierung folgen, und die verschiedenen Welten werden Verbindung zueinander haben. Die Seelenkräfte werden im Lauf dieser Verwandlung zusammengezogen und somit viel zu leiden haben, denn die starken Kontraste zwischen der materiellen Energie und der Astralenergie werden in ihnen zusammenprallen, damit die Entwicklung beschleunigt wird.

Wenn die Entwicklung langsamer wird, dann beschleunigt sie das Ewige Prinzip durch die heftigen Kräfte, die ihr Kataklysmen nennt. Jene Menschheit wird nicht pathologisch sein, so wie ihr es seid, denn sie ist erneuert und hindurchgegangen durch den Druck der Energie, die Elektrizität genannt wird; einzig und allein dieser Vorgang bewirkt, daß der Mensch geht und seine Lebenskräfte erneuert. Ihr habt nur eine blasse Äußerung dieser elektroradianten Kraft, aber der unendliche Ozean, der sie enthält, zieht jede Lebensbewegung aus ihr.«   Aus Mailand, 1933

Ein Sonnenkreuz wird der Welt nahe Ereignisse ankündigen

»Die Menschheit bewegt sich auf eine Erneuerung zu; so sagt die Welt. Sie läuft auf Punkte zu, die schon einmal waren, und ihre mehr oder weniger leuchtende Spur bleibt.
Die Menschheit sieht nur einen begrenzten Horizont und vergißt, daß sie gegen Kräfte anrennt, die ihre Urteilskraft übersteigen, wenn sich diese nicht in Harmonie mit dem Höchsten Gesetz befindet. Die Schatten, die in der Unermeßlichkeit immer dichter werden, haben sich verhundertfacht, weil die Welt mit Blindheit geschlagen ist.
Wie weit wird diese Masse noch kommen, die doch trotz allem aus einer harmonischen ewigen Bewegung entstanden ist? Das ist eine unentschiedene Frage. Sie wird auf verschiedene Arten beantwortet. Menschlich antwortet man: Sie geht einer höheren Entwicklung entgegen, auf eine strahlende Bestätigung zu . . .
Denen, die Glauben haben, sage ich: Verliert euren Lebensfunken nicht, nehmt ihn mit in die drückenden Städte, damit er euch stets an die Wahrheit erinnere, daß das Menschliche in jeder Handlung lebt. Den Glauben haben, heißt nicht die Dogmen vermehren oder ein neues Credo aussprechen, sondern es bedeutet, der

Handlung jedes einzelnen Gliedes und damit der ganzen Menschheit Leben einzuflößen . . .

. . . O Menschheit, wenn du willst, kannst du dich vom Schmerz loslösen und verhindern, daß neuer Schmerz auf dich zukommt. Versuche aufs neue den zu hören, der seit ewigen Zeiten in der Welt ist. Kein Kreuz mit Nägeln, sondern ein Sonnenkreuz wird in dir leuchten und deine Wege erhellen; ein Sonnenkreuz, das der Welt bevorstehende Ereignisse ankündigen wird.

Der Ewige kommt zu Hilfe. Ihr braucht nur seinen Ruf, sein Mahnwort und seine Liebe zu verstehen.«

Aus: *Flügel des Denkens* (Ali del pensiero), 1935

Die Menschen werden einander wiedererkennen

». . . und die Menschen werden Brüder wie am Anfang der Schöpfung, sie werden einander wiedererkennen, alle werden sich an die verschiedenen Gesichter und die verschiedenen Gewänder erinnern, die nun zu einem Gesicht, dem Antlitz des Bruders, und zu einem Kleid, dem Kleid der Liebe, geworden sind.

Die körperlichen Bedürfnisse werden die Menschen nicht mehr quälen, keine komplizierten Maschinen werden mehr das Gehör betäuben, die Brüder werden über große Entfernungen miteinander sprechen und einander helfen . . ., bis das letzte Dunkel verschwindet, und leicht werden die letzten Schritte.

Selig die ersten, die in diesem Geist leben werden! Sie werden die demütigen Meister aller sein, von allen gehört, geliebt und gebenedeit. Und ihr werdet die ersten sein, wenn ihr in diesem Glauben weiterleben werdet«.

Aus: Alaya, Venedig, Oktober 1969

(Diese Botschaft kommt aus Frankreich, und zwar durch
Herrn Saltzmann aus Paris; veröffentlicht in *Flügel des Denkens* [Ali del pensiero], Mailand, März 1933.)

»Wir sind in der Welt des Okkulten am Vorabend außerordentlicher Ereignisse angelangt, die sich für euren
Planeten als sensationelle Ereignisse auf allen Gebieten
äußern werden. Jede Wesenheit ist bereit, die Anstrengung der Irdischen, die das Reich des Friedens wieder-
herstellen wollen, zu unterstützen. Wir müssen bald
und gut handeln, wenn wir vermeiden wollen, daß die
Mächte des Bösen die Menschen aufwiegeln, um den
Weg des Fortschritts zu versperren. Schon treten die
Göttlichen Boten zusammen, die das gute Wort in alle
vier Himmelsrichtungen bringen werden. Die Verkündigung wird sich erneuern, und die Erde wird vor Hoffnung und Liebe zittern, weil Der, der die Welt aufs neue
retten muß, sich für seinen Auftrag rüstet.«

(Und jetzt noch eine Vision der zerstörerischen Bewegung, die sich den Blicken bietet.)

»Die Wellen verschwinden, das schwere Fluidum, das
die Erde umgab, weicht unter dem Druck der weißen
Kräfte allmählich zurück; jetzt müssen wir noch den
letzten Zuckungen des Sturmes die Stirn bieten. Danach wird von allen Pfaden der menschlichen Tätigkeit,
der intellektuellen, moralischen, geistigen und psychischen Tätigkeit, die rettende Flut zu den geistigen Gipfeln ansteigen.

Mut und Glauben! Die Zeit des Zauderns und des Zu-
rückschauens ist vorbei; die neuen Wege einer neuen
Kultur müssen rasch verstanden und schnell realisiert
werden.

Die Welt steht unmittelbar vor neuen gigantischen Be-

wegungen . . . Die nächste Epoche, eine Zeit der Politik
und des Sozialen, wird durch das ›Siegel‹ des Altruismus, des aktiven Denkens und der schnellen Durchfüh-
rung gekennzeichnet sein. Wer Lenker sein will, muß
über eine untrügliche Intuition und eine vorbildliche
Weisheit in seinen Beschlüssen verfügen. Die Zeit, in
der Pläne reifen könnten, fehlt nun. Es gilt, die Massen-
aktion sofort mit seinen Gedanken zu durchdringen . . .
Die Pioniere müssen sich kühn über das Hindernis hin-
wegsetzen und den neuen Pfad betreten! Keine Aus-
flüchte mehr, weg mit der doppelzüngigen Diplomatie,
weg mit dem engstirnigen Nationalismus und der
ängstlichen Politik! Aufrichtigkeit und gerades, unum-
wundenes Handeln müssen den zukünftigen Regierun-
gen eigen sein. Vergeßt nicht, daß die Welt von der ge-
fährlichsten Katastrophe, die die Erde je erlebt hat, wieder aufgerichtet werden muß. Es geht nicht um die
Interessen des einen oder des anderen, sondern um das
Leben der gesamten Menschheit, und die, denen die
Geschicke der Völker anvertraut sind, haben einen gigantischen Auftrag übernommen, aber wenn sie ihn erfüllen, werden sie Retter der Menschheit genannt werden.«

(Nun eine heroische Vision der zukünftigen Tage.)

»Licht und Frieden! Bald wird sich am geistigen Himmel
die Fackel der Befreiung entzünden. Die Ketten, die die
Seele im Fleisch gefangenhalten, werden sich lockern.
Gott wird dem Geist ein lichtes Feld zu diesen sichtbaren Orten öffnen, und der inkarnierten Seele wird er die
Schau der himmlischen Räume wiederschenken. Die Intuition, das unmittelbare Gesicht, wird ein Schatz der Irdischen werden, und bald werden die kommenden Generationen diese himmlischen Gaben besitzen so, wie
ihr im Besitz des Wortes und des Willens seid. Vor

Menschheitsliebe glühende Seelen opfern sich und nehmen wieder einen Körper an, um der Welt zu helfen. Andere, die auch untätig hätten bleiben können, sind ständig um das Wohl der Menschheit bemüht; denn alle wollen teilhaben an der geistigen Wiederauferstehung der Menschheit von morgen. Mut! Ihr seid schon beinahe am Ende der Reise angelangt! Der Mensch spürt schon die Hand seines Gottes, die ihm den letzten Gipfel erklimmen hilft.«

Es wird eine Rückkehr sein zum Glanz des frühen Glaubens

». . . es war ein leichtes, den Lolch im Ährenfeld zu säen und so Gedanken, Glauben, Riten und Überlieferungen zu verwirren. Aber der größte Schaden entstand meiner Kirche daraus, daß es dem gerissenen Aufwiegler gelang, die Führer meiner Herde zu überreden, sie müßten Politik, Schwert und weltliche Güter anwenden, da sonst meine Lehre nicht überleben würde.
Ich sage euch dagegen, daß die Erlösung schneller gekommen wäre mit der Liebe, der Demut und dem Opfer in aller Armut. Und jetzt sind wir dabei, das große Übel zu beheben. Die Wandlung wird eine Rückkehr sein zum Glanz des frühen Glaubens. Dann wird das Reich meines Lichtes kommen.
So wird die Neue Kirche zur Reinheit der ersten Zeit zurückkehren und wirklich nur einen Hirten haben . . .«
Aus Alaya, Venedig, Oktober 1969

Aus dem »Internationalen Führer des Zeitalters des Wassermanns« geben wir wieder:

Am 2. September 1973 hat eine telepathische Strömung (Kanal Bettina Kramer vom Aeolian Center of Cosmic Concept) folgende Botschaft des Meisters Djwal Khul aufnehmen lassen:

»Die Dritte Dimension ist am Verschwinden. Das wird man bemerken, sobald die ›neue Realität‹ im Äther empfangen wird.

Ihr müßt euch JETZT für die Vierte Dimension bereit machen, damit ihr euch leicht auf sie einstellen könnt, wenn ihr euch darin befinden werdet. Dieser Wechsel der Dimension ist die Ursache der Verwirrung und der Besorgnis, die unser irdisches Leben beherrschen. Die Umstellung von einer Dimension auf eine andere kann nicht mit den Sinnen gesteuert werden, weil diese nur auf der physisch-materiellen Ebene wirksam sind. Die Veränderung wird euch wie ein Erdbeben überraschen. Wenn sie beginnen wird, wird man sie nicht stoppen können, bis ihr Zyklus nicht vollendet sein wird. Der Glaube wird euer einziger Führer sein und ›das Wissen‹. Der Glaube muß im Menschen so stark werden, daß nichts auf der illusorischen Welt ihn erschüttern oder ihn von seinem Weg abbringen kann. Dann wird der Mensch lernen, alles, was er braucht, mit Hilfe seiner psychischen Energien herzustellen und dabei vom Äther alles erhalten, und so wird er sich nicht mehr um materielle Dinge sorgen müssen.«

Der menschliche Geist verliert sich in Anbetracht solcher Ankündigungen, doch das Motto der Anhänger des Wassermanns ist »Sei bereit!«. Vorläufig genügt es, wenn wir wie Pioniere auf die neue Realität des Wassermanns hinleben, wie sie von dem Sonderheft, das ihr die Zeitschrift

»Le Charivari« im Frühling 1970 gewidmet hat, geschildert wurde. Einer der Artikel schloß wie folgt: »Das Zeitalter des Wassermanns ist für Eugène Canseliet vor allem eine neue, harmonische Kosmogonie, eine Neuordnung der Wellen, eine Zeit der Fülle, in der die Auserwählten nach Herzenslust in voller Freiheit Alchimie praktizieren werden, eingehüllt in die Akkorde einer geheimen, universalen Musik. Das ist die Zeit, die Rimbaud ankündigt:

Die Welt wird wie eine riesige Lyra vibrieren
im Beben eines riesigen Kusses!«

»Ihr seid gezeichnet, ihr werdet wiedererkannt werden«

Diese Behauptung wird häufig wiederholt. Im Leben geschieht nichts ohne Bestimmung, und nichts kommt durch Zufall.
Was entsteht und was stirbt, ist durch Gesetze geregelt. Trotzdem glauben oft gerade Menschen, die alles lenken wollen, daß das Leben, das Wichtigste von allem, von zufälligen Umständen abhängt. Jeder trägt ein Zeichen in sich, ein Zeichen, das für die Augen der Menschen unsichtbar ist, aber ganz deutlich für den, der von einer höheren Ebene aus das Leben lenkt. Dadurch wird jeder anders als die anderen, und alle unterscheiden sich voneinander. Dieses Zeichen, das jeder in sich trägt, ist die dynamische Kraft seines eigenen Schicksals, das aus den vollbrachten Handlungen resultiert. Es handelt sich um ein exklusives, besonderes und gut sichtbares Licht, das von keinem anderen getrübt werden kann.
Würde diese Unterscheidung fehlen, dann hätten wir mit der schlimmsten aller Ungerechtigkeiten zu tun. Aber das kann nicht geschehen, wo sich alles in Klarheit bewegt und durch Gesetze geregelt wird.

Dieses persönliche Licht, die Stufe der Geistigkeit, die der einzelne erreicht hat, läßt sich verändern. Das wichtigste Element für diese Veränderung ist die innere Haltung der Existenz gegenüber. Wer auf Haß und Gewalt mit Haß und Gewalt antwortet, begibt sich auf dieselbe negative Ebene und ist daher allen Gegenschlägen ausgesetzt. Daher wird er getroffen werden, genau wie der, der Angst hat, denn die Angst zieht das an, wovor sie sich fürchtet.

Auf diese Weise wird die Haltung jedes einzelnen während der entscheidenden Zeit des Unglücks zum Maßstab für sein Heil. Die stärksten Kräfte der Rettung sind der Glaube und die Liebe. Sie beschützen einen jeden von uns und ziehen noch dazu die besten Energien an, da sie die positiv wirkenden Kräfte rufen.

Das Wesen der Liebe und das Wesen des Hasses sind ihrer Natur nach vollkommen verschieden. Die Liebe ist schöpferischer Natur, sie schließt alle ein, mit dem Ziel, alle zu verstehen und alle als Mitarbeiter am gleichen Werk einzusetzen, um den positiven Kern, den jeder in sich hat, zu vergrößern. Wer liebt, nährt diesen guten Kern und steigert dessen Licht, das, wenn auch in verschiedenem Maß, in allen Dingen ist; und somit rettet der Liebende auch die Dinge vor der Zerstörung.

Die Wirkung des Hasses ist hingegen zerstörerisch und zersetzend. Wer haßt, möchte den Gegenstand seines Hasses austilgen, indem er ihn vernichtet.

»Ihr seid gekennzeichnet, ihr werdet wiedererkannt werden.«

Das Kennzeichen, das geistige Licht, besteht in Glauben und Liebe, an denen ihr erkannt werdet. Darauf deuten auch folgende Stellen aus dem Evangelium:

»Dann werden zwei auf dem Felde sein; einer wird angenommen, und der andere wird verworfen werden.

Zwei werden mahlen auf der Mühle; eine wird angenommen, und die andere wird verworfen werden.« (Matthäus, XXIV, 40 und 41). »Gedenket an Lots Weib! Wer da sucht, seine Seele zu erhalten, der wird ihr zum Leben verhelfen. Ich sage euch: In derselben Nacht werden zwei auf einem Bette liegen; einer wird angenommen, der andere wird verworfen werden.« (Lukas, XVII, 32/34.)

Das Weltgericht hat begonnen

»Denkt daran, daß das Weltgericht begonnen hat! Wißt, daß die Zukunft den Guten gehört. Eine unendliche Schar von Seelen wartet im Jenseits auf den Anbruch der Neuen Ära, um ihren Weg in die Ewigkeit fortzusetzen. An euch ist die Wahl, an der Zukunft teilzunehmen oder nicht.

Die Materie ist verurteilt. Sagt euch die Kernspaltung, die ihr gefunden habt, nichts? Nur kleinlicher Utilitarismus? Die Kernspaltung wird das Gericht sein, mit dem ihr euch selbst richten werdet. Seht, daß nicht GOTT es ist, der euch straft, sondern nur ihr euch selber.

Und ich sage euch, daß nicht einer von denen, die sich heute noch nicht besonnen haben, sich bei dem ungeheuren Kataklysmus retten wird, wie auch keiner von denen zugrunde gehen wird, die das Ewige Wort Jesu: Liebe! aus ihrem Herzen haben entweichen lassen und es in die Tat umgesetzt haben.

Euer Schicksal, das aus Verzweiflung, Haß und Verleugnung besteht, erfüllt sich heute in seinen letzten Konsequenzen. Ihr seid Atome im Universum, und die Atomkernspaltung ist die symbolische Vorwarnung. Ihr lauft Gefahr, euch in der Gewalt, die die Materie mit sich bringt, aufzulösen. Was wird von euch übrigbleiben, wenn ihr in der Materie verharrt?

Die Materie hat ihren Zyklus vollendet und wird euch keine weitere Möglichkeit zur Verwirklichung, sondern nur Zerstörung und Tod bringen. Seid ihr blind? Blickt um euch und traut nicht der scheinbaren Ruhe: Seht ihr nicht, daß alles zusammenbricht? Könnt ihr die Zeichen der Zeit nicht erkennen? Ihr seid erwachsen geworden, und GOTT kann euch nicht dazu zwingen. So wird er euch nicht retten können, wenn ihr selbst es nicht wollt und zu IHM zurückkehrt. Seid daher wie verlorene Söhne.

Alles habt ihr, die ihr an die Materie glaubt, vergeudet, und jetzt haltet ihr nur Leere in eurer Hand. Ihr habt euch an Materie gehalten, und sie ist zerfallen; ihr habt euch auf Materie gestützt, und sie stürzt unter euren Füßen zusammen, in den Abgrund selbst, der für euch Materialisten, die ihr nicht glaubt, das Nichts, das Unverstandene, das Kruzifix war und ist. Glaubt jetzt daran. Kehrt zum Vater zurück: Christus zeigt euch den Weg. Glaubt ihm jetzt im Namen eures eigenen Verstandes und verleugnet euch nicht mit eurem selben Verstand.

Ein höheres Geschick erwartet euch: ein bewußtes, leuchtendes, das aus Liebe und Weisheit, aus Freude und Arbeit im Schoß Gottes besteht.«

Rom, 1952. Circolo Petrignani

Die große Prüfung

»Der Tag wird kommen, an dem sich die Menschen als Brüder fühlen werden; doch zuvor wird die Große Prüfung sein. Wenn das Wesen zutiefst verstanden haben

wird, daß ihm nichts gehört und daß das, was es inne-
hat, nur eine Leihgabe in der Zeit ist, dann wird es das
Leben mit den Augen der Seele sehen, wird es mit den
Sinnen der Seele lieben, wird es mit dem Bewußtsein
der Seele handeln.

Und wenn die Völker die Harmonie erreicht haben werden, wird auch die ganze Natur in ihrem irdischen Kom-
plex dem Lauf des Gleichgewichtes des unermeßlichen
Universums folgen. Doch zuerst wird die Große Prüfung sein. Glücklich diejenigen, die im Glauben die
Waffe schmieden, um den Schmerz zu bekämpfen.«

Cosenza, 28. 9. 1958

Die Stunde schlägt

»Seid gegrüßt, Teure. Ich sage euch, Teure, daß die
Stunde der Prüfung sich vom Himmel abgelöst hat, doch
sie ist noch nicht auf der Erde: sie ist auf dem Weg ...
und daß die Stunde der Prüfung schlagen wird. Es tut
not, daß euer Werk schneller vorankommt. Was Ich mit
Zusammenarbeit von Gruppen meine, ist die meditative
Funktion des Gedankens, ist das Gebet, ist die Einigung
der Tat, ist die Vergeistigung des ganzen Werkes.

Daher, Teure, sucht nach und nach ein wenig Zeit für
Mich zu haben, für Mein Werk, für Mein Gebiet, sucht
es zu bewerkstelligen, damit nicht die Stunde kommt, in
der ihr alle es gemeinsam bewerkstelligen müßt.

Die Menschen des Lichts, des Glaubens auf der ganzen
Welt müssen einen einzigen Gesang, einzige Erhebung,
einziges Wort haben: *Frieden, Liebe!*

Ich sage euch, daß es notwendig ist – höchst notwendig –, die Menschen zur Versammlung zu rufen, daß es
schnell notwendig ist, und aus allen Quellen (ultrapha-

nen Sitzungen) wird das gesagt werden, zum Wiedererwachen zu rufen, das Bedürfnis nach Liebe ist, nach Brüderlichkeit, nach Frieden und Aufhören all dieser inneren Kämpfe.«

Rom 1952, Circolo Petrignani

Die Folgen der Fehler

»*Diese tragischen Ereignisse* sind keine Strafen, sondern Folgen eurer Fehler. Ihr sprecht von einer Göttlichen Gerechtigkeit, die nicht mehr aufzuhalten ist! Und so vergleicht ihr die Gerechtigkeit des Vaters mit einer Kraft, die voranschreitet und hereinbricht wie eine Überschwemmung, wie eine Feuersbrunst! Eure Denkweise ist wirklich kurzsichtig und erbärmlich! Und doch seht ihr auch auf der Erde Beispiele für Vaterliebe und Mutterliebe, die über der Ruchlosigkeit eines ungearteten Kindes weinen und sich verzehren, um es zu retten. Diese Väter und diese Mütter schreien nicht: ›Das ist mir jetzt zu viel! Jetzt fallen wir über dieses entartete Kind her und zermalmen es.‹ Vielmehr weinen sie und sagen: ›Wegen seiner Ungezogenheit ist es in einen solchen Zustand geraten, so daß es, wenn wir ihm nicht zu Hilfe eilen, sich umbringen, verrückt werden wird.‹ So reden die Eltern in ihrer *nie versiegten Liebe* zu ihrem Kind! Weshalb also wagt ihr es, gewisse Ausdrucksformen unerbittlicher Rache, die ihr Eltern auf der Erde nicht zutraut, Gott zuzutrauen? Seid achtsam! Seid achtsam! Was geschieht oder geschehen wird an tragischen Ereignissen, ist immer *unmittelbare Folge* der menschlichen Fehler. Ja, der Schmerz ist manchmal quälend, doch nennt ihn nicht Strafe, nennt ihn Ergebnis von Fehlern über Fehler, Wirkung – wenn auch immer von der Göttlichen Gnade gemilderte – *einer Ursache* oder vieler Ursachen, die von menschlicher Verantwortungslosigkeit und von törichtem Stolz in die Tat umgesetzt worden sind. So wie wenn ein dummer Bauherr Stein auf Stein häuft, ohne Form oder Handwerkskunst, um sich ein Haus zu erbauen, das beim ersten Stoß über ihm zusammenbricht, und der dann, verwundet und zugrunde gerichtet, demjenigen Beleidigungen ins Gesicht schleudert, der ihm zugeschaut und weise Ratschläge gegeben hatte, die er nicht anhören wollte.

Ach, gerade das geschieht jetzt der armen Menschheit! ›Aber diese Erdbeben und Überschwemmungen, die auch viele Unschuldige treffen‹, sagt ihr, ›Herr und allmächtiger Gott! Die sind nicht von unseren Fehlern hervorgerufen?‹

Ich antworte euch: ›Dies ist ein anderes Geheimnis! Auch die Erde hat ihre Umwälzungen und sucht sich gleichsam eine Harmonie, geschlagen, wie sie ist, und entstellt durch eure Kriege und schrecklichen Atomwaffenangriffe gegen den Gürtel ihrer Atmosphäre; der Pegel ihrer Ozeane, das geheimnisvolle Zurechtrücken ihrer mütterlichen Eingeweide.‹«

Rom, Circolo Petrignani

Das Ende der Zeiten nach dem Evangelium und nach der Apokalypse

> »Wenn aber dieses anfängt zu geschehen,
> so sehet auf und erhebet eure Häupter,
> darum daß sich eure Erlösung naht.«
> Lukas, XXI, 28

In den biblischen Prophezeiungen kommt oft der Ausdruck »Zeit« vor. Wir finden ihn bei Ezechiel, in der Apokalypse und im Evangelium. In unserer heutigen Sprache würden wir statt dessen eher sagen »Ära« oder »Zyklus«, da wir an eine geschichtliche Phase oder Periode denken, die Teil einer längeren Epoche ist.

Unser Zeitalter bildet den Abschluß einer großen zyklischen Periode der Menschheit, das Ende eines Maha-yuga nach der Hindu-Kosmologie. In den Schriften des Neuen Testaments ist nie vom Ende der Welt die Rede, sondern immer vom »Ende des jetzigen Zeitalters«. Dieser Vorstellung geben auch zahllose Propheten und Seher Ausdruck, und sie steht in Einklang mit den heiligen Texten aller Völker.

Neue Erden und neue Himmel

»*Und das Angesicht der Erde wird erneuert werden*«, schreibt der alte Prophet. Wie wir wissen, gibt es Inseln, die dadurch entstanden sind, daß sich die Erdrinde durch Vulkanausbrüche erhoben hat. So entstanden die Hawai-Inseln und die Aleuten. Eine ungeheure Masse erhob sich aus den Abgründen und trat an die Oberfläche des Meeres. Aber es geschah auch das Gegenteil: Festland verschwand unter dem Meeresspiegel. Im Lauf von Milliarden Jahren verwirklichte sich auf diese Weise Entstehen und Vergehen ganzer Kontinente. Man braucht aber nicht zu glauben, daß derlei Phänomene ausschließlich der fernen Vergangenheit angehören. Die jüngste Insel auf der Erde ist Surtsey, das 1963 vor der isländischen Küste ungefähr 120 km südöstlich von Reykjavik aus dem Atlantik aufgetaucht ist.

»Die Zeit ist nahe«

Mehrmals wird in der Apokalypse diese Mahnung wiederholt: »Die Zeit ist nahe.«

»Siehe, ich komme bald und mein Lohn mit mir, zu geben einem jeglichen, wie seine Werke sind. Ich bin das A und das O, der Erste und der Letzte, der Anfang und das Ende. Selig sind, die ihre Kleider waschen, auf daß sie teilhaben dürfen an dem Baum des Lebens und zu den Toren eingehen in die Stadt. Draußen sind die Hunde und die Zauberer und die Unzüchtigen und die Totschläger und die Götzendiener und jeder, der die Lüge liebhat und tut.« (Apokalypse, XXII, 12–15).

Das Geschlecht Adams ist am Vergehen. *»Dieses Geschlecht wird erst vergehen, wenn sich mein Wort erfüllt haben wird«*, sagte Jesus. Die Verkündigung des Neuen Tausendjährigen Reiches ist verbunden mit der zweiten Herabkunft Christi.

Am Christkönigsfest, am 30. Oktober 1967, wurde in San Damiano folgende Botschaft verkündet:

»Betet, damit die Himmlische Mutter mit einem großen

Licht zur ganzen Welt kommt. Dann werde ich kommen mit einem Neuen Reich des Friedens, der Größe, der Güte und des Glücks.«

Was geschehen wird

Das Bild, das uns die christlichen Schriften von den letzten Zeiten entwerfen, ist wirklich erschreckend. Mehr noch in den Evangelien als in der Apokalypse werden sie mit düsteren, dramatischen Tönen geschildert.

»Das sollst du aber wissen, daß in den letzten Tagen werden greuliche Dinge kommen. Denn es werden die Menschen viel von sich halten, geldgierig sein, ruhmredig, hoffärtig, Lästerer, den Eltern ungehorsam, undankbar, gottlos, lieblos, unversöhnlich, Verleumder, zuchtlos, wild, ungütig, Verräter, Frevler, aufgeblasen, die die Lüste mehr lieben als Gott, die da haben den Schein eines gottesfürchtigen Wesens, aber seine Kraft verleugnen sie.« (Paulus, 2. Brief an Timotheus, III, 1–5.)

Das gesamte Böse ist anwesend in allen seinen Aspekten.

»Der Geist aber sagt deutlich, daß in den letzten Zeiten werden etliche von dem Glauben abfallen und anhangen den verführerischen Geistern und Lehren böser Geister durch die Heuchelei der Lügenredner, die ein Brandmal in ihrem Gewissen haben.« (Paulus, 1. Brief an Timotheus, IV, 1–2.)

»Ihr werdet aber überantwortet werden von den Eltern, Brüdern, Verwandten und Freunden; und sie werden eurer etliche töten.« (Lukas, XXI, 16.)

Ohne Unterlaß schwillt es an von den einzelnen zum Kollektiv.

»Denn es wird sich empören ein Volk wider das andere

und ein Königreich wider das andere, und werden sein teure Zeit hin und her. Das alles aber ist erst der Anfang der Wehen.« (Matthäus, XXIV, 7–8.)

Die von den Menschen vergewaltigte Natur wird aufbegehren. Kataklysmen aller Arten, Überschwemmungen, atmosphärische Umwälzungen mit ungeheuer zerstörerischen Auswirkungen folgen auf Epidemien, Hungersnöte, Kriege und Massaker, die die Menschen selbst heraufbeschwören, denn in den letzten Zeiten werden sie ihre niedrigsten Rachegelüste austoben, die Hand in Hand gehen werden mit unmenschlichen Handlungen: Verbrechen, Skandale, Gewalttaten und Morde. Die Verdunklung der Gewissen geht immer der materiellen Verdunklung und Finsternis voraus. Was heute die Menschen beängstigt und die Gemüter erschüttert, sind die offenkundigen Ursachen dessen, was mit der Unerbittlichkeit des schon Geschriebenen herannaht. Und wer ins Unsichtbare geschrieben hat, ist niemand anders als der Mensch mit seinen Handlungen. Das Erwachen vieler Vulkane wird das ungeheure Wachsen der Katastrophe noch steigern. Man scheint die Stimme aus der Apokalypse zu hören: »*Wehe, wehe . . .*«

> »Ungeheure Erdbeben werden die Erdkruste bis in ihre Tiefen erschüttern und (wie zur Zeit von Lemuria und Atlantis) Völker und Reiche begraben, während versunkene Kontinente wieder auftauchen werden.«

Festland und Inseln sollen verschwinden, und die gegenwärtige Verteilung der Meere wird durch eine Reihe von Kataklysmen verändert werden. Nach der Meinung einiger Kommentatoren werden Deutschland, Rußland und der Balkan zu Meeren. G. Barbarin sagt: »Südfrankreich wird überflutet werden und ebenso ein großer Teil der italienischen Halbinsel, inklusive Rom. Spanien soll unversehrt bleiben. Und Japan soll von der Landkarte verschwinden.« Aber wie ist es möglich, das alles mit solcher Genauigkeit zu wissen? Manche behaupten sogar, sie könnten schon eine Landkarte der zukünftigen Welt zeichnen. Einige Spezialisten auf dem Gebiet der Meeresgründe scheinen in den Meeresuntiefen sogar schon Erhebungen und Zuckungen festzustellen und Stellen auf dem Meeresgrund zu sehen, die auf den Karten noch nicht eingezeichnet sind.

Die Vorzeichen für das Ende

Ist das das Ende der Zeiten?
1360 sagte die heilige Birgitta:
> »Die Welt ist nicht mehr fern ihrer letzten Zeit, die jetzt heraufzudämmern beginnt und bis zum Tag des Jüngsten Gerichts dauert.«

Und im Evangelium steht geschrieben:
> »... und es wird gepredigt werden dies Evangelium vom Reich in der ganzen Welt zum Zeugnis für alle Völker, und dann wird das Ende kommen.« (Matthäus, XXIV, 14.)

Das Christentum ist eine Universalreligion, nicht lokal gebunden wie das Judentum, der Buddhismus oder der Islam. Daher kommt die Notwendigkeit, daß es vor der Beendigung seiner Epoche alle kennengelernt haben.

Die Erfüllung der Zeit wird auch im Lukasevangelium vorausgesagt, wo es hinsichtlich der Juden heißt (XXI, 24):
> »... und sie werden fallen durch des Schwertes Schärfe und gefangengeführt unter alle Völker; und Jerusalem wird zertreten werden von den Heiden, bis daß der Heiden Zeit erfüllt ist.«

In unserer Zeit wurde Israel wieder zu einem souveränen, unabhängigen Staat nach dem Ende des ungeheuren Blutbades, des Völkermordes ohnegleichen, aber inmitten der blutigen Auseinandersetzungen mit den arabischen Nachbarvölkern. Die erzwungene Zerstreuung der Söhne Israels in alle Welt ist vorbei, denn sie können nun frei und ohne Beschränkung ins Land ihrer Väter zurückkehren. Der zweitausendjährige Zyklus der prophetischen Verdammung, die auf so fürchterliche Weise Wirklichkeit geworden ist, schließt sich nun. Und damit ist auch die Zeit der Heiden abgelaufen, wie ganz klar aus den Worten Christi hervorgeht. Auch was dieses Ereignis betrifft, befinden wir uns nun schon in der Zeit, in der alles abgeschlossen wird. Es gibt drei Vorzeichen für das Ende der Zeiten:

1. Die Verkündigung des Evangeliums in allen Teilen der Welt;
2. Das Ende der Zeit der Heiden mit der Rückkehr der Juden in ihr Land;
3. »Die Greuel der Verwüstung an der heiligen Stätte.«

Ist die Zeit der Heiden wirklich vorbei?

Der israelische Staat ist wiederhergestellt, aber Jerusalem scheint in den Kriegshandlungen mit den Arabern noch von den Heiden zerstört zu werden, daher ist – nach der Meinung verschiedener Leute – die Zeit noch nicht ganz erfüllt. Man muß also noch einen endgültigen Friedensabschluß abwarten, bis man sagen kann, das Ende der Zeiten ist gekommen.

Die Zeit der Heiden, von der hier die Rede ist, ist ein historischer Abschnitt, von dem der Prophet Daniel sagt, daß es

»eine Zeit und zwei Zeiten und eine halbe Zeit währen soll« (Daniel XI, 7), daß das auserwählte Volk in ihre Ge-

214

walt kommen soll. Schließlich wird dann Gericht gehalten werden: Ihm wird nicht nur die Macht genommen, sondern es wird für immer vernichtet und zerstört werden.

Einige Gelehrte haben ein Spiel mit Daten und Berechnungen gewagt; sie sagen, die dreieinhalb Zeiten Daniels umfassen 1260 Jahre, wenn man für eine Zeit 360 Jahre annimmt. Aber die Zeit der Heiden scheint sieben Zeiten zu umfassen. Bei Levitikus steht geschrieben, daß Israel sieben Zeiten lang bestraft werden muß, das wären (360 mal 7) 2520 Jahre. Unsere Zeit wäre die siebente und letzte, das heißt die Endzeit.

Wann muß man aber anfangen zu zählen? Da sind wir schon wieder bei den Daten. Aber bei den Prophezeiungen, wir haben es fast schon zu oft wiederholt, muß darauf geachtet werden, wie lange ein Ereignis braucht, bis es zur Reife kommt und ein anderes nach sich ziehen kann; die Jahreszahl ist nur ein Wert für den Menschen, der sich darin einen Anhaltspunkt sucht.

Der Greuel der Verwüstung

Greuel sind der Versuch des Menschen, wie Gott im Tempel zu wohnen, ist der überhebliche Versuch, den Olymp zu erklimmen, das Titanentum, die Vergöttlichung des kleinen Ich, kindische Torheit dessen, der die eigene Beschränktheit nicht abzumessen weiß und unfähig ist, die menschliche Lage zu erkennen und von der Größe Gottes etwas zu ahnen. Der Mensch des XX. Jahrhunderts, der Mensch der Weltraumflüge und der Automation, der Kopfmensch, der die menschlichen Grenzen nicht erkennt, glaubt, ihm sei alles erlaubt und über ihm sei kein anderer mehr, der größer ist als er. Hochmut und Über-

heblichkeit machen blind, und der Blinde weiß nicht, wohin er seinen Fuß setzt und wo er mit seinem Kopf an-
stößt.

»Wenn ihr nun sehen werdet den Greuel der Verwüstung stehen an der heiligen Stätte, von dem gesagt ist
durch den Propheten Daniel – wer das liest, der merke
auf! –, alsdann fliehe auf die Berge, wer im jüdischen
Lande ist; und wer auf dem Dach ist, der steige nicht
hernieder, etwas aus seinem Hause zu holen; und wer
auf dem Felde ist, der kehre nicht um, seinen Mantel zu
holen. Weh aber den Schwangeren und Säugenden zu
jener Zeit!

Bittet aber, daß eure Flucht nicht geschehe im Winter
oder am Sabbat. Denn es wird alsdann eine große Trüb-
sal sein, wie sie nicht gewesen ist von Anfang der Welt
bisher und auch nicht wieder werden wird.

Und wenn diese Tage nicht würden verkürzt, so würde
kein Mensch selig; aber um der Auserwählten willen
werden die Tage verkürzt.« (Matthäus, XXIV, 15–22.)

Der Greuel der Verwüstung, von dem wir schon im 6. Kapitel geschrieben haben, ist vor allem eine vollkommene
innere Leere in den Seelen der Menschen, die der atheistischen und der materialistischen Lehre anhangen. In der
Seele des Menschen, die eigentlich der Tempel Gottes
sein müßte, wird totale Verwüstung herrschen. Der
Greuel der Verwüstung ist auch auf die Abtrünnigkeit derer zu beziehen, die eigentlich die Bannerträger des christlichen Glaubens hätten sein sollen.

Falsche Propheten und manch falscher Christus

Zahllose Gottgesandte haben im Lauf der Jahrhunderte
die Menschheit gelenkt.

Aber es kommt vor, daß sich unter sie Leute mischen, die nicht das Wohl des Nächsten im Sinn haben, sondern nur an ihren persönlichen Profit denken, der aus Eitelkeit, aus Geldgier und Bestätigung ihrer Macht oder ihres Vergnügens resultiert.

Sie geben sich ein wohlwollendes Aussehen, werfen sich das Mäntelchen der Nächstenliebe über, denn sonst würde man nicht auf sie hören. Das sind falsche Propheten und manch falscher Christus, vor denen man sich hüten muß. Es sind nicht nur Personen, sondern Ideologien und Fahnen.

Christus hat es vorausgesagt:

> »Wenn alsdann jemand zu euch wird sagen: Siehe, hier ist der Christus! oder da! so sollt ihr's nicht glauben. Denn mancher falsche Christus und falsche Propheten werden aufstehen und große Zeichen und Wunder tun, so daß, wenn es möglich wäre, auch die Auserwählten verführt würden.« (Matthäus, XXIV, 23–24.)

Die letzten Zeiten, die aus Verwirrung, Schmerz und Hoffnungen bestehen werden, sind am geeignetsten für die Vermehrung dieser Verführer. Die Auserwählten werden jedoch nicht getäuscht werden. Der Verführer hat die Aufgabe, die Menschen zu messen und die Verdammten von den Auserwählten zu scheiden. Wer sich täuschen läßt, begibt sich auf die gleiche Stufe wie der Verführer. Wer ihm ins Netz geht, hat keine Einsicht und wird noch von den egoistischen Kräften beherrscht, die ihn nur an seinen Vorteil denken lassen.

Ein falscher Christus und ein Pseudo-Erlöser von Ungerechtigkeit können nie ein wahrer Heiland sein, denn sie wirken nur auf irdischer Ebene und heben niemanden in die Höhe. Wie so mancher Religionsdiener, Priester, Pastor, politischer und sozialer Wohltäter sind sie häufig nur von parteiischer Bekehrungssucht gepackt und schauen nicht auf den Menschen, der zu retten wäre, sondern ziehen ihn auf die rein tierische Stufe hinunter.

Ein falscher Christus und ein falscher Prophet ist, wer den Menschen nur auf das Irdische festlegen will oder in die Unterwelt des Unterbewußten verweist, während er dessen höhere Anlagen nicht kennt. Das sind Pseudowissenschaftler und Leute, die sogenannte wissenschaftliche Kenntnisse nachsagen, aber nicht imstande sind, sich auf dem umfassenden göttlichen Bild umzuschauen, und glauben, der Mensch bleibe in den irdischen Grenzen beschränkt.

Die Wunderdinge, die die Wissenschaft zu vollbringen scheint, sind höheren Zwecken bestimmt nicht dienlich. Sie können als falsche Wunder betrachtet werden, die Staunen hervorrufen, aber nur auf der äußerlichen, momentanen und trügerischen Ebene, über die die Wissenschaft nie hinauskommen kann und wird. Darüber steht das Leben des Geistes, das alles auf wesentliche Weise bewegt.

Man braucht nur an die wahren Wunder der Heiligen, der Weisen und der Yogis zu denken, die die Dinge von ganz anderen Ebenen bewegen, und an alle Gesetze, die das Leben auf unsichtbarer Ebene beherrschen. Die Wunder der Wissenschaft blenden und hindern die Schwachen daran, weiterzugehen, sie locken sie ins Netz und halten sie auf, statt sie zu erheben, denn sie lassen sie glauben, alles bestehe nur darin.

Der Antichrist

Es ist einer der Protagonisten der christlichen Prophezeiungen, die Gestalt, die den nach Christus benannten Zyklus beschließt; er wird vor der zweiten Ankunft Christi erscheinen, die die Ära endgültig beschließen wird.

Um das Wesen des Antichrists zu verstehen, müssen wir auf Christus schauen, dessen Gegenbild er ist.

Christus ist die Macht des Guten, das Prinzip der Liebe, die Synthese des Großen Lichtes, fähig, den Menschen zu erlösen und zu retten. Was nicht mit ihm in Einklang steht, ist gegen ihn. Der Angelpunkt des menschlichen Lebens ist der Kampf, aber nicht gegen die anderen, sondern der Kampf der inneren Kräfte, die jeder in sich trägt. Die anderen sind nur die falschen Gegenstände und manchmal auch Vorwände für die Kräfte, die in unserem Inneren am Werk sind. Es ist ein Kampf, der sich ohne Unterlaß bis zum Ende wiederholt und mit der Niederlage der negativen Kräfte, des Antichrist, der in jedem von uns ist, zu Ende geht. So ist jeder Mensch ein Schlachtfeld. Was noch an Tierischem und Rohem in ihm ist, wie Hochmut, Egoismus, Haß und Wollust, das verschwindet allmählich wie der Schatten vor der Sonne, denn das Licht des Guten rückt immer weiter voran.

Die negativen, Christus entgegengesetzten Kräfte des Bösen mit ihren hundert Namen und ihren tausenderlei Aspekten (Dreistigkeit, Herrschsucht, Intoleranz, Gewalt) sind in der Gestalt des Antichrist verkörpert, dem Bösen schlechthin, dem direkten Boten des Teufels (Paulus, 2. Brief an die Thessalonicher, II, 9), dessen Erfolge illusorisch und begrenzt sein werden. Denn im Buch Hiob steht geschrieben: *»Der Teufel schadet nur, wenn Gott es zuläßt.«*

Eine Person? Ein Kollektiv? Eine Ideologie?

Die atheistische, materialistische und heidnische Gesellschaft ist der offenkundigste Ausdruck des Antichrist. Jesus weist im Evangelium schon darauf hin, daß viele durch falsche Ideologien und verführerische Äußerlichkeiten vom rechten Weg abkämen. Der Marximus kann sich allen Versionen dieser Kennzeichen rühmen, deren hervorstechendstes die Nachäffung des Christentums ist. Origenes, Lactantius und Augustinus haben den Antichrist für eine kollektive Macht, eine philosophische Störung, eine antichristliche Ideologie gehalten.

Nach Paulus ist der Antichrist, mit satanischer Macht ausgerüstet, der Urheber der Glaubensabtrünnigkeit am Ende. Der politische und doktrinäre Antichrist, der durch die zwei apokalyptischen Tiere dargestellt wird, ist ein Geschöpf des Bösen.

Skeptische und gesunden, konstruktiven Ideen unzugängliche Massen laufen heutzutage hinter Luftbildern her, die ihnen geschickte Wahrheitsvertuscher vorführen und damit deren Naivität ausnützen.

Die Antichristen – es sind viele, nicht nur einer allein – sind nicht nur zerstörerische Kräfte, Tendenzen und Ideologien oder Bewegungen von Haß und Gewalt, sondern auch Personen, die alle diese negativen Eigenschaften haben und auch ausdrücken. Revolten, Kriege und Zerstörungen sind die logischen Folgen ihres Wirkens zuerst im Herzen der einzelnen und dann in der ganzen Welt.

Die Verkörperungen des Antichrist als Personen

Der Antichrist ist eine prophetische Wirklichkeit. Jede Idee wird durch ein Individuum verkörpert, und die Menschen sind die Inkarnation der Ideologien. Es kann daher auch mehrere Verkörperungen des Antichrists geben, die Personen sind und als solche zersetzend wirken, Haß, Gewalttat und Krieg verbreiten.

Paulus sagt, die Anwesenheit vieler Verkörperungen des Antichrists weise darauf hin, daß das Ende nahe sei.

Und aus dem jüdischen Volk, das für diese Aufgabe auserschen wurde, kommen als Gegenpol zum großen Licht Christi die zerstörerischen Kräfte des endzeitlichen Antichrist. Jede Profanierung ist heute ein offensichtlicher Ausdruck dieser dunklen Kräfte, die im Individuum (Freud) und in der Gesellschaft (die Theorien von Marx) wirken.

Die Gestalt des Antichrist, die in der Geschichte der Menschheit ab und zu immer wieder aufgetaucht ist, wird in diesem letzten Abschnitt immer plastischer und boshafter, auch wenn ihr Wirken oft in der Stille und auf Schleichwegen geschieht.

In den Protokollen der alten Weisen von Zion ist von dem fernen jüdischen Ursprung des Antichrist die Rede, und es heißt auch, daß »Krieg und Klassenkampf die christlichen Völker vernichten werden«.

Ihr unheilvoller Einfluß

Es ist natürlich, daß sich im christlichen Zeitalter alles um das große Licht Christi dreht und daß folglich aber auch die Schatten, die sich bilden und im Gegensatz zum Licht stehen, zu beachten sind. Christus ist Licht, Liebe und Wahrheit und der Ausdruck all dessen, was Vereinigung, Vollendung und Vollkommenheit bedeutet. Der Antichrist ist die negative Gestalt, der Schatten. In ihm ist das Handeln Christi in sein Gegenteil verkehrt.

In einem äffischen Nachahmungsversuch bekleidet sich der Antichrist mit den Gewändern dessen, den er nachahmen will, um Verwirrung zu stiften, während er seinem Wesen nach das Gegenteil ist, das heißt, Dunkelheit, Haß, Bosheit, Trennung, Auflösung und somit Rückentwicklung und Rückschritt.

Der Vorläufer des Antichrist ist die biblische Schlange, die auch der Vorläufer des Weltverführers in der Apokalypse ist, ebenfalls durch eine bestimmte Gestalt verkörpert. In den verschiedenen Epochen der menschlichen Geschichte war er jedesmal durch eine Gestalt verkörpert, die sich durch ihr zerstörerisches und Unheil bringendes Wirken traurigen Ruhm erwarb.

Wir wollen die Verkörperung des Antichrist der Vergangenheit unberücksichtigt lassen. Heute stehen wir unter dem unheilvollen Einfluß des Antichrist, dessen Wirken in immer größerem Ausmaß aus dem Materialismus und dem Atheismus besteht, die alle menschlichen Bereiche und Tätigkeiten überflutet haben, um die Menschheit, die Gesellschaft und die einzelnen zu zersetzen.

Es ist seine Hauptabsicht, die Idee Gottes und jegliches religiöse Gefühl total auszurotten.

Der letzte Antichrist

Der letzte Antichrist trägt alle Übel und alle negativen Kennzeichen seiner Vorgänger in sich, daher kommt seine unglaubliche Zerstörungskraft: Hochmut, Reichtum, Herrschaft, Betrug. Nach einer alten Überlieferung soll er ein Jude sein aus dem Stamm Dan.

»Er wird mit verhüllter Gewalt und Schmeicheleien verführen«, sagt Salvaneschi, »und seine Diener werden sein die Vergnügen, das Geld, die Wollust, die Illusionen und die Laster.«

Er wird unbeachtet leben, bis er sich offenbaren wird. Nostradamus sagt, sein Kampf werde 27 Jahre dauern. Nach dem Seher von Salon wird die Geschichte der christlichen Welt durch den achten, den asiatischen Antichrist abgeschlossen. Wir leben also heute in vorapokalyptischer Zeit und bekommen es leider auch zu spüren. Es muß jedoch gesagt werden, daß kein prophetischer Text die genaue Anzahl der Verkörperungen des Antichrist bringt. Einige Kommentatoren sind der Meinung, der letzte sei der, welcher der Zahl 666 entspricht und das Zeitalter der Fische beschließt.

Sind wir im Zeitalter des Tiers?

Nicht wenige glauben, daß Satan tatsächlich aus seiner Lethargie erwacht ist. Man braucht nur um sich zu schauen, um zu sehen, wie verschieden die Menschen und die Gesellschaft von heute sind, auch schon im Vergleich zu der Situation von vor ein paar Jahren. In allen Bereichen hat sich eine Veränderung vollzogen, mit ungeheurer Schnelligkeit bewegt sich alles auf das Schlechtere zu, aufgrund der maßlosen Anbetung der Maschine.

Die Freiheit ist zur Liederlichkeit geworden, alle Zügel sind gefallen, jegliche äußere Obrigkeit wird abgelehnt, ohne daß man sich eine gültige innere Autorität geschaffen hätte, der Nächste wird betrogen; jeder denkt nur an seinen Vorteil; das Geschlechtliche befindet sich auf einem tieferen Niveau als bei den Tieren.

Betrug und Intrige sind zu normalen Mitteln geworden, um die eigenen egoistischen Ziele zu erreichen. Wer eigentlich gehorchen müßte, befiehlt; wer lernen müßte, maßt sich an zu lehren.

Die Entfesselung maßloser Gelüste bei denen, die eigentlich erzogen werden müßten, ist oft das Werk skrupelloser Menschen, die in den anderen niedrige Instinkte erwecken, um dann materiellen Vorteil daraus zu ziehen.

Der Kult des Vergnügens, des Geldes und des Besitzes – obschon sie zu allen Zeiten im Menschen vorhanden waren, sind sie doch nie so allgemein geworden wie heute. Die menschlichen Gesetze, die zum mindesten einen Damm bilden sollten, existieren fast nur dazu, um das Sinken des allgemeinen Niveaus von Moral und Sitte zu registrieren. Eine schwache herrschende Klasse, schwach, weil sie der Ausdruck moralisch unterentwickelter Massen ist, in einem korrupten Staat ist meist ungeeignet und unfähig, weil sie sich nur auf die Demagogie verläßt.

Die Taten des Bösen

Die Äußerungen des Antichrist werden genau nach dem Programm dieser unheilvollen Gestalt ablaufen. Da es seine Aufgabe ist, zu betrügen und dabei die Taten Christi nachzuäffen, wird er eine Reihe von Wundern wirken, auch um die falschen Lehren zu bekräftigen, die er bringen wird. Paulus beschreibt seine Taten in dem 2. Brief an die Thessalonicher folgendermaßen:

»... der Sohn des Verderbens, der da ist der Widersacher und sich überhebt über alles, was Gott oder Gottesdienst heißt, so daß er sich setzt in den Tempel Gottes und vorgibt, er sei Gott«. Und weiter: »Denn der Frevler wird auftreten in der Macht des Satans mit allerlei lügenhaften Kräften und Zeichen und Wundern und mit allerlei Verführung zur Ungerechtigkeit bei denen, die verloren werden, weil sie die Liebe zur Wahrheit nicht angenommen haben zu ihrer Rettung.«

Er sagt auch, daß er zuerst im geheimen wirken, aber dann ganz offen mit all seinen Waffen vorgehen wird. Nach einem kurzen Triumph wird er von Christus niedergeschlagen werden. Dieselbe Vorstellung hat Johannes, wenn er in der Apokalypse die Niederlage von dem Feind Gottes ankündigt.

224

In der Prophezeiung von Orval heißt es, daß
»der Mann des Bösen aus zwei verschiedenen Geblüten entstehen und Schändlichkeiten aller Arten begehen wird«.
Auch andere Prophezeiungen verkünden, daß es eine große Verfolgung geben wird, so groß, wie man noch keine erlebt hat ... die Jahre werden so kurz erscheinen wie Monate, die Monate wie Wochen, die Wochen wie Tage und ein Tag wie eine Stunde ...
Unter der Herrschaft des Antichrist werden nach einer Aussage, die man der Tiburtinischen Sibylle zuschreibt, zwei hervorragende Männer, Enoch und Elias, auftreten, die die Ankunft des Herrn verkündigen werden. Der Antichrist wird sie töten, und zwei Tage danach wird der Herr sie wiedererwecken ...
Manche behaupten, die Gestalt des Antichrist sei die Schlüsselfigur zum Verständnis der Centurien von Nostradamus. Und der Seher befaßt sich tatsächlich häufig mit ihm:
»Das Kind (Antichrist), geboren von einem Mönch und einer Nonne, die es ausgesetzt hatten, damit es Hungers sterbe, wird von dem aufgenommen, der am Boden dahinstreicht« (die Schlange) ... »Er wird nie satt sein zu betrügen, der große Lügner ...«
»Sein blutiger Krieg wird 27 Jahre dauern, und wer nicht seiner Meinung sein wird, wird getötet, gefangengesetzt oder verbannt werden. Das Blut wird in Strömen fließen, die Erde wird mit Leichen zugedeckt sein, das Wasser wird rot werden und Hagel wird fallen ...«
Die Tiburtinische Sibylle läßt den Antichrist aus dem Stamm Dans hervorgehen und unter den Schlägen des Erzengels Michael (am Karfreitag des Jahres 1999?) auf dem Ölberg in Jerusalem sterben; Michael wird der Große Scharfrichter sein, der ihn niederschlagen und zu den Un-

terirdischen schicken wird. Das Reich des Antichrist wird drei Jahre dauern. Er wird eine Auferstehung und eine Himmelfahrt vortäuschen, um Christus nachzuäffen. Aber schließlich wird »ein Blitz ihn niederschlagen«.

Die Epoche des letzten Antichrist

Es schmeichelt uns durchaus nicht, Zeitgenossen des Antichrist zu sein, und noch weniger freut es uns, seine Taten geschehen zu sehen. Die Propheten christlicher Inspiration sind sich fast alle darüber einig, daß in den letzten Zeiten die Schlange, der Verführer, der Feind, wieder auftreten wird.

Die heilige Hildegard, Äbtissin des Benediktinerinnenklosters Rupertsberg am Rhein, die von 1098 bis 1170 lebte, schrieb:

»Der Sohn des Verderbens, der nur kurze Zeit herrschen wird, wird in den letzten Zeiten erscheinen.«

Anna Katharina Emmerich (1774–1824) sprach im Ekstasezustand aramäisch, die Sprache Jesu, und war stigmatisiert. Sie behauptet, daß unsere Zeit vorapokalyptisch ist . . . Luzifer vor dem Jahr 2000 einige Zeit auf freien Fuß gesetzt werden soll.

»Einige Dämonen werden schon vorher losgelassen zur Strafe und als Versuchung für die Menschen. Ich glaube, daß in unseren Zeiten schon einige entfesselt sind und daß nach unseren Zeiten wieder welche losgelassen werden.«

Wladimir Soloviev, der große Spiritualist und Schüler Dostojewskis, legt die Geburt des Antichrist auf 1954 fest.

Pius X. behauptet in seiner Enzyklika vom 4. Oktober 1903, daß der »Sohn des Verderbens, von dem der Apostel spricht«, schon auf der Welt sei. Aber bei der zweiten Ankunft Christi würde der Böse verschwinden wie der Schatten beim Herannahen der Sonne.

Die Rückkehr Christi

Die Ereignisse, die die Erde erschüttern werden, werden in der zweiten Ankunft Christi gipfeln, in der Äußerung der größten geistigen Macht, die zu den Menschen kommen wird. Es läßt sich leicht feststellen, daß im Lauf der menschlichen Geschichte stets, wenn das geistige Leben und das moralische Empfinden absanken, ein Abgesandter Gottes erscheint, um die Menschen wieder an den verlassenen rechten Weg zu erinnern. Das steht ganz deutlich im Bhagavad-gîtâ (IV, 7–8) zu lesen:

»Jedesmal, wenn das Gesetz verfällt und sich Zügellosigkeit ausbreitet, dann äußere ich mich. Zur Rettung der Guten und zur Vernichtung der Bösen, um dem Gesetz festen Boden zu geben, nehme ich von Zeitalter zu Zeitalter Fleisch an.«

Nach dem Verschwinden Christi warteten die Treuesten auf seine Wiederkehr. Er selbst hatte versprochen, daß er zurückkehren werde, aber freilich nicht so, wie es sich die Jünger vorstellten. Von der Wiederkehr Christi sprechen Matthäus, Lukas und Markus; auch in der Apokalypse steht davon geschrieben.

Im 2. Brief an die Thessalonicher warnt Paulus vor dem Glauben an eine unmittelbar bevorstehende Wiederkehr des Herrn:

»Lasset euch von niemand verführen, in keinerlei Weise; denn er kommt nicht, es sei denn, daß zuvor der Abfall komme und offenbart werde der Mensch der Sünde, der Sohn des Verderbens, der da ist der Widersacher . . .« (II, 3–4.)

Jesus hatte gesagt:

»Sehet zu, daß euch niemand verführe. Denn es werden viele kommen unter meinem Namen und sagen: Ich bin der Christus, und werden viele verführen. Ihr werdet hören von Kriegen und Kriegsgeschrei; sehet zu und erschrecket nicht. Denn das muß so geschehen; aber es ist noch nicht das Ende.« (Matthäus, XXIV, 5–6.) »Das alles aber ist der Anfang der Wehen.« (8.)

Im Mißgeschick zeigt der Mensch seine Kraft oder seine Gebrechlichkeit. Viele werden ihren Glauben leugnen und zeigen, was sie wirklich sind.

Wann Christus wiederkommen wird

Bei Paulus heißt es, daß niemand die Zeit für die Wiederkehr des Erlösers kennt. Vielmals mußte die Erwartung schon verschoben werden. Im ersten Jahrhundert schon warteten alle auf die Parusie, die Gegenwart, die Erscheinung, das Sichtbarwerden des Heilands. Jeder hoffte, noch vor seinem Tod die Wiederkehr Jesu zu erleben. Eine lange Erwartung, die Jahrhunderte zurückreicht, immer enttäuscht, aber immer wieder neu sich erhebend und nie ganz vergessen im Lauf der Zeiten.

Der Irrtum lag darin, daß man die Bedeutung der Wiederkehr Christi mißverstanden hatte. Die Eingeweihten wußten es. Darum schrieb Paulus an die Christen von Thessalonich, daß die Wiederkunft des Herrn nicht unmittelbar bevorstehe, aber trotzdem spricht er auf eine Weise davon, als würden er und seine Zuhörer sie noch erleben. Die menschliche Neugierde, die Zeit zu erfahren, in der die vorausgesagten Ereignisse eintreffen sollen, ist verständlich. Aber Jesus sagte, daß nur der Vater die Stunde kennt. Und er sagte auch, daß der Herr plötzlich kommen

werde *»wie ein Dieb in der Nacht«.* (Matthäus, XXIV, 43 –
Lukas, XII, 39.)
Sicherlich hat er so gesprochen, damit wir immer bereit
sind, in jedem Augenblick. Wenn er die Zeit enthüllt
hätte, dann hätten sich alle Zeit gelassen und alles verschoben bis kurz vor dem Eintreffen der Ereignisse.

Die Vorzeichen der Wiederkunft Christi

Die Wiederkunft Christi fällt mit dem Ende dieses christlichen Zeitalters zusammen. Es ist gesagt worden, daß ihm
große Katastrophen vorausgehen werden. Paulus wollte
zu seiner Zeit die Ereignisse schon angeben, die geschehen sollten. Um die Seinen besser zu überzeugen, gab er
folgende Zeichen an, die der Wiederkunft Christi vorausgehen sollten: 1. Eine allgemeine Abtrünnigkeit vom
Glauben und Lauheit im Glauben und Vorherrschen des
Fleisches über den Geist; 2. das Erscheinen des Antichrist,
des Menschen der Sünde, des Sohns des Verderbens (vgl.
2. Brief an die Thessalonicher, II, 3).
> »Doch wenn des Menschen Sohn kommen wird, mei-
> nest du, er werde den Glauben finden auf Erden?« (Lu-
> kas, XVIII, 8.) »Und weil der Unglaube wird überhand-
> nehmen, wird die Liebe in vielen erkalten.« (Matthäus,
> XXIV, 12.)
Zu diesen Vorzeichen sind die hinzuzufügen, die wir
schon erwähnt haben, weil sie das Ende der Zeiten kennzeichnen: das Erscheinen von Enoch und Elias, die Verkündigung des Evangeliums auf der ganzen Welt, die Bekehrung der Juden, atmosphärische Phänomene und Erdbeben mit Feuer, das auf die Erde fallen wird. Die Wiederkunft Christi scheint die letzte Szene des großen Dramas
zu sein, das zu Ende geht, wenn die gewissenlosen Men-

schen den Vergnügungen des materiellen Lebens ganz verfallen sind und es in der Sinnlichkeit den Menschen vor der Sintflut und den Leuten von Sodom gleichtun.

»Und wie es geschah zu den Zeiten Noahs, so wird's auch geschehen in den Tagen des Menschensohnes: Sie aßen, sie tranken, sie freiten, sie ließen sich freien bis auf den Tag, da Noah in die Arche ging und die Sintflut kam und brachte sie alle um. Desgleichen, wie es geschah zu den Zeiten Lots: Sie aßen, sie tranken, sie kauften, sie verkauften, sie pflanzten, sie bauten; an dem Tage aber, als Lot aus Sodom ging, da regnete es Feuer und Schwefel vom Himmel und brachte sie alle um. Auf diese Weise wird's auch gehen an dem Tage, wenn des Menschen Sohn wird offenbar werden.« (Lukas, XVII, 26–30.)

Wenn der Tag des Herrn kommen wird

Die Wiederkunft Christi ist das Ereignis, das die Aufmerksamkeit aller auf sich zieht, denn es ist verbunden mit der Erfüllung des tausendjährigen Wartens der Menschheit. Die Prophezeiungen werden sich erfüllen, und man wird nie gesehene Dinge erleben. Den Menschen werden endlich die Augen aufgehen, und sie werden verstehen.
In Wahrheit kommt Christus zweimal: In Demut das eine Mal, und in Glorie das andere. Das erste Mal kommt er ins Herz eines jeden Menschen, der die Liebe begreift. Es ist ein neues Licht, das alles zu erhellen vermag und alles anders erscheinen läßt. Diese Ankunft des Herrn bringt Licht und Wärme, die Bedingungen dafür, daß wir dem wahren Leben entgegenwachsen können. Die Freude der Jünger Jesu hat in dem einfachen Wort von Paulus Ausdruck gefunden: *»Und so werden wir immer beim Herrn sein.«*

Aber das Verlangen und das Warten läßt die Zeit länger erscheinen. Daher schreibt Paulus auch:

> »Ich habe Lust, abzuschneiden und bei Christus zu sein.« (Brief an die Philipper, I, 23.)

Aber über die Wiederkunft in Glorie heißt es:

> ». . . werden Sonne und Mond den Schein verlieren, und die Sterne werden vom Himmel fallen, und die Kräfte der Himmel werden ins Wanken kommen.« (Matthäus, XXIV, 29.)

Das sind die fürchterlichen Phänomene, die dem Erscheinen des Menschensohnes vorausgehen. Ist ihre Bedeutung wörtlich zu verstehen oder allegorisch-analogisch? Verfinstern sich Gestirne oder Werte? Menschen oder Dinge? Ein rein buchstäblicher Sinn wäre absurd. Im Lukasevangelium finden wir weitere Details:

> »Und es werden Zeichen geschehen an Sonne, Mond und Sternen, und auf Erden wird den Leuten bange sein, und sie werden zagen, denn das Meer und die Wasserwogen werden brausen, und die Menschen werden verschmachten vor Furcht und vor Warten der Dinge, die kommen sollen über die ganze Erde; denn auch der Himmel und seine Kräfte werden ins Wanken kommen. Und alsdann werden sie sehen des Menschen Sohn kommen in einer Wolke mit großer Kraft und Herrlichkeit. Wenn aber dieses anfängt zu geschehen, so sehet auf und erhebet eure Häupter, darum daß sich eure Erlösung naht . . . Hütet euch aber, daß eure Herzen nicht beschwert werden mit Fressen und Saufen und mit Sorgen der Nahrung und dieser Tag nicht schnell über euch komme wie ein Fallstrick; denn er wird unversehens hereinbrechen über alle, die auf Erden wohnen. So seid nun wach allezeit und betet, daß ihr stark werden möget, zu entfliehen diesem allem, was geschehen soll, und zu stehen vor des Menschen

Sohn ... Und alsdann werden sie des Menschen Sohn kommen sehen in einer Wolke mit großer Macht und Herrlichkeit ...« (Lukas, XXI, 25–28, 34–36.)

»Und dann wird er seine Engel senden und wird versammeln seine Auserwählten von den vier Winden, vom Ende der Erde bis zum Ende des Himmels.« (Markus, XIII, 27.)

Auch Paulus beschreibt ausführlich die Parusie, den Tag der Erscheinung des Herrn Jesus aus dem Himmel zusammen mit den Engeln und in flammendem Feuer mit großer Macht.

»Denn er selbst, der Herr, wird mit befehlendem Wort, mit der Stimme des Erzengels und mit der Posaune Gottes herniederkommen vom Himmel, und die Toten in Christus werden auferstehen zuerst. Danach wir, die wir leben und übrigbleiben, werden zugleich mit ihnen hingerückt werden in den Wolken, dem Herrn entgegen in die Luft ...« (1. Brief an die Thessalonicher, IV, 16–17.)

Auffallend ist bei allen das Kommen Jesu aus den Wolken.

»Wenn sie sagen werden: ›Es ist Friede, es hat keine Gefahr‹, dann wird sie das Verderben schnell überfallen, gleichwie der Schmerz ein schwangeres Weib, und werden nicht entfliehen.« So sagt Paulus im 1. Brief an die Thessalonicher (V, 3.)

»... und euer Geist ganz samt Seele und Leib müsse bewahrt werden unversehrt, unsträflich auf die Ankunft unseres Herrn Jesus Christus.« (1. Brief an die Thessalonicher, V, 23.)

»Denn wie der Blitz oben vom Himmel blitzt und leuchtet über alles, das unter dem Himmel ist, also wird des Menschen Sohn an seinem Tage sein.« (Lukas, XVII, 24.)

»Siehe, er kommt mit den Wolken, und es werden ihn

sehen alle Augen und alle, die ihn durchbohrt haben, und es werden wehklagen um seinetwillen alle Geschlechter der Erde.« (Offenbarung, I, 7.)

Das Kommen der Engel mit Christus ist nach der Meinung vieler als die körperliche Ankunft von Bewohnern anderer Planeten auszulegen, die zugleich mit dem geistigen Erscheinen des Großen Lichtes Christi auf die Erde kommen. Diese Wesen, die eine viel höhere Entwicklungsstufe erreicht haben als die Menschen, sollen über so hohe geistige Qualitäten verfügen, daß sie helfen werden, das geistige Niveau der Erde zu heben.

Das Reich Gottes

Die ersten Christen hofften, Christus würde wiederkommen, um in Jerusalem über die Juden oder, noch besser, als weltlicher König über die ganze Welt zu herrschen. Sie hatten sogar schon über die Verteilung der Gewalten gestritten. Erst in der Folgezeit begann die Vorstellung durchzudringen, daß das wahre Reich das Reich des Himmels sei, obwohl er wiederholt darauf hingewiesen hatte: *»Mein Reich ist nicht von dieser Welt.«* Die Macht und die Herrlichkeit, die sich die Menschen vorstellten, war von irdischer Pracht und Herrlichkeit. Aber der im Evangelium gemeinte Begriff des Gottesreiches auf Erden ist ganz anders als der Traum in den noch der Materie verhafteten Köpfen.

Die Visionen der Apokalypse

Der Titel des Buches *Apokalypse* ist das erste griechische Wort des Textes, das in der Folge nie mehr auftaucht. Es

bedeutet »*Offenbarung einer verborgenen Wahrheit*« im escha-
tologischen Sinn, das heißt, die letzten Zeiten betreffend.
Das Interesse für die Apokalypse ist immer lebendig gewesen, und auch heute zieht sie trotz des weit verbreiteten
Skeptizismus die Neugier und die Aufmerksamkeit vieler
auf sich. Diese symbolische Vision mit ihrer tiefen Sugge-
stionskraft ist trotz ihrer äußersten Dramatik und der düsteren, tragischen Töne keine Schreckensbotschaft, sondern trostreiche Botschaft, denn am Ende triumphiert das
Lamm über das böse Tier. Dieselbe Bedeutung haben alle
Prophezeiungen. Sie wollen nicht angst machen, sondern
die Schläfer, die Gleichgültigen und die Trägen aufrütteln
und die Verdorbenen treffen, damit sie die Folgen ihrer
Taten erkennen und sich zu anderem Handeln entschlie-
ßen. »*Die Bösen mögen fürchten!*« steht geschrieben; die anderen brauchen sich nicht nur nicht zu fürchten, sondern
dürfen getröstet den eingeschlagenen Weg weitergehen
und die Freude über das Gute noch mehr empfinden, das
um sie herum aufblühen wird, wie der Sämann, der die Samen hervorsprießen sieht, die er auf seinem Weg in die
Erde gelegt hat.
Vom vierten Kapitel an werden in der *Apokalypse* die Ereignisse vorausgesagt, die bis zum Ende der Zeiten nacheinander geschehen werden. In der farbigen, symbolischen
und allegorischen Sprache, die dem orientalischen Stil eigen ist, werden Katastrophen, Verfolgungen, Glaubensabfall und letztes Gericht geschildert.
Der Kampf zwischen Gut und Böse gehört zu den Höhe-
punkten des Ganzen. Es wird behauptet, daß die Kräfte
des Bösen nicht siegen werden, daß die Menschen nicht
einmal in der letzten Stunde Reue empfinden werden; die
Herrlichkeit des Lammes wird verkündet, auf das alle
schauen werden.

Es ist zwar wahr, daß die Welt nach den Ereignissen, die jetzt schon geschehen, nicht zu Ende geht, sondern daß sie nur den Übergang zu einem neuen Zeitalter bedeuten, aber genauso wahr ist nach den Prophezeiungen, daß für die, die das Licht nicht verstehen werden, es so aussehen wird, als wäre alles zu Ende.

Die Prüfung für die Auslese unter den Menschen wird zwar hart sein, aber groß die Zahl derer, die sie bestehen werden.

Der symbolischen Schau des Sehers erscheint zuerst ein weißes Pferd und im Sattel ein Reiter mit Pfeil und Bogen, der gekommen ist, den Menschen den Frieden zu bringen. Es ist Christus, der göttliche Bogenschütze, der mit seinem Pfeil das Böse trifft und die ganze Welt durch seine Liebe erschüttert: Er öffnet das erste Siegel.

Es folgen die anderen Visionen und das Auftun der sieben Siegel.

Als zweites erscheint ein rotes Pferd, dessen Reiter ein großes Schwert in der Hand hat. Das heißt Krieg.

> »Und dem, der darauf saß, ward gegeben, den Frieden zu nehmen von der Erde und daß sie sich untereinander erwürgten . . .« »Und ihm ward ein großes Schwert gegeben.«

Das Symbol militärischer Gewalt. Ein Kampf, der sich nicht mehr zwischen einzelnen abwickelt, sondern zwischen Kollektiven, zwischen Völkern.

Beim dritten Siegel kommt ein schwarzes Pferd, und der darauf sitzt, hat eine Waage. Eine Stimme ruft:

> »Ein Pfund Weizen um ein Silberstück und drei Pfund Gerste um ein Silberstück, aber Öl und Wein taste nicht an!«

Die Menschen werden den Glauben verlieren, aber die

göttliche Gnade wird nicht fehlen (das Symbol dafür sind Öl und Wein). Eine düstere Zeit (das schwarze Pferd). Die Waage ist das Symbol für die Gerechtigkeit: *»Du bist gewogen und zu leicht befunden worden.«*

Das vierte Pferd ist fahl, und darauf sitzt der Tod. Die Macht des Todes kann durch Krankheiten und Hunger töten. Die fahle Farbe ist die Farbe des Betruges, der den Tod mit sich bringt. Auch nach der Ankunft Christi ist der Kampf gegen das Böse noch nicht zu Ende. Es sind Zeiten der Finsternis und der Entbehrung geistiger Gnade, wie z. B. Atheismus und Skeptizismus, Feinde, gegen die es zu kämpfen gilt, um die Freude des Glaubens wiederzuhaben. Der Betrug bringt denen, die darauf hereinfallen, den Tod. Dieser Abschnitt wird so lange dauern, bis das fünfte Siegel erbrochen werden wird.

Beim Öffnen des fünften Siegels sieht Johannes die Seelen der Märtyrer unten am Altar Gottes, die den Herrn lobpreisen und um Gerechtigkeit flehen, auf daß ihr Opfer nicht vergeblich sei und die Menschheit das Licht empfange, das dem Betrug ein Ende machen wird, der schlimmer ist als selbst die Glaubenslosigkeit.

»Wer Gott nicht zu hören vermag (der Atheist), dem wird von Gott geholfen, aber wer den Betrug annimmt und ihm seinen Glauben schenkt und seine Dienste anbietet, verzichtet auf die göttliche Hilfe.«

So erklärt eine prophetisch inspirierte Mitteilung die Stelle der Apokalypse, bei der wir gerade sind. Weiter sagt sie:

»Haltet euch zum Angriff bereit! Von der Höhe meines Turmes aus vermag ich die fahlen Pferde des Betruges wohl zu erkennen, ich gebe euch das Arlamzeichen, denn das ist meine Pflicht. Gott möge uns gestatten, uns für seine Herrlichkeit hören und verstehen zu lassen.«

Die letzten Siegel werden aufgetan

Viele werden vom Bösen durch seinen Schein falscher Tugend, Macht und glänzender Fähigkeit in die Irre geführt. Der Glaube an eine andere Idee, die sich nicht allen so zeigt, wie sie wirklich ist, wird Zwistigkeiten, Bestürzung und Spaltung unter die Menschen bringen. Es wird Kollektivkämpfe und -kriege um den Glauben geben, bis das Zeichen zur Öffnung des sechsten Siegels gegeben wird. Sobald dieses erbrochen wird, wird die Erde beben, Inseln werden ihren Platz verlassen, und es wird Revolutionen bei den Gestirnen geben, wie es in der *Apokalypse* heißt. Das Auftun des sechsten Siegels fällt zusammen mit dem Zeitalter der Ungnade, dem Reich Satans. Der Feuerkataklysmus, von dem im *Deuteronomion* die Rede ist, wird die Zerstörung eines Kontinents verursachen, der wie einst Atlantis unter den Wassern verschwinden wird. Kein anderer Kataklysmus wird schrecklicher sein als der, den die Geschöpfe der Erde und des irdischen Astralbereichs dann erleben werden.

Das Jüngste Gericht! Die Guten und die Verdammten

Doch bevor das kommt, wird der Schrecken die Menschen aus der Fassung bringen, und sie werden zu Gott flehen.

»... und sprachen zu den Bergen und Felsen: Fallet über uns und verberget uns vor dem Angesicht des, der auf dem Thron sitzt, und vor dem Zorn des Lammes. Denn es ist gekommen der große Tag seines Zornes, und wer kann bestehen?« (VI, 16–17.)
Aber vier Engel werden in den vier Himmelsrichtungen stehen als Symbol für das Kreuz und werden die Erde be-

wachen, stets bereit für die Befehle des Herrn des Universums. Der Erzengel (Gabriel) wird mahnend rufen:

>»Tut nicht Schaden der Erde noch dem Meer, noch den Bäumen, bis daß wir versiegeln die Knechte unseres Gottes an ihren Stirnen.« (VII, 3.)

Es ist ein Lichtzeichen, aber nicht materieller Natur.

Das Zeichen, durch das sich die Menschen in den letzten Augenblicken unterscheiden werden, ist für die Augen der anderen unsichtbar, es ist ein Zeichen, das der Geist durch das Licht der Intuition bekommt. Das ist die Gabe Gottes für alle, die bereit sind, sie zu empfangen. Denen, die noch in den engen Grenzen der Astralsphäre leben, wird es unbekannt bleiben.

Die Zahl der Geretteten ist eine unübersehbare Schar aus allen Völkern und Sprachen, mit weißen Kleidern angetan und mit Palmzweigen in den Händen . . .

Es sind die, die ihren Geist so geläutert haben, daß sie den Preis verdienen, den Gott seinen Getreuen gestiftet hat. Ihre Zahl wird größer sein als die derer, die dem Betrug verfallen sind.

Dann werden alle, die Engel und Ältesten (Symbol für die alten Väter, die gläubig geblieben sind) und die Tiere (Symbol für alle unbewußten Kräfte des Universums), in einem großartigen Schauspiel der Liebe ihr Dank- und Preislied anstimmen.

Die vier Engel, die auf die vier Winde aufpassen, *»auf daß sie nicht blasen mögen«*, haben acht auf alles, was Zerstörung bringen könnte. Das symbolische Siegel, mit dem der Engel die Stirn der Menschen gekennzeichnet hat, besteht aus Licht, aus demselben Licht wie die Intuition, die es den Menschen ermöglicht, mit den höheren Welten in Verbindung zu treten.

Beim Erbrechen des siebenten Siegels senkt sich Stille über alles Geschaffene, eine geheimnisvolle Pause, in der die Menschheit einen Augenblick lang den Frieden wiedergefunden zu haben scheint. Es ist der Augenblick, in dem die Stimme des Schweigens zu hören und durch Intuition zu erfassen ist, was sein muß.

»Und ich sah die sieben Engel, die da stehen vor Gott, und ihnen wurden sieben Posaunen gegeben.«

Die prophetisch inspirierte Mitteilung, deren Kommentar wir schon vorher zitiert haben, fährt wörtlich so fort:

»Höret: Jeder Engel wird einem Strahl vorstehend den Befehl erhalten, zur Sammlung zu blasen; das heißt: Jeder der sieben Engel, die die Tugenden des Unendlichen leiten, die sich auf der Erde und im irdischen Astralbereich manifestieren, wird seinen Einfluß gebrauchen, um die ihm anvertrauten Gläubigen zu erleuchten; das wird auf verschiedene Art und Weise geschehen, mit Wundern, Visionen und Weissagungen, die durch bestimmte Mittel gegeben sind und von Gott als Verbindungsinstrumente zwischen Himmel und Erde angenommen werden. Die Menschheit wird stark unterstützt werden, weitaus stärker als jetzt. Der Grund dafür ist leicht zu verstehen: Die Schlacht wird zur Entscheidung drängen, das heißt, allen wird sich der Endsieg des Guten, der Triumph Gottes offenbaren. Der Engel, der mit dem Weihrauchfaß vor dem Thron Gottes steht und den Weihrauch zu Gott emporsteigen läßt, ist sein leuchtendster und aktivster Mitarbeiter im Interesse der Erde; denn der Weihrauchduft bedeutet den geistigen Duft der auserwählten Seelen. Nachdem die Jungfrau Gott die Liebe der auserwähltesten Geschöpfe dargeboten hat, nimmt sie das Feuer vom Altar (das heißt, seine eigene Liebe) und schüttet es aus über die Erde. Die Liebe, ihr wißt es schon, läßt das Universum brausen. Die Liebe, auf besondere Weise über die Erde ausgegossen, wird den Planeten dergestalt erschüttern,

daß es ähnlich wie beim Hinscheiden des Gottmen-
schen Blitze und Erdbeben geben wird mit all ihren Folgen.«

»Wundert euch nicht, ihr, die ihr das lest! Die Liebe
muß eine Vermehrung der Gnade bringen, und das geschieht immer nach einer Strafe, die den Geist dazu
zwingt, über sich selbst nachzudenken und seinen Ursprung zu verstehen. Selbstverständlich wird die Strafe
für den, der im Besitz der Gnade ist, zu Begeisterung
und Freude. Jeder Kataklysmus wird eine Strafe sein für
die, die ihren Geist noch zu reinigen und zu läutern haben, geistige Freude hingegen bringt er all denen, die
schon das weiße Kleid angelegt haben und geläutert
sind.«

(M.G.V. aus *Flügel des Denkens* [Ali del pensiero],
Juni 1933.)

Das Geheimnis von Fatima

Während des 1. Weltkrieges geschah am 13. Mai 1917 in Fatima, einem portugiesischen Dörfchen, ein außerordentliches, weltberühmt gewordenes Ereignis. Drei Kindern, Lucia Do Santos (10 Jahre) und den Geschwistern Jacinta (7 Jahre) und Francisco Marto (9 Jahre), erschien über einer Zerreiche mit einem heftigen Blitz, strahlend wie die Sonne, eine wunderschöne Frau. Sie schärfte ihnen ein, für das Ende des Krieges und den Frieden auf der Welt zu beten. Sie zeigte ihren Schmerz über die bösen Taten der Menschen und sprach von Katastrophen, die in jenem Abschnitt des Jahrhunderts über die Menschen kommen würden. Die Erscheinungen wiederholten sich. Die Aufforderung zur Umkehr war das charakteristische Merkmal der Botschaften von Fatima.

Wer sich in derlei Dingen auskennt, kann in Fatima ein merkwürdiges Detail feststellen, das die drei Stufen der mystischen Einweihung darzustellen scheint: Francisco sieht die Jungfrau Maria, Jacinta sieht und hört sie, Lucia sieht sie, hört sie und spricht mit ihr.

Die dritte Erscheinung

Die dritte Erscheinung, am 13. Juni 1917, war die wichtigste. Die Muttergottes verkündete das große prophetische Ereignis, das unter dem Namen »Das Geheimnis von Fatima« bekannt ist. Sie sagte, daß das Übel, das die Völker verderben und die Nationen gegeneinander aufhetzen würde, von Rußland ausgehe, und sie kündigte den 2.

Weltkrieg an. 1942, am 25. Jahrestag der Erscheinung, ließ der Papst Pius XII. diese Botschaft durch Kardinal Schuster bekanntgeben. Ein Teil wurde jedoch geheimgehalten, der dann natürlich zum Gegenstand von Diskussionen, Verdachten und Schlußfolgerungen aller Art wurde. In dem Teil, der mit der Billigung der Kirche veröffentlicht wurde, steht zu lesen:

»Wenn man tun wird, was ich dir sagen werde, dann werden viele Seelen gerettet werden, und es wird Frieden sein. Der Krieg geht seinem Ende zu; aber wenn man nicht aufhört, den Herrn zu beleidigen, wird ein neuer, schrecklicherer beginnen. Wenn ihr eine Nacht sehen werdet, die von einem unbekannten Licht erleuchtet ist, dann wisset, das ist das große Zeichen, das Gott euch gibt für die bevorstehende Bestrafung der Sünden der Welt durch Krieg, Hunger, Verfolgung der Kirche und des Heiligen Vaters. Um das zu verhindern, werde ich euch bitten, Rußland meinem Unbefleckten Herzen zu weihen und alle ersten Samstage die hl. Kommunion zu empfangen.

Wenn man meinen Bitten Gehör schenkt, wird sich Rußland bekehren, und es wird Frieden sein. Sonst werden sich die Irrtümer in der ganzen Welt verbreiten und Kriege und Kirchenverfolgungen verursachen. Viele Gute werden gemartert werden, und der Heilige Vater wird viel zu leiden haben; viele Nationen werden unterdrückt werden . . . (Hier fehlt ein Stück des Geheimnisses, das noch nicht veröffentlicht wurde.) Aber schließlich wird mein Unbeflecktes Herz triumphieren, der Heilige Vater wird mir Rußland weihen, Rußland wird sich bekehren, und die Welt wird für eine Zeit Frieden haben . . .«

Die Sprache ist besonders verständlich für die, an die sie sich wendet. Das seltsame Leuchten, angekündigt als »das große Zeichen, das Gott euch gibt, für die bevorstehende Bestrafung der Sünden der Welt durch Krieg«, wurde tatsächlich sichtbar, und zwar in der Nacht zum 25. Januar 1938; die Presse berichtete am nächsten Tag davon.

Der 2. Weltkrieg brach aus, und wir sehen noch heute auf der ganzen Welt seine Folgen.

Das nicht enthüllte Geheimnis

Worin besteht im wesentlichen dieses Geheimnis? Warum hält man es für zweckmäßiger, es nicht zu veröffentlichen? Dieser geheimnisvolle und umstrittene Teil der Botschaften von Fatima befand sich lange Zeit in den Händen des Bischofs von Leiria. Als der Teil 1960 an den Vatikan überging und geöffnet wurde, erwartete man auch eine Veröffentlichung. Aber diese Erwartung wurde enttäuscht, und offiziell erfuhr man gar nichts. In der Politik des Heiligen Stuhls begann sich jedoch ein ganz neuer Faktor zu zeigen: Der Vatikan versuchte mehr denn je, mit Rußland in einen Dialog zu kommen. Ganz im Gegensatz zu der traditionellen langsamen und vorsichtigen Umwandlung jeder Stellungnahme wurde die Haltung des vorausgehenden Papstes Pius XII. mit einemmal verlassen. Zwischen der Kenntnis jenes Geheimnisses und den mühseligen Verständigungsversuchen mit Leuten, die vorher bekämpft und exkommuniziert wurden, besteht offensichtlich ein Zusammenhang von Ursache und Wirkung. Von daher kamen die Änderungen in der Kirche und die Einstellung von Papst Johannes, die im Widerspruch zu der Haltung all seiner Vorgänger steht. Und Paul VI. ist nicht anders. »Wenn es nicht so wäre«, schreibt Vintilia Horia, »dann wären all diese Veränderungen, diese Erniedrigungen und die Hast, all das in möglichst kurzer Zeit zu vollenden,

schwer zu verstehen und zu akzeptieren.« Der marxistische Atheismus ist der offenkundigste Widerspruch zum
Licht der Liebe Christi. Und da dieses Thema der Angelpunkt der Botschaft von Fatima ist, darf man wohl annehmen, daß die Anstrengungen, eine Verständigung herbei-
zuführen, darauf abzielten, etwas zu bannen, was dort angekündigt war.

Die Reise Pauls VI. nach Fatima schien sich geradezu für
die Veröffentlichung des so sehnlichst erwarteten Geheimnisses anzubieten, aber auch bei jener Gelegenheit
kam es nicht an den Tag. Kardinal Ottaviani dementierte
am 11. Februar jede Möglichkeit seiner Veröffentlichung.
Er versicherte, daß die bisher veröffentlichten Teile alles
enthielten, was die Welt interessieren könnte, denn die
Muttergottes habe um Gebet und Sühne gebeten. Wörtlich sagte er: »Hierin liegt das Geheimnis des Sieges des
Guten über das Böse, des himmlischen Reiches über das
höllische ... Man hat viel von einem Zusammenhang zwischen dem Geheimnis von Fatima und der grauenhaften
und angstvollen Situation der Kirche in großen Teilen der
Welt gesprochen, wo die Hölle ihre Wut gegen alles Heilige und Göttliche entfesselt hat und wo der Verfolger mit
den Handschuhen der Diplomatie und der honigsüßen
Sprache des Friedens versucht, seine Herrschaft über die
ganze Welt auszubreiten so, wie er sie schon ausübt und
über unendlich weite Flächen, die mit Kreuzen, Galgen
und Gefängnissen übersät, aber auch durch unzählige
Märtyrer geheiligt sind.«

Man denke jedoch nicht, nur die marxistische Welt sei Gegenstand der Ermahnungen von Fatima. Auch in der west-
lichen Welt ist Materialismus verbreitet, und er kann eher
zur Verantwortung gezogen werden als der blinde Atheismus der Massen, die von Blinden regiert werden. In Europa und Amerika, wo die Menschen freier wählen kön-

nen als unter der sowjetischen Peitsche, beweisen sie jedoch tagtäglich, daß sie sich auf unverständliche Weise selbst verkrüppeln.

Der Text des berühmten Geheimnisses von Fatima

Die Enthüllung des Geheimnisses, das vorher nie enthüllt worden war, scheint auf eine diplomatische Indiskretion zurückzugehen, durch die ein enger katholischer Kreis über dessen Inhalt in Kenntnis gesetzt wurde. Das scheint sich so abgespielt zu haben: Auf Wunsch von Johannes XXIII. soll das Dokument, nachdem es der Bischof von Leiria an den Vatikan weitergegeben hatte, den Großmächten in Washington, Moskau und London zugegangen sein, denn nach der Ansicht des Papstes hätte es mehr als alles andere zur Beendigung der Atomwaffenversuche beitragen können. Bekanntlich bemühte sich dieser Papst nachdrücklich immer wieder um den Frieden. Man kann fast sagen, das sei das Hauptmerkmal seines Pontifikats. Paul VI. führte diese Linie weiter. Der Gedanke drängt sich auf, das sei die Folge der schweren Mahnungen von Fatima.

Hier nun der Text der Botschaft, wie ihn die Stuttgarter Zeitung *Neues Europa* am 15. Oktober 1963 unter dem Titel »Die Zukunft der Menschheit« veröffentlichte; für den Artikel, der dann in allen Zeitungen der Welt abgedruckt wurde, zeichnet Louis Emrich. Die Echtheit dieses Dokuments wurde nie dementiert.

»Sorge dich nicht, liebes Kind, ich bin die Muttergottes, die zu dir spricht und dich bittet, die folgende Botschaft in meinem Namen der ganzen Welt zu verkünden.

Du wirst dabei stark angefeindet werden. Doch sei stark

im Glauben und du wirst alle Anfeindungen überstehen. Höre und merke es dir, was ich dir sage: Die Menschen müssen sich bessern. Sie müssen um die Vergebung der Sünden flehen, die sie begangen haben und weiterhin noch begehen werden. Du verlangst ein Wunderzeichen von mir, damit alle Welt meine Worte, die ich durch dich zur Menschheit spreche, versteht. Das Wunder hast du soeben gesehen. Es war das große Sonnenwunder! Alle haben es gesehen, Gläubige und Ungläubige, Bauern und Städter, Wissenschaftler und Zeitungsleute und Laien und Priester. Und nun verkünde in meinem Namen:

Über die ganze Menschheit wird eine große Züchtigung kommen, noch nicht heute und noch nicht morgen, aber in der zweiten Hälfte des 20. Jahrhunderts. Was ich in La Salette bereits durch die Kinder Melanie und Maximin zum Ausdruck brachte, wiederhole ich heute dir gegenüber. Die Menschheit hat sich nicht so entwickelt, wie es Gott erwartete. Die Menschheit hat gefrevelt und das Geschenk, das ihr gegeben wurde, mit Füßen getreten.

Nirgends mehr herrscht Ordnung. Selbst in den höchsten Stellen regiert Satan und bestimmt den Gang der Dinge. Er wird es verstehen, sogar in die höchsten Spitzen der Kirche einzudringen. Es wird ihm gelingen, die Köpfe der Wissenschaftler zu verwirren, die Waffen zu erfinden, mit denen man die Hälfte der ganzen Menschheit in wenigen Minuten vernichten kann. Er wird die Mächtigen der Völker in seinen Bann schlagen und sie veranlassen, daß diese Waffen in Massen erzeugt werden. Wenn sich die Menschheit dagegen nicht wehrt, werde ich gezwungen sein, den Arm meines Sohnes fallen zu lassen. Wenn die hohen Spitzen der Welt und der Kirche diesem Geschehen nicht in den Arm fallen, werde ich es tun und Gott, meinen Vater, bitten, das große Strafgericht über die Menschen kommen zu lassen.

Und siehe, Gott wird dann die Menschen strafen, noch härter und schwerer als er sie durch die Sintflut gestraft hat. Und die Großen und Mächtigen werden dabei ebenso zugrunde gehen wie die Kleinen und Schwachen. Aber auch für die Kirche kommt eine Zeit allerschwerster Prüfungen. Kardinäle werden gegen Kardinäle und Bischöfe gegen Bischöfe sein. Satan tritt mitten in ihre Reihen. Und auch in Rom wird es große Veränderungen geben. Was faul ist, fällt und was fällt, soll nicht gehalten werden. Die Kirche wird verdunkelt und die Welt gerät in Bestürzung.

Der große, große Krieg fällt in die zweite Hälfte des 20. Jahrhunderts. Feuer und Rauch werden dann vom Himmel fallen und die Wasser der Ozeane werden verdampfen, und die Gischt wird gen Himmel zischen, und alles wird umstürzen, was aufrecht steht. Und Millionen und aber Millionen von Menschen werden von einer zur anderen Stunde ums Leben kommen, und die, welche dann noch leben, werden diejenigen beneiden, die tot sind. Und Drangsal wird sein, wohin man schaut und Elend auf der ganzen Erde und Untergang in allen Ländern. Siehe, die Zeit kommt immer näher, und der Abgrund wird immer größer, und es gibt keine Rettung, und die Guten werden mit den Schlechten sterben und die Großen mit den Kleinen und die Kirchenfürsten mit ihren Gläubigen und die Herrscher der Welt mit ihren Völkern und überall wird der Tod regieren, von irrenden Menschen zu seinem Triumph erhoben und von Knechten Satans, der dann der einzige Herrscher auf Erden ist.

Es wird eine Zeit sein, die kein König und Kaiser und

kein Kardinal und Bischof erwartet, und sie wird dennoch kommen nach dem Sinne meines Vaters, um zu strafen und zu rächen.

Später aber, wenn die, die alles überstehen, noch am Leben sind, wird man erneut wieder nach Gott und seiner Herrlichkeit rufen und Gott wieder dienen wie einstens, als die Welt noch nicht so verdorben war. Ich rufe auf alle wahren Nachfolger meines Sohnes Jesus Christus, alle wahren Christen und die Apostel der letzten Zeiten! Die Zeit der Zeiten kommt und das Ende aller Enden, wenn die Menschheit sich nicht bekehrt und diese Bekehrung nicht von oben kommt, von den Regierenden der Welt und den Regierenden der Kirche. Doch wehe, wehe, wenn diese Bekehrung nicht kommt, und alles bleibt, wie es ist, ja alles noch viel schlimmer wird.

Geh hin, mein Kind, und verkünde das! Ich werde dir dabei immer helfend zur Seite stehen.«

Der jüngste Aufruf Lucias (vom 22. Mai 1958)

Die Menschen hörten nicht auf die Worte der Muttergottes, und sie scheinen auch heute noch taub dafür zu sein.

Wer Augen hat zu sehen, dem ist schon längst klar, daß alles, was seit 1917 passiert, eine Kette bildet, die sich immer enger um die Menschen legt. Die Ereignisse haben in den Gemütern eine derartige Verwirrung gestiftet und in allen Bereichen Entgleisungen und Auflösung bewirkt, daß heute nur noch wenige klar sehen in dem Wirbelsturm, der immer näher kommt.

In den ersten Erscheinungen wurde ein Krieg angedroht, wenn die Menschen nicht machen würden, was die Jungfrau Maria ihnen sagte. Aber sie wollten nicht hören, und der 2. Weltkrieg brach über sie herein.

Aber eine viel schlimmere Drohung schwebt nun über uns: Ein dritter Krieg. Die heutigen Zerstörungsmittel sind jedoch radikal und die Herzen noch mehr versteinert. Die einzige Überlebende von den drei Seherkindern ist Lucia; sie trat zuerst in den Dorotheen-Orden ein und dann 1948 in den Orden der Unbeschuhten Karmeliterinnen. Sie lebt in strenger Klausur in einem Kloster in Coimbra. Sie ist die einzige, die alles sagen könnte. Aber die Römische Kirche hält sie seit eh und je lieber streng isoliert von allen Verbindungen fern.

Aber sie hört nicht auf, bebend an all das zu denken, was auf die Menschheit wartet. 1958 durfte Pater Agostino Fuentes, der Anwalt für die Seligsprechung von Jacinta und Francisco, ihr mit Erlaubnis des Papstes einen Besuch machen. Lucia empfing ihn voll Traurigkeit, und sie war sehr niedergeschlagen über das Geschick der Menschen. Ihm vertraute sie eine Botschaft an, die er allen bekanntmachen sollte. Sie wurde in der marianischen Zeitschrift *La Immaculata* in der Januar-Februar-Nummer des Jahres 1959 veröffentlicht. Hier der Wortlaut:

»Pater, die Muttergottes ist sehr unzufrieden, weil man ihrer Botschaft von 1917 kein Gehör geschenkt hat. Weder die Guten noch die Bösen haben ihr Gehör geschenkt. Die Guten gehen sorglos auf ihrem Weg weiter und kümmern sich nicht um die himmlischen Normen; die Bösen auf der breiten Straße des Lasters, ohne an die angedrohten Züchtigungen zu denken.

Glauben Sie mir, Pater, der Herrgott wird die Welt sehr bald züchtigen. Die Züchtigung wird mächtig sein, und stellen Sie sich vor, Pater, wie viele Seelen fallen werden, wenn nicht gebetet und gesühnt wird. Das ist der Grund für die Traurigkeit der Muttergottes.

Sagen Sie es allen, daß mir die Muttergottes oft und oft gesagt hat: ›Viele Nationen werden vom Angesicht der

Erde verschwinden. Gottlose Nationen werden die Geißel sein, die Gott selbst gewählt hat, um die Menschheit zu züchtigen, wenn wir nicht durch Gebet und Sakramente die Gnade für ihre Bekehrung erwirken.‹ Sagen Sie, daß der Böse Feind zur Entscheidungsschlacht gegen die Muttergottes angesetzt hat, denn was das Unbefleckte Herz Mariä und Jesu vor allem bedrückt, ist der Fall der Seelen von Priestern und Ordensleuten. Der Böse Feind weiß, daß die Priester und Ordensleute viele Seelen mit sich ziehen, wenn sie ihre hohe Berufung vergessen. Wir haben gerade noch Zeit, die Züchtigung des Himmels zurückzuhalten. Zwei äußerst wirksame Mittel stehen uns zur Verfügung: Das Gebet und das Opfer. Der Böse Feind setzt alles daran, um uns zu zerstreuen und uns den Geschmack am Beten zu nehmen. Wir werden uns retten, oder wir werden uns selbst verdammen. Aber das, Pater, müssen Sie den Leuten sagen, daß sie nicht hoffen sollen, der Heilige Vater, die Bischöfe, die Pfarrer oder die Ordensoberen würden sie zur Sühne aufrufen. Es ist an der Zeit, daß jeder aus eigenem Antrieb heilige Werke vollbringe und sein Leben ändere, wie es die Heilige Muttergottes von ihm verlangt. Der Böse möchte vor allem die gottgeweihten Seelen an sich reißen, und er tut alles, um sie zu verderben, damit sie auch die anderen von der endgültigen Sühne abhalten. Er läßt seine ganze Gerissenheit spielen und schlägt sogar vor, das religiöse Leben zu modernisieren. Daher kommt es, daß das Seelenleben langsam verdorrt, niemand mehr auf die Vergnügungen verzichten will und niemand mehr daran denkt, sich ganz Gott hinzugeben.

Erinnern Sie alle daran, daß Jacinta und Francisco heiliggesprochen werden sollen, weil sie die Trauer der Muttergottes sahen und eine Vision der Hölle hatten. Die

Muttergottes steht zwischen zwei Schwertern: Auf der einen Seite sieht sie die verstockte, gleichgültige Menschheit, uneingedenk der über ihr schwebenden Züchtigungen; auf der anderen sieht sie, wie wir die heiligen Sakramente mit Füßen treten und die Strafe verachten, die immer näher kommt, indem wir in Sinnlichkeit, Unglauben und Materialismus verharren.

Die Muttergottes hat ausdrücklich gesagt: ›Wir nähern uns den letzten Tagen.‹ Und sie hat es mir dreimal wiederholt. Zuerst sagte sie, der Böse habe den Entscheidungskampf, das heißt den Endkampf, begonnen, den einer von beiden gewinnen und einer verlieren wird. Entweder wir sind mit Gott oder mit dem Bösen. Beim zweiten Mal hat sie mir wiederholt, daß die letzten Heilmittel für die Menschheit der heilige Rosenkranz und die Aufopferung an das Unbefleckte Herz Mariä seien. Beim dritten Mal sagte sie zu mir, ›da alle anderen Mittel von den Menschen verachtet‹ würden, halte sie uns zitternd den letzten Rettungsanker hin: Ihre eigene Person, Ihre zahlreichen Erscheinungen, Ihre Tränen und die Botschaften von Sehern aus allen Teilen der Welt. Weiter sagte die Muttergottes, wenn wir nicht auf sie hörten und sie weiter beleidigten, könnte uns nicht mehr verziehen werden.

Die Zeit drängt, daß wir uns über die schreckliche Wahrheit bewußt werden. Dadurch sollen nicht die Seelen mit Angst erfüllt werden, es ist nur ein dringender Mahnruf, denn seitdem die Heilige Jungfrau dem Rosenkranz so große Wirkungskraft verliehen hat, gibt es auf der Welt kein Problem mehr, weder ein materielles noch ein geistiges, weder ein nationales noch ein internationales, das nicht mit Hilfe des Rosenkranzes und unserer Opfer gelöst werden könnte. Wenn wir ihn mit

Liebe und Andacht beten, werden wir Maria trösten und viele, viele Tränen von ihrem Unbefleckten Herzen wegwischen.«

Diese gefühlvolle Sprache – typisch für die katholische Welt – ist jedoch in der Substanz als schwerer Mahnruf für die ganze Welt gültig, für die Menschen aller Religionen und auch die ohne Religion. Für alle, die imstande sind, zu verstehen.

Die Erscheinungen von La Salette, Garabandal und San Damiano

Der mütterliche Aspekt der Gottheit ist in jeder Religion gegenwärtig. Wir haben die liebe, vertraute Gestalt der Muttergottes. Die göttliche Mutter ist mütterlich besorgt um die Welt und ist immer zur Hilfe bereit, besonders in schwierigen Zeiten. Wir brauchen uns also nicht zu wundern, wenn sie durch zahlreiche Erscheinungen in das Leben der Menschheit eingreift.

Dante hat im 33. Gesang des Paradieses sublime Worte für die Jungfrau Maria gefunden, die wir jedesmal wieder mit höchster Freude lesen. Aber ihre schönste Darstellung steht in der *Offenbarung* (XII), wo in wenigen Zügen ein unvergleichliches Bild von ihr gezeichnet wurde:

»Und es erschien ein großes Zeichen am Himmel: ein Weib, mit der Sonne bekleidet, und der Mond unter ihren Füßen und auf ihrem Haupt eine Krone von zwölf Sternen.« Aber auch der Widerpart ist da: »Und es erschien ein anderes Zeichen am Himmel, und siehe, ein großer roter Drache . . .«

Der Kampf zwischen Maria und der Schlange ist auch das Symbol für den Kampf zwischen Gut und Böse. In der *Offenbarung* heißt es, daß die mit der Sonne bekleidete Frau siegreich aus dem Kampf hervorgehen werde. In der *Genesis* stand schon ganz deutlich zu lesen:

». . . ich will Feindschaft setzen zwischen dir und dem Weib und zwischen deinen Nachkommen und ihren Nachkommen, und sie soll dir den Kopf zertreten.«

Louis Marie Grignion de Montfort sagte, ein Kennzeichen

der letzten Zeiten sei die Anwesenheit der Jungfrau Maria. Diese Prophezeiung geht jetzt in Erfüllung. In keiner Zeit hat sie sich den Menschen so oft gezeigt und so oft ihre Stimme hören lassen wie in den letzten hundert Jahren. Die erste Erscheinung war im vorigen Jahrhundert, als sie sich am 19. Juli 1830 in Paris, in der Rue du Bac, im Kloster der Filles de la Charite Catherine Labourée, zeigte. Das waren die ersten Offenbarungen.

Am 11. Februar 1858 wiederholte sie in Lourdes, in der Grotte von Massabielle, vor Bernadette Soubirous ihre Aufforderung, zu beten und Buße zu tun, um die Strafen zu vermeiden, wie sie es schon 1846 in La Salette gemacht hatte. Je weiter die Zeit voranschreitet, desto dringlicher wird ihre Mahnung. In Fatima (1917) wird ihre Stimme noch ernster, die Ermahnungen gebieterischer. Wir wollen nun kurz die bekanntesten Erscheinungen der letzten Jahre aufzählen:

1931 in Vicovaro (Rom): Die Bewegung der Augen dauerte mehrere Tage, und der Schreiber dieser Zeilen war Augenzeuge; 1944 in Bonate di Bergamo; 1945 in Heede in Norddeutschland; 1945–50 in Amsterdam; 1947 in der Grotte der Tre Fontane (Drei Brunnen) in Rom; 1947 in Ile-Bouchard; 1949 in Bergalla di Balestrino (Savona); 1950 in Acquaviva; 1950 in Ribera (Agrigent); 1950 in Guarcino (Frosinone); 1951 in Oriolo Calabro (Cosenza); 1951 in Amorosi (Benevent); 1951 in Casali Contrada (Chieti); 1952 in Orria (Salerno); 1953 in Syrakus: die Madonna delle Lagrime; 1953 in Pombia (Novara); 1953 in Calabrò di Mileto (Catanzaro); 1953–54 in Cassirano (Brescia); 1954 in Vittoria (Ragusa); 1954 in Mezzo Lombardo (Trient); 1954 Colombera di Avenza (Carrara); 1954 in Giarre (Catania); 1956 in Reggio Emilia; 1956 in Assoro (Enna); von 1957 bis heute in Rocca Corneta di Lizzano in Belvedere (Bologna); 1958 in Valla Maio (Frosinone); 1958 in Villa Barone di San Secondo (Parma); 1959 in Scheggia (Perugia); 1959 in Gaeta (Latina); 1959 in Vibo Valentia (Catanzaro); 1961 in Craveggia (Novara); 1947–1966 in »Le Fontanelle« in Montichiari (Brescia); von 1961 bis heute in San Damiano di Piacenza.

Weitere Erscheinungen haben stattgefunden: 1871 in Poutmain; in Svanovke, Marietta Beco (Belgien) 1932; 1933 in Banneux; 1962 in Pomriazkin, Sursk und Skiemonys; 1964 in Welykiai; 1961–65 in S. Sebastiano von Garabandal. Auch heute noch erhalten auserwählte Seelen Botschaften und Offenbarungen, die von der Liebe derjenigen ausgestrahlt werden, die nicht mit ansehen kann, daß die Menschheit den falschen Weg eingeschlagen hat.

Der Hauptbeweggrund ist eine schmerzvolle Mahnung und ein mütterlicher Aufruf an die Kinder, eine Aufforderung zur Reue, eine Ermahnung zum Gebet, zu einem moralischen Leben und der Rat, Buße zu tun, und all das, um die Strafe, die den bösen Werken folgen wird, von den Menschen abzuwenden.

Die Prophezeiung von Jonas ging nicht in Erfüllung, die Strafe folgte nicht, weil Buße getan wurde. Aber Sodom und Gomorrha gingen durch die vorausgesagte Katastrophe zugrunde, weil trotz der Mahnungen Abrahams niemand sich eines Besseren besann oder in sich ging.

I. Die Erscheinungen von La Salette

Maximin Giraud (11 Jahre) und Mélanie Calvat (15 Jahre), trieben die Kühe auf Weiden in 1800 m Höhe, in den Bergen bei der kleinen Gemeinde La Salette südlich von Grenoble. Am 19. September 1846 begaben sie sich gegen Mittag zu einer kleinen Quelle, wo sie ihr bescheidenes Mahl – Brot und Käse – einzunehmen gedachten.

Während sie bergab gingen, sahen sie plötzlich unten in der Ferne eine hell erleuchtete Lichtkugel: Es sah aus, als »wäre die Sonne dort hinuntergefallen«. Doch da öffnete sich die Kugel plötzlich, und eine menschliche Gestalt zeigte sich ihren Blicken. Die Gestalt nimmt die Umrisse einer »schönen Frau« an, die »ganz aus Licht und Blumen« besteht und sich auf die Steine des Brunnens setzt; die Ellbogen auf die Knie gestützt und den Kopf in den Händen, nimmt sie die Haltung einer Trauernden ein. Die beiden Kinder sind bestürzt, aber die »schöne Frau« erhebt sich: Sie ist groß und majestätisch. Sie sehen, daß sie in der Höhe schwebt, ohne den Erdboden zu berühren; ihren Kopf umgeben zwei leuchtende Heiligenscheine, und ihr weißes Kleid schimmert wie Perlen. Aber das Antlitz ist traurig. Sie spricht, aber sie sagt Dinge, die die Kinder nicht sofort verstehen.

Aus der Botschaft der Muttergottes von La Salette

Wir bringen nun den Teil der Botschaft von La Salette, der sich auf die gegenwärtigen und die zukünftigen Zeiten bezieht, während wir den, der von der Vergangenheit handelt, außer acht lassen wollen. Zuerst klagt sie über das liederliche Leben der Geistlichen, die Geldgier, den Ehrgeiz und die Respektlosigkeit gegenüber den Göttlichen Geheimnissen, dann heißt es weiter:
»Frankreich, Italien, Spanien und England werden im Krieg stehen. Das Blut wird durch die Straßen fließen; Franzosen werden gegen Franzosen kämpfen, Italiener gegen Italiener, und schließlich wird ein allgemeiner Krieg ausbrechen, und der wird fürchterlich sein.
Eine Zeitlang wird sich Gott weder an Frankreich noch an Italien erinnern, weil sie das Evangelium vergessen haben.

Die Bösen werden ihre ganze Bosheit an den Tag legen, und sogar in den Häusern wird es Morde geben. Beim ersten Schlag des Göttlichen Schwertes, der die Menschheit wie ein Blitz treffen wird, werden die Berge und die ganze Natur vor Schrecken zittern, denn die Regellosigkeit und die Verbrechen der Menschen werden bis zum Himmelsgewölbe reichen.

Paris wird durch einen Brand vernichtet werden, und Marseille wird das Meer verschlingen; andere große Städte werden durch Brände oder Erdbeben dem Erdboden gleichgemacht werden. Man wird glauben, es sei alles verloren, und wird nichts mehr sehen als Morde. Man wird Flüche und Waffenlärm hören. Die Gerechten werden viel zu leiden haben: Ihre Gebete, Buße und Tränen werden zum Himmel aufsteigen; das ganze Volk Gottes wird um Vergebung und Barmherzigkeit flehen, und sie werden sich an Mich wenden und Mich als Mittlerin und Helferin anflehen ... Dann wird die Versöhnung zwischen Gott und den Menschen kommen und der Friede. Jesus Christus wird man dienen, Ihn wird man anbeten und verherrlichen. Überall wird die Wohltätigkeit blühen. Die neuen Herrscher werden der rechte Arm der Kirche sein, und sie selbst wird stark, demütig, fromm, arm, emsig sein und die Tugenden Jesu Christi vollkommen beachten. Das Evangelium wird überall verkündet werden, und die Menschen werden große Fortschritte im Glauben machen, denn unter den Arbeitern Jesu Christi wird Einheit herrschen, und alle werden in der Furcht des Herrn leben.

Aber dieser Friede wird nicht lange dauern; fünfundzwanzig Jahre Überfluß werden die Menschen schnell vergessen lassen, daß ihre Sünden der Grund für alle Strafen sind, die seit dem Bestehen der Erde über die Menschheit hereingebrochen sind.

Ein Vorläufer des Antichrist, der die vereinten Truppen aller Nationen anführen wird, wird gegen den wahren Christus, den einzigen Retter der Welt, kämpfen. Er wird viel Blut vergießen, um den Kult des lebendigen Gottes auszurotten und sich an dessen Stelle zu setzen. Dann werden vielfache Züchtigungen über die Erde kommen, dazu noch Pest und Hunger, die allgemein sein werden. Ein Krieg wird auf den anderen folgen, und der letzte wird von einem der zehn Könige des Antichrist angeführt werden; sie werden einen einzigen Willen haben und die einzigen Herrscher der Welt werden.

Vor diesem Ereignis wird ein scheinbarer Friede auf der Welt herrschen, und man wird nur an das Vergnügen denken, und die Bösen werden in Sünden aller Art versinken. Aber die Söhne der Heiligen Kirche, die Söhne des Glaubens, meine vollkommenen Nachahmer, werden in der Liebe zu Gott und in allen Tugenden wachsen unter der Führung des Heiligen Geistes. Ich werde mit ihnen kämpfen, bis sie zur Erfüllung der Zeiten gelangen.

Wegen der Bosheit der Menschen wird auch die Natur nach Rache rufen und vor Schrecken zittern in Erwartung der Strafen, die über die von Verbrechen besudelte Erde hereinbrechen werden. Die Erde möge zittern, und zittert auch ihr, die ihr Jesus Christus die Treue gelobt habt und die ihr in euren Herzen nur euch selbst anbetet. Zittert! Der Herr ist dabei, euch seinen Feinden auszuliefern, da schon die heiligen Stätten vom Verderben angesteckt sind. Viele Klöster sind keine Häuser Gottes mehr, sondern Weiden »Asmodis«, des Teufels, der Unreinheit und ihrer Satelliten.

So wird die Zeit kommen, in der der Antichrist geboren wird; seine Mutter wird sein eine jüdische Nonne, eine falsche Jungfrau, die in intimer Beziehung zur alten Schlange, dem Meister der Wollust, stehen wird. Sein Vater wird ein Bischof sein. Er wird schon von Geburt an

Zähne haben und fluchen; mit einem Wort: Er wird ein fleischgewordener Dämon sein. Er wird schreckliche Schreie ausstoßen, Wunder wirken und in Wollust und Unreinheit leben. Er wird Brüder haben, keine fleischgewordenen Dämonen wie er, sondern Söhne des Bösen. Im Alter von 12 Jahren werden sie sich durch glänzende Siege auszeichnen. Bald wird jeder von ihnen eine Armee anführen, die von den höllischen Legionen unterstützt wird.

Die Merkmale der Jahreszeiten werden sich ändern; die Erde wird ein schwaches rötliches Licht ausstrahlen; Wasser und Feuer werden schreckliche Erdbeben hervorrufen, bei denen Berge und Städte in den Abgrund sinken werden.

Rom wird den Glauben verlieren und zum Sitz des Antichrist werden. Die mit dem Antichrist verbündeten Dämonen werden auf der Erde und am Firmament Außerordentliches vollbringen, und die Menschheit wird abgrundschlecht werden. Aber Gott wird seine wahren treuen Diener, die Menschen, die guten Willens sind, nicht verlassen. Überall wird das Evangelium verkündet werden, bei allen Völkern, und die Nationen werden die Wahrheit erfahren.

Ich richte meinen dringenden Ruf an das ganze Universum. Ich rufe die wahren Jünger Gottes auf, dessen, der in den Himmeln lebt und herrscht. Ich sende meine Stimme zu den vollkommenen Nachahmern Christi, des fleischgewordenen Wortes, des einzigen Retters der Menschen. Mein Ruf gilt meinen Kindern, die zu mir beten, die sich mir anvertraut haben, damit ich sie zu meinem Sohn führe, denen, die ich in meinen Armen habe, die immer in meinem Geiste leben. Und zum Schluß wende ich mich an die Apostel der letzten Zeiten, die treuen Jünger Jesu Christi, damit sie nach den Regeln, die Mélanie für sie empfangen hat, in Verachtung der Welt und ihrer selbst, vor aller

Augen in Armut und Demut, in Stille und Selbstverleugnung, in ständigem Gebet und in ständiger Abtötung, in Nächstenliebe und mit Gott vereint, im Verborgenen und in Leiden leben mögen.

Nun ist die Zeit gekommen, daß sie sich der Welt zeigen, um sie zu erleuchten. Tretet hervor und laßt euch sehen, meine geliebten Kinder. Ich bin bei euch und in euch. Euer Glaube ist das Licht, das euch in diesen Unglückstagen erleuchtet, und euer Eifer muß euch hungrig machen nach der Herrlichkeit Christi.

Kämpft, ihr Kinder des Lichtes, ihr wenigen, die ihr sehet, denn die Zeit der Zeiten, das letzte Ende, ist nahe.

Über der Kirche werden Schatten stehen, die Welt wird erschüttert werden; aber in ihr werden Enoch und Elias, von Gottes Geist erfüllt, erscheinen. Sie werden predigen, und ihren Worten wird die Kraft Gottes innewohnen, und die Menschen guten Willens werden an Gott glauben, und viele Seelen werden getröstet werden; mit der Hilfe des Heiligen Geistes werden sie große Fortschritte machen und die teuflischen Irrtümer des Antichrist verurteilen.

Wehe den Bewohnern der Erde! Blutige Kriege werden sein, Hunger und Epidemien, grauenvolle Insektenregen, Donner, die ganze Städte zittern lassen, und Erdbeben, die ganze Gebiete in den Abgrund senken werden. In der Luft wird man Stimmen hören, und die Menschen werden mit dem Kopf gegen die Wand rennen, den Tod herbeirufen, aber der wird ihnen schreckliche Qualen bringen. Überall wird Blut fließen. Wer würde je siegen können, wenn Gott nicht die Zeit der Prüfungen erleichtern würde? . . .

Enoch und Elias werden hingerichtet werden; das heidnische Rom wird verschwinden, und Feuer wird vom Himmel fallen, das drei Städte zerstören wird. Die Sonne wird sich verdunkeln, und nur der Glaube wird überleben.

Die Zeit ist gekommen. Der Abgrund tut sich auf: Siehe,

der König der Könige der Finsternis; siehe, das Tier mit seinen Untertanen, das sich zum ›Heiland der Welt‹ ausruft. Er erhebt sich voll Hochmut in die Lüfte, um bis zum Himmel zu gelangen; aber der Erzengel Michael haucht ihm den Tod ein. Er wird in die Tiefe stürzen, und die Erde, die drei Tage lang von heftigen Stößen gerüttelt wurde, wird ihren feurigen Schoß auftun, und das Tier und die Seinen werden von den ewigen Abgründen der Hölle verschlungen werden. Dann werden Wasser und Feuer die Erde reinigen, um jede Spur menschlicher Überheblichkeit zu zerstören, und alles wird erneuert werden.«
Nach diesen Weissagungen gab die Muttergottes Mélanie die Regel für den neuen Orden der Apostel und Jünger der letzten Zeit und sagte dann:
»Wenn sich die Menschheit bekehrt, werden Fels und Gestein fruchtbar werden und Getreide hervorbringen, und auf den Feldern werden Ernten im Überfluß reifen.«

II. Die Erscheinungen von Garabandal

San Sebastian von Garabandal ist ein Dörfchen mit etwa 70 Familien und liegt in Spanien, ungefähr 90 km von Santander entfernt. Im Juni 1961 hatten vier Mädchen: Conchita, Maria Dolores, Jacinta und Maria Cruz, eine Vision der heiligen Jungfrau vom Karmel. Die Erscheinung wiederholte sich am 8. Dezember 1964, als sie Conchita »rief«, um ihr zum Namenstag zu gratulieren. Einige Male erschien auch der Erzengel Michael. In Garabandal wurde ein großes öffentliches Wunder und eine große Strafe für die Menschheit versprochen, falls sie nicht umkehre. Das große Wunder soll viele Ungläubige bekehren und eine Bresche in ihr rationales Denken schlagen.

»Zuerst wird eine Warnung gegeben werden, und dann wird das große Wunder kommen.« Aber sehen wir, was Conchita selbst darüber geschrieben hat:

Die Warnung:

»Die Jungfrau Maria hat es mir am 1. Januar 1965 ›bei den Pinien‹ gesagt. Ich kann nicht sagen, worin sie bestehen wird, weil sie mir nicht angeordnet hat, es zu sagen. Sie hat mir nicht gesagt, wann sie gegeben werden wird, und so kann ich es auch nicht sagen. Ja, ich weiß, daß sie in der ganzen Welt sichtbar sein wird, sie wird ein von Gott geleitetes Werk sein und vor dem Wunder gegeben werden. Ich weiß nicht, ob jemand dabei umkommen wird. Freilich könnte einem schon der Anblick allein den Tod bringen.«

Die Mutter von Conchita soll ausgesagt haben, daß die Warnung mit dem Ausbrechen einer Revolution in Spanien zusammenfallen werde, wie ihr ihre Tochter gesagt habe.

Das Wunder:

»Von dem Wunder hat die Jungfrau Maria zu mir allein gesprochen. Sie hat mir verboten zu sagen, worin es bestehen wird, und ich darf das Datum erst acht Tage vorher sagen. Was ich sagen darf, ist nur, daß es mit dem Fest eines Märtyrers der Eucharistie zusammentreffen, an einem Donnerstag um 20.30 Uhr geschehen, für alle Leute, die in Garbandal oder auf den nahen Bergen sein werden, sichtbar sein wird und daß alle Kranken, die ihm beiwohnen, geheilt werden und sich die Ungläubigen bekehren werden. Es wird das größte Wunder sein, das Jesus je für die Welt gewirkt hat. Ein Zeichen des Wunders wird für immer ›bei den Pinien‹ bleiben. Es kann gefilmt und fürs Fernsehen aufgenommen werden.«

Die Strafe:

»Die Strafe hängt davon ab, ob die Menschheit tun wird, was in den Botschaften der Jungfrau und beim Wunder von ihr verlangt wird oder nicht. Ich weiß, worin es bestehen wird, weil es mir die Jungfrau Maria gesagt hat, aber ich darf es nicht sagen. Ich habe die Strafe auch gesehen. Ich kann versichern: Wenn sie kommen wird, wird sie schlimmer sein, als wären wir vom Feuer umgeben, schlimmer als hätten wir Feuer über uns und unter uns. Ich weiß nicht, wieviel Zeit nach dem Wunder verstreichen wird, bevor uns Gott diese Strafe schicken wird.«

Im Januar 1965 erhielt Conchita auch folgende Mahnung:

». . . für die Überlebenden wird das neue Reich Gottes gegründet werden, und die Menschheit wird Ihm wieder dienen wie in den Zeiten, die der großen Verderbnis vorausgingen . . . Welches Unglück, wenn sich die Menschen nicht bekehren werden, alles bleiben sollte wie es heute ist oder wenn die Menschheit noch mehr Schuld auf sich laden würde.«

Bei der Erscheinung vom 18. Juni 1965 sprach die Jungfrau Maria durch den Mund des Erzengels Michael.

Botschaft an die Welt: Die Jungfrau Maria durch den Mund des Erzengels Michael

»Da meine Botschaft vom 18. Oktober weder erfüllt noch bekanntgemacht wurde, sage ich euch, daß dies meine letzte Botschaft ist. Zuerst füllte sich der Kelch, aber jetzt ist er dabei überzulaufen. Viele Priester, Bischöfe und Kardinäle befinden sich auf dem Pfad des Verderbens und reißen viele Seelen mit. Die Eucharistie wird täglich geringer geschätzt. Wir müssen uns bemühen, den Zorn Gottes von uns abzuwenden. Wenn ihr ehrlichen Herzens um

Vergebung bittet, wird er euch vergeben. Ich, eure Mutter, sage euch durch den Mund des heiligen Michael: Bessert euch!

Ihr seid schon bei den letzten Mahnungen. Ich liebe euch sehr und will nicht, daß ihr verdammt werdet. Bittet ehrlichen Herzens, und wir werden euch geben. Ihr müßt mehr Opfergeist haben. Denkt an das Leiden Christi.«

Die letzte Erscheinung fand am 13. Dezember 1965 statt.

III. In San Damiano di Piacenza

In der Ortschaft San Damiano, ein paar Kilometer von Piacenza entfernt, zeigen sich seit mehreren Jahren außerordentliche Phänomene, wie die vielen ausländischen und italienischen Pilger bezeugen können. Mamma Rosa, eine einfache, ungebildete alte Frau, aus San Damiano war die erste Zeugin. »*Jesus hat dich zu seinem Instrument auserwählt, weil du am unwissendsten bist*«, sagte die Jungfrau Maria am 15. Dezember 1967 zu ihr.

Sie ist heute noch das Mittel, durch das Ermahnungen und Aufforderungen weitergegeben werden. Es sind Ermahnungen in mütterlich liebevollem Ton, in denen zur Umkehr aufgefordert wird, bevor die Strafe eintrifft. Es ist eine Sprache, die von denen verstanden wird, an die sie sich wendet. Wir treffen eine Auswahl aus den verschiedenen Botschaften, die Mamma Rosa jeden Freitag empfängt und den Pilgern weitergibt, die aus allen Teilen der Welt zu ihr kommen.

»Wenn die Stunde der Angst, der Finsternis und des Weinens kommen wird, dann erhebt die Augen zum Himmel: Ruft mich mit dem süßen Namen ›Mutter‹, und ich werde euch umarmen und in euer himmlisches Vaterland bringen; dort werdet ihr mit den Engeln und Heiligen singen; dort wird euch vergeben werden, und ihr werdet alle gerettet sein und in Freude leben, wo große Freude herrschen wird.« (9. Juni 1967)

»Alles, was ihr im Namen Jesu erleiden werdet, wird in das Goldene Buch eingetragen werden.« (13. August 1967)

»Mehr als hundert Jahre bin ich auf dieser Welt, um die Herzen meiner Kinder zu erwecken, um sie zu retten, um ihnen zu helfen und ihnen viel Glauben und viel Liebe zu geben . . .« (10. Dezember 1968)

»Verliert nicht den Mut, denn bald werde ich mit dem Licht kommen! Viele Zeichen werden vom Himmel und auf der Erde erscheinen . . . genug, um zu glauben! Ich werde alles tun, um sie zu retten, alle Mittel und jegliche Hilfe werde ich geben.« (10. Dezember 1968)

»Die Welt steckt im Schmutz: Sie versteht die Wahrheit Gottes nicht mehr . . . Sie wollen die Wahrheit nicht wissen, sie wollen alles allein machen!« (5. Mai 1967)

»Mit der Welt geht es abwärts, von Stunde zu Stunde tiefer . . . sie nehmen meine Einladung nicht an . . .« (25. Mai 1967)

»Vermehrt ständig euren Glauben, denn es werden schreckliche Augenblicke kommen. Ihr werdet in vielen Teilen der Welt Erdstöße, viele Katastrophen und Erdbeben sehen. Betet, betet gläubig, damit der Ewige Vater Erbarmen habe!« (15. August 1967)

»Ihr hört nicht auf mein mütterliches Wort . . . aber wenn das Fürchterliche passieren wird, was wird dann aus euch werden, wenn ihr nicht auf meine Worte gehört habt?« (4. August 1967)

»Bittet den Ewigen Vater um Vergebung, damit er Mitleid und Erbarmen habe, denn die Geißeln sind wahrlich fürchterlich, fürchterlich, so schlimm, daß ihr sie euch gar nicht vorstellen könnt.« (9. Januar 1967)

»Die Himmelsmutter sagt jetzt: ›Bald‹. Sie geht weg und geht zu den anderen Sehern überall auf der Welt; ja, auch nach Rußland.« (15. August 1965)

»Der Ewige Vater hat den Nationen überall nach dem Krieg diesen Wohlstand gegeben ... und diesen Wohlstand haben sie nur im Schmutz gebraucht, und nicht um Jesus und Maria zu danken. Sie haben nur hochmütige und eitle Taten vollbracht.« (9. Juni 1967)

»Von einem Augenblick zum anderen könnt ihr euch mitten in furchtbaren Heimsuchungen befinden.« (10. Dezember 1966)

»Wenn ihr große Stöße hören und eine große Finsternis sehen werdet, dann erhebt die Augen zum Himmel, breitet eure Arme aus, bittet um Mitleid und Erbarmen und sagt das Salve Regina und das Credo.« (22. Mai 1967)

»Wenn jener Tag kommen wird, an dem sich Himmel und Erde auftun werden, wird es einen schrecklichen Kampf geben, voll Angst und Weinen ... Aber fürchtet euch nicht, sagt immer wieder das Credo. Bittet den Erzengel Michael mit dem Rosenkranz in den Händen, er möge euch Kraft und Mut in der großen Schlacht geben, und ihr werdet auf Erden gerettet werden und die ewige Glückseligkeit im Himmel genießen! ... Ich, euer Schutzengel, und der heilige Erzengel Michael ... wir werden Minute für Minute an eurer Seite stehen, seid unbesorgt ... Betet, betet, betet immer mit lächelndem Mund. Diejenigen, welche von der Erde werden scheiden müssen, werden mit einer großen Engelsschar in den Himmel kommen und über der Welt schweben, um all ihre Brüder zu trösten, zu bitten und zu beruhigen.« (22. November 1967)

»Ihr müßt alles tun, um die Seelen zu trösten, denn die Stunde der schrecklichen Strafe hat geschlagen ... die Mahnung hat begonnen; ihr müßt verstehen, daß es der

Anfang der schrecklichen Prüfungen voll Angst und Weinen ist ... Seit La Salette sind schon 130 Jahre vergangen, seit Fatima 50, 3 Jahre erscheine ich schon hier. Wartet nicht ab, daß die Stunde schlägt: Liebet einander, tragt Liebe in euren Herzen! Nicht Stolz, nicht Hochmut, nicht Eitelkeit, sondern Liebe, nur Liebe und Frieden in euren Herzen! Wenn dann die fürchterlichen Augenblicke kommen werden, und ihr habt Jesus im Herzen, dann werdet ihr stark sein ... Er wartet bis zur letzten Stunde, hört auf mich!« (9. Juni 1967)

»Die Stunde hat geschlagen. Die Stunde hat geschlagen. Der Ewige Vater wartet nicht mehr, ihr aber betet, betet zusammen, betet mit mir, verharren wir in Gebet und Opfer!« (5. August 1967)

»Was wird aus euch werden, wenn ihr nicht hierher kommt, um Mut, Kraft und Glauben zu schöpfen, um dann Kämpfe, Geißeln, Kreuze, Verfolgungen, Krieg, Erdbeben, Pest und Hunger auszuhalten; wenn ihr keine Kraft habt, was soll dann aus euch werden?« (9. Juni 1967)

»Wer den Glauben hat, dem ist alles möglich, es gibt das Versprechen der Hilfe, der Unterstützung, die in ihnen innere Sicherheit der größten Kraft wird. Ich komme mitten unter euch ... Fürchtet euch nicht. Geht vorwärts, wartet nicht, bis der hartnäckige, schreckliche Krieg in die Welt kommt und sich niemand mehr retten kann.« (12. September 1967)

»Ich werde mit großer Macht kommen und allen das Licht bringen.« (6. Oktober 1967)

»... ich werde allen die Augen öffnen, mit einem ganz starken Licht auf der ganzen Welt.« (23. Dezember 1966)

»Ich bin es, die euch retten will, eure Mutter, eure Anwältin, eure Lehrerin, eure Mutter ... die euch so sehr liebt.« (31. Dezember 1969)

»Ich bin auf diese Erde herabgestiegen, um den Familien

Freude, Eintracht und Trost zu bringen.« (30. Dezember 1966)

»Es werden zahlreiche Zeichen am Himmel erscheinen, Tag und Nacht, bevor die Heimsuchungen kommen werden.« (30. Oktober 1966)

». . . es sind keine Zeichen der Erde, sondern Zeichen des Himmels . . . Zeichen der Vorbereitung von oben, die Jesus gegeben hat, um die Seelen auf meine Ankunft vorzubereiten.« (21. Juli 1967)

»Die gläubig kommen werden, werden alle ein Zeichen empfangen.« (4. März 1966)

»Wenn ihr ein großes Zeichen am Himmel sehen werdet, wird der schreckliche Augenblick . . . voll Angst und Weinen da sein.« (13. Januar 1967)

»Ein Stern wird am Himmel erscheinen . . . ich werde mit diesem Stern zu euch kommen . . . und werde der ganzen Welt Licht geben . . . ich werde viele Zeichen geben bei meiner Ankunft am Himmel, im Mond, in der Sonne, in den Sternen und an vielen anderen Orten.« (7. April 1967)

In einer ihrer Botschaften im Jahr 1961 sagte die Jungfrau Maria in San Damiano:

»Schaut zum Himmel, schaut oft hinauf: Dort ist ein hell leuchtender Stern mit einer langen Spur . . . Wenn ihr ihn sehen werdet, am Abend oder am Morgen . . . plötzlich – und man wird ihn in vielen Gebieten sehen können –, dann nehmt ihn als Unglückszeichen.«

»Schaut zum Himmel, schaut oft hinauf: Ihr werdet Zeichen dort finden, und wenn ihr ein großes Zeichen (das Kreuz am Himmel) sehen werdet, dann wird ein schwerer, angsterfüllter Augenblick da sein.«

»Betet . . . denn ich werde mit einem großen Licht kommen und auf der ganzen Welt triumphieren und mein Sohn Jesus wird mit einem Neuen Reich kommen und

den Herzen Friede und Liebe, Freude und Ruhe bringen.«
(13. Mai 1967)

». . . die Wolke rückt von allen Teilen der Welt vor, und die Seelen, die kein Licht haben, werden zugrunde gehen, und es wird der Schrecken der Völker sein, die in einem tiefen ›Schlaf‹ leben.«

»Die Sichel wird kommen, und auf der ganzen Welt wird ein unerbittliches Gemetzel sein. Ich habe alle meine treuen Kinder diesem schmerzhaften Herzen geweiht. Wenn ihr die Wolken der Göttlichen Rache seht, betet und ruft meinen Namen an, der Gewalt hat über die Seelen guten Willens. Tragt jederzeit Meinen Namen in euren Herzen, und er wird euch verteidigen gegen den höllischen Sturm, der euer wartet: So steht es im Himmel geschrieben . . . Die Auflösung der Völker wird herzzerreißend sein, unbegreiflich für menschliche Augen. Der Vatikan wird mit Schimpf und Schande bedeckt werden. Aber ihr wißt schon, liebe Kinder, was faul ist, wird fallen, und ein Neues Zeitalter wird anbrechen. Mein großer Mantel wird alle meine Kinder bedecken, die so viel gelitten haben . . . Der Feind flieht vom Kreuz und ruht sich bei seinen Untertanen aus, wo er Tod säen wird; aber ihr, o Kinder des Kreuzes, werdet die Morgenröte des Neuen Zeitalters genießen: So steht im Himmel geschrieben.« (25. März 1970)

»Der Erzengel Michael sagt:

. . . Geht! Geht! Sprecht! . . . ich mit meinem Schwert und ihr mit dem Rosenkranz in der Hand . . . Warten wir nicht bis zu dem schrecklichen Augenblick! Die Stunde hat geschlagen! . . . Die Himmelsmutter hat es schon angekündigt. Jetzt schickt sie mich in ihrem Namen, um es noch einmal anzukündigen! Die Stunde des Erwachens ist da. Und ich werde euch erleuchten, beschützen und mit meinem Schwert verteidigen, im Namen aller Engel und Heiligen.

Ihr seid von uns umgeben, und niemand kann euch etwas antun. Vorwärts! Vorwärts! Triumphiert mit Jesus und Maria!« (5. Januar 1968)
»Ich möchte, daß alle Nationen unter meinem Mantel stehen. Niemand darf verlorengehen: Alle sind meine Kinder.« (5. Januar 1968)

Die Erscheinungen von Heede

Das Dörfchen Heede liegt an den Ufern der Ems unweit der holländischen Grenze.
In den Jahren von 1937 bis 1945 trugen sich dort außergewöhnliche Dinge zu; vier Mädchen zwischen 12 und 14 Jahren (Anna Schulte, Greta und Maria Ganseforth und Susanne Bruns) hatten mehrere hundert Erscheinungen.
Das Antlitz der Jungfrau Maria lächelte bei den ersten Erscheinungen und war von einem leuchtenden Schein umgeben, besonders, wenn die Mädchen beteten.
Von 1940 an war das Gesicht der Muttergottes ernst und sorgenvoll. Der Sturm, der Deutschland und ganz Europa erschüttern sollte, stand unmittelbar bevor.
Aber wie meistens bei solchen Geschehnissen, strömten immer zahlreicher Gläubige und Neugierige zu dem Ort. So wurde schließlich auch die Gestapo auf die Vorfälle aufmerksam; die Sache erschien verdächtig und sah nach Betrug aus. Die Mädchen wurden daher in eine Heil- und Pflegeanstalt nach Göttingen geschickt, wo sie von Psychiatern und Irrenärzten untersucht werden sollten.
Aber dieses Verfahren, von allen Diktaturen angewandt, um lästige Elemente aus dem Weg zu räumen, funktionierte nur zum Teil, denn die Ärzte stellten fest, daß die Mädchen vollkommen gesund und normal waren. Sie wurden aber trotzdem ins Marienhospiz von Osnabrück

eingeliefert und konnten erst Ende Januar 1938 zu ihren Familien zurückkehren, mit der polizeilichen Anordnung, sie sollten sich nicht mehr zu dem Ort der Erscheinungen begeben. Die Mädchen hatten jedoch weiterhin Erscheinungen – an den verschiedensten Orten. Jeder von ihnen vertraute die Muttergottes ein besonderes Geheimnis an, das nicht enthüllt werden durfte.

Am 3. November 1940, als sich das verhängnisvolle Geschick der Völker erfüllte, hörten die Erscheinungen plötzlich auf. Es war Krieg, und das nazistische Unheil brach über ganz Europa herein. Die deutschen Zeitungen, die unter dem Diktat der Propaganda standen, konnten sich nicht mit derlei Dingen beschäftigen, denn sie lagen den wahnwitzigen Machtträumen so fern wie nur möglich.

Als jedoch der Sturm vorbei und der Krieg zu Ende war und Deutschland in Elend und Trauer darniederlag, kam es wieder zu sensationellen Erscheinungen.

Jesus selbst erschien mehrmals der jungen Greta Ganseforth. Seine Worte enthielten die Ermahnung, das Gute zu tun, spendeten Trost und warnten vor jener Freiheit, die sich jedoch nur zu bald zeigen und die Loslösung von jeglichem moralischen Halt mit sich bringen sollte.

Menschenmengen strömten mit wachsendem Eifer nach Heede, und die ganze Welt wurde auf das Dörfchen aufmerksam, während das deutsche Volk und die Alliierten mit dem Wiederaufbau und der Behebung der unermeßlichen Kriegsschäden beschäftigt waren.

Wir bringen nun eine kurze Zusammenfassung der Ermahnungen, die Jesus der Welt bei seinen Erscheinungen in Heede gegeben hat:

»Alle, die in letzter Zeit gelitten haben, sind meine Märtyrer – sie bereiten die neue Messe vor und haben an meinem Kreuzweg teilgenommen.

Ich möchte heilen und retten. Die Wunden, die jetzt blu-

ten, besiegt die Barmherzigkeit, und sie wird in Gerechtigkeit triumphieren. Aber meine Getreuen sollen nicht
schlafen wie die Jünger am Ölberg, sie sollen ständig aus
dem schöpfen, was ich getan habe.
Selig diejenigen, die alles ertragen als Sühne für diejenigen, die mich beleidigen. Ich komme, und mit mir wird
der Frieden kommen. Mit einer kleinen Zahl Auserwählter
werde ich mein Reich errichten. Dieses Reich wird mit einem Schlag da sein, eher als man denkt. Ich werde mein
Licht leuchten lassen, das den einen Segen, den anderen
Finsternis bringen wird. Die Menschheit wird meine Liebe
und meine Macht erkennen. Ich werde ihr meine Barmherzigkeit und meine Gerechtigkeit zeigen.«
Aber auf einmal ändert sich der Ton der Botschaften, sie
werden dringlicher und verkünden eine düstere Zukunft.
»Meine Tochter, ich werde bald kommen, sehr bald. Was
in Kürze geschehen wird, wird das Vergangene weit über-
treffen. Die göttliche Mutter und die Engel werden daran
teilnehmen.
Ich muß es noch einmal zulassen, daß die Welt von Katastrophen heimgesucht wird, denn dadurch werden viele
das Heil erlangen.
Ich bin ganz nahe; die Erde wird beben und erschüttert
werden. Es wird furchtbar sein: Ein Jüngstes Gericht im
Kleinen. Aber ihr braucht euch nicht zu fürchten, denn ich
bin bei euch. Ihr werdet euch freuen und werdet mir danken.
Wer auf mich wartet, dem gehört meine Hilfe, meine
Gnade und meine Liebe. Für die, die sich nicht im Stand
der Gnade befinden, wird es schrecklich sein.
Die Engel der Gerechtigkeit sind schon auf der Erde.
Ich werde mich den Menschen zu erkennen geben. Jede
Seele wird ihren Gott erkennen und mich als ihren Gott
wiedererkennen.

Die Menschen hören nicht auf meine Rufe; sie verschließen ihre Ohren, widerstehen der Gnade und verschmähen meine Barmherzigkeit und meine Liebe.

Die Welt ist schlechter als zur Zeit der Sintflut; sie liegt in Agonie im Pfuhl ihrer Schuld; Haß und Neid erfüllen die Herzen der Menschen.

Die Welt liegt in tiefster Finsternis. Ich will mich barmherzig erweisen.

Die Stunde ist nahe. Betet ohne Unterlaß und ihr werdet nicht irre gemacht werden. Ich werde meine Auserwählten um mich versammeln: Sie werden aus allen Teilen der Welt zu mir kommen.

Selig diejenigen, die bereit sind und mich erwarten.«

Die jüngsten Prophezeiungen über das zukünftige Geschick der Menschheit

Treffen wir nun eine Auslese aus den vielen anderen Weissagungen von Astrologen, Sehern oder solchen, die sich anmaßen, über die Zukunft zu sprechen oder zu schreiben.

Rußland und die Vereinigten Staaten gegen China verbündet

E. Cayce, M. de Sabato und andere sagen, Rußland würde sich in einem zukünftigen Krieg gegen China mit den Vereinigten Staaten von Amerika verbünden. Aber es gibt noch Schlimmeres. Die Chinesen werden die größte Invasion der Menschheitsgeschichte vollbringen: Ganz Europa wird besetzt werden. Der Konflikt wird mit Geplänkel an der Grenze beginnen, aber dann werden die 800 Millionen Chinesen in verschiedenen Richtungen aus den Grenzen ihres Landes hinausdrängen. Ein Teil wird in Richtung Japan ziehen und die anderen gen Westen. Die ersten Opfer werden sein: Indochina, Indien, Pakistan, Afghanistan, der Iran, Rußland, Syrien, die Türkei und dann Griechenland, die alle nacheinander von den Chinesen besetzt werden. Die kommunistischen Länder Europas werden dann eins nach dem anderen überrannt werden. Die Streitmacht wird sich bis nach Österreich und Deutschland ausbreiten, dann werden Italien und die Schweiz und Belgien und Holland an der Reihe sein. Es sieht so aus, als träte hier ein gewisser Stillstand ein entlang einer Linie, die von Holland bis Genf, Lyon und bis zur heutigen italienisch-französischen Grenze bis Mentone reichen wird. Aber Frankreich und die Schweiz werden einen Friedensvertrag mit China unterzeichnen und werden von den gelben Truppen evakuiert werden. In den anderen besetzten Ländern wird es Grausamkeiten, Raub und Blut geben, ausgenommen in Albanien, das mit China verbündet ist.

Diese Voraussagen stammen von dem Astrologen Mario de Sabato. Er sagt aber auch noch, daß Europa wieder erstehen wird und Sieger und Besiegte sich brüderlich vereinen werden.

Der Große Exodus

In dem Buch *»Confidenze di un veggente«* (*Vertraulichkeiten eines Hellsehers*), Rom 1972, schreibt Mario de Sabato folgendes:

»Anfangen wird es mit Zusammenstößen zwischen China und Indien, und das wird einige Zeit dauern, es wird auch Friedenspausen dazwischen geben. Und dann wird eines Tages der große Schlag kommen, China wird aus seinen Grenzen ausbrechen . . .« in verschiedene Richtungen, wie wir schon gesagt haben. Ein Menschenstrom von mehreren hundert Millionen, »ein großer Exodus« (wie de Sabato sagt), wird es sein, »z. T. unvorbereitet, manchmal ohne Waffen, als wollten sich die Invasoren Europas bemächtigen, um dessen Reichtümer an sich zu reißen. Es ist ziemlich selten, daß ein einziges Land sich gegen drei Kontinente erhebt. Niemand wird bei dieser Expansion an Chinas Seite stehen außer einem kleinen europäischen Land« (Albanien?).

»Dieser Krieg wird für Europa ein äußerst schwieriges

wirtschaftliches Problem darstellen. Es wird sich um eine richtige Weltrevolution handeln . . .«

»Aber die Chinesen, die ihr Land verlassen haben, werden sich weiter in der Welt und vor allem in Europa ausbreiten. Dann wird es eine Rassenkreuzung geben und eine Neuordnung Europas und Asiens.«

Die Zeit für diesen Wirrwarr ist nach de Sabato das Jahrzehnt zwischen 1972 und 1982, in dem es Krieg und Invasion geben wird. Dann wird man sich weltweit verständigen. Europa und Asien werden sich zu Eurasien zusammenschließen, und danach wird das Goldene Zeitalter anbrechen. Das wird aus drei Abschnitten bestehen: der erste, eine Zeit des Fortschritts, wird 170 Jahre dauern; der zweite, eine prophetische Zeit, 370 Jahre; und der dritte, die apokalyptische Zeit, 190 Jahre. Das sind 730 Jahre Frieden und Wohlstand unter weiser Führung, und in dieser Zeit wird die politische und religiöse Einigung der Völker Wirklichkeit werden. Während der prophetischen Zeit werden die Menschen den Besuch außerirdischer Lebewesen bekommen, und dann werden auch die Irdischen imstande sein, durch den Weltraum zu reisen.

Das Fest roter Fahnen auf dem Vatikan

Düstere Voraussagen für die kommenden Jahre finden wir in den zahlreichen Botschaften von Frater Giorgio Maria da Terni, eines Kapuzinermönchs und Sehers, der in Todi (Perugia) lebt. Wir wollen einen Auszug daraus bringen.

»Im Lauf der Jahrhunderte haben viele Priester, Bischöfe, Kardinäle und Päpste ein schlechtes Beispiel gegeben, wodurch sie die Not und die Bestürzung der Gläubigen vermehrten und sie nicht selten den Söhnen der Finsternis in die Hände spielten. Freuen wir uns, denn das Reich Gottes ist nahe! Aber jetzt leben wir in den letzten Jahren der Satansherrschaft, denn bevor er mitsamt seinem bösen Gefolge in den ewigen Abgrund geschleudert wird, hat er noch von 1973–1985 zu herrschen. Heute könnte nicht einmal der heilige Franziskus den totalen Zusammenbruch der Welt und der Kirche aufhalten.

Der vorübergehende Triumph der Roten ist die trügerische und letzte Erfahrung des Menschen und das Vorspiel zum Sieg des wahren Christentums, dessen Zerrbild der Marxismus nur ist. Um eine scheinbare soziale Ordnung aufzustellen, brauchen sie Anstrengung und Gewalt, da es ihnen an wirklichen Werten fehlt, die sie vielmehr bekämpfen und zerstören wollen.

Doch keine Gewalt wird je den Sinn für Religiosität ausrotten können, der dem Menschen innewohnt.

Die zukünftige Gesellschaft wird denn auch nach allen Prophezeiungen eine Rückkehr zum ursprünglichen Christentum sein, als »niemand sagte, daß die Dinge, die er hatte, seine eigenen seien, sondern wo alles allen gehörte«. Wie in einer idealen Familie, in der wahre Liebe herrscht. Denn nur die Liebe kann dieses Wunder vollbringen. Auf den Ruinen der institutionalisierten Kirchen, wo sich die Menschen aus Aposteln in Administratoren verwandelt haben, wird die wahre Kirche erstehen, wo die Liebe das einzige Tauschmittel sein wird.

Die Jahre der fetten Kühe und der mageren Kühe

A. Barbault sagt in seinem Buch, *Les astres et l' histoire* (*Die Sterne und die Geschichte*), daß das jetzige chaotische Zeitalter bis 1992 dauern wird, weil sich der Erdball nicht früher erholt haben wird. Für die auf 1972 folgenden zwanzig Jahre sagt er Unglück voraus.

Es ist die Abfolge aller unheilvollen Ereignisse, mehr oder weniger verschärft und detailliert dargestellt, die wir schon auf den vorangegangenen Seiten aufgezählt haben. Nur daß A. Barbault auch ihre Daten festlegt und damit in den üblichen Fehler verfällt, den von Menschen gemachten Kalender und nicht die Verkettung der Geschehnisse zu betrachten. Die Astrologie kann Hinweise liefern, aber sie hat sicherlich nicht den Charakter der Schicksalhaftigkeit.

In den 15 Jahren zwischen 1988 und 2003 sieht A. Barbault die Niederlage der Kommunisten und die Erhebung von Mächten voraus, die sie vor allem nach 1993 niederwalzen werden. Schauplatz dieser Kämpfe wird besonders der Ferne Osten sein. Nach der Verjagung der Barbaren wird es in Europa im Jahr 1990 größere Inseln einer wiederhergestellten Lebenskultur geben. Das letzte Jahrzehnt des Jahrhunderts (1990–1999) wird ziemlich ruhig sein, doch vor 1989, sagt er, soll es drei so furchtbare Weltkriege geben, daß die vergangenen dagegen wie Kleinigkeiten erscheinen.

Nach so vielen Kämpfen und Katastrophen wird sich die Menschheit einer Ära des Friedens erfreuen können, es wird eine Zeit der Stille und Ruhe herrschen. Doch leider ist diese Ruhe nur ein Vorspiel zu einer noch heftigeren Wiederkehr von Kriegen und Heimsuchungen, die dem Auftreten des Antichrist vorangehen, der noch mehr Verderben bringen wird.

Hat sich die Erdachse verschoben?

Edgar Cayce, einer der größten Hellseher, hat das Ende des Kommunismus in Rußland vorausgesagt. Rußland und die Vereinigten Staaten werden als Verbündete die Hoffnung einer neuen Gesellschaft sein, die nicht mehr den Kampf als Basis hat, sondern eine weltweite Zusammenarbeit.

Nach der Unterdrückung durch die Zaren ist dieses Volk einem anderen Extrem verfallen. Es wird keinen Frieden finden, solange es nicht frei seine Meinung äußern darf und ihm die elementarsten Menschenrechte versagt sind; darunter die Ausübung des religiösen Kultes, wie ihn das Gewissen jedem einzelnen vorschreibt. Der Versuch, »nicht nur das wirtschaftliche Leben zu nivellieren, sondern auch das geistige, kann nicht von langer Dauer sein«, denn er ist von Grund auf böse und daher zum Scheitern verurteilt; der Mensch leidet darunter, nicht als Bürger, sondern nur als Zahl betrachtet zu werden. Das gleiche gilt für alle Völker, die unter einem Regime geistiger oder materieller Gewalttätigkeit leben müssen, sei es kommunistisch, faschistisch oder nationalsozialistisch. »Wenn man vergißt, seinen Nächsten zu lieben, dann kann der Herr auch keine Milde walten lassen, und solche Situationen können nicht von Dauer sein.«

Für Rotchina sagte er voraus, es würde nicht nur demokratisch werden, sondern das Christentum würde dort sogar weite Verbreitung finden.

Die außergewöhnlichen prophetischen Fähigkeiten, mit denen E. Cayce ausgestattet war, wurden durch zahllose Tatsachen und durch die Leute, die zu ihm strömten, unter Beweis gestellt. Den größten Teil der Antworten gab er im Trancezustand auf einem Bett liegend. Es sah aus, als würde er alles aus einem Buch lesen, das er vor sich hatte. Er stellte Diagnosen, gab Behandlungen und las mit unglaublicher Klarheit und Einfachheit in Zukunft und Vergangenheit, so daß man seine Antworten auch »Lesungen« nannte. Er mußte sich unzähligen Prüfungen und Kontrollen unterziehen, und viele Ärzte aus allen Teilen der USA konsultierten ihn.

Cayce hat wiederholt behauptet, daß die Erdachse schon 1936 angefangen hat, sich zu verschieben. Schritt für Schritt wird auch eine Änderung der Pole eintreten. Wenn sich dieses Faktum stärker ausbilden wird, wird es zu schweren Katastrophen führen. Auch wenn es den Völkern gelingen sollte, einen dritten Weltkrieg zu vermeiden, so kann es doch zu einem Kataklysmus kommen, der das Leben auf der Erde verändern wird. Eine Neigung der Achse würde die Jahreszeiten verändern und könnte ungeheure Zerstörung mit sich bringen. Wenn das Klima wechseln würde, dann wäre das Schmelzen der Eismassen mit all seinen Folgen nicht mehr aufzuhalten. Das würde ungeheure Zerstörung bringen. Cayce hat die fast vollständige Zerstörung von Los Angeles und San Francisco und für später auch die von New York vorausgesagt. Diese Katastrophen gehören zu einer weltumfassenden Erschütterung, die gegen Ende des Jahrhunderts eintreffen wird, »wenn ein neues Jahrtausend voll Hoffnungen anfangen wird«.

Im Januar 1934 prophezeite er: »Die Erde wird sich im Westen Amerikas auftun. Der größte Teil der japanischen Inseln wird im Ozean versinken. Nordeuropa wird sich in einem Augenblick vollkommen verändern. Ein neues Land wird vor der Ostküste Amerikas auftauchen.«

Ein berühmter amerikanischer Geologe hält die drastischen Veränderungen der Erde für durchaus möglich, die Cayce der Verschiebung der Erdachse zuschreibt, die, wie wir schon gesagt haben, um 1936 tief unter der Erdrinde bereits angefangen hat.

E. Cayce hat sich auch über Atlantis geäußert, seinen Glanz und seinen Untergang beschrieben; nach der Meinung des Sehers, sind die letzten atlantischen Inseln vor etwa zehntausend Jahren im Karibischen Meer versunken. Außerdem sagte er voraus, daß jenes Land ganz allmählich wieder aus den Fluten emportauchen würde, und zwar an der gleichen Stelle wie einst.

Wenn er in Trance war, hatte Cayce eindeutige prophetische Fähigkeiten. Auch im Hinblick auf die Verschiebung der Erdachse und auf die Risse der Erdoberfläche beschäftigte sich Cayce viel mit den Erdbeben, die eine der Hauptursachen für den Menschen widerfahrenes Unheil sind.

Er vertrat die Ansicht, daß die San Andreas Fault in Kalifornien der bekannteste Erdbebenherd für die ganze Erde ist, aber unbedeutend gegenüber den endogenen und kosmischen Kräften, die darauf einwirken. Diese Verwerfung ist ein bemerkenswerter Bruch in der Erdkruste, etwa zweitausend Meilen lang und fünfzehn tief. Aus der Höhe sichtbar, ist sie die Zielscheibe krankhafter Neugier und verantwortungsloser Bauspekulation; die Gefahr, die sie darstellt, wird dagegen von den Menschen ignoriert. Sie fahren nämlich in dem Wahnsinn fort, unterirdische Nuklearexplosionen zu verursachen und durch die Förderung von Erdöl und Gas unterirdische Hohlräume zu schaffen, die die Ursache seismischer Bewegungen großen Ausmaßes sein werden. Die Erschütterungen werden dort am häufigsten sein, wo die Erdkruste am schwächsten ist.

In seinen »Lesungen« spricht Cayce von Landmassen, die sich erheben und von anderen, die einstürzen werden, von solchen, die aus dem Meer emportauchen, und anderen, die darin versinken werden; die Folgen werden Seebeben, seismische Meereswogen und Überschwemmungen sein. Cayce spricht von Japan, dessen Inseln auf recht schwachen Fundamenten ruhen und im Meer versinken werden.

Was den Mittelmeerraum betrifft, blickt der Seher auf den Ätna und befürchtet auch ein Wiedererwachen der Vulkantätigkeit des Vesuvs. Weiterhin sieht er Eisberge um San Remo.

Die Erneuerung des Erdantlitzes durch das Wiederauftauchen von Landmassen wie Lemuria und Atlantis ist eines der auffallendsten Phänomene, die er für die nächste Zeit prophezeit.

Während des Krieges fragte ein Einwohner New Yorks Cayce um Rat. Er wollte wissen:

»Kann ich mich vor der Bombardierung und den feindlichen Angriffen auf die Stadt sicher fühlen?«

Die Antwort des Sehers war voller Weisheit:

»Weshalb sollten Sie sich nicht sicher fühlen, wenn Sie rechtschaffen leben?«

Wir empfehlen unseren Lesern, die vielleicht wegen der Ereignisse, die kommen sollen, besorgt sind, über diese Antwort nachzudenken.

Die Botschaften von Borup

Die prophetisch inspirierten Mitteilungen im dänischen Borup sehen aus wie die moderne Version dessen, was in der Bibel über »das Ende der Zeiten« steht. Es wird von einem Atomkrieg gesprochen (das Feuer, das vom Himmel kommt), von der Erdlandung von Wesen aus dem Weltraum, von Jesus, der mit den Engeln auf den Wolken daherkommt (die fliegenden Untertassen), von denen, die erhöht werden, von der Läuterung der Erde und dann von neuen Himmeln und einer neuen Erde »nach dem großen und schrecklichen Tag des Herrn«, wie der Prophet Maleachi sagt (IV, 5). Diese Mitteilungen beziehen sich weniger auf das, was dem letzten Tag vorausgeht, als vielmehr auf den letzten Tag selbst und was unmittelbar darauf folgt.

Ein genaues Datum wird in diesen Botschaften nicht angegeben, aber sie stimmen bedeutungsvoll mit anderen Prophezeiungen christlicher Inspiration (Nostradamus, der
heilige Malachias, Garabandal, Fatima usw.) darin überein,
daß das Ende ungefähr um 2000 eintreten wird. Auch die,
die ihre Schlüsse aus dem Studium der Pyramide ziehen,
und die Astrologen, die in den Sternen lesen, legen einen
Zeitpunkt kurz nach dem Jahr 2000 fest. Wir halten uns
lieber an die Behauptung dessen, der sagte:

> »Von dem Tage aber und von der Stunde weiß niemand,
> auch die Engel nicht im Himmel, auch nicht der Sohn,
> sondern allein der Vater.« (Matthäus, XXIV, 36)

In diesen Botschaften heißt es, daß »alles nicht nur im 20.
Jahrhundert passieren wird, wie es vorhergesagt wurde,
sondern bald«. Hier wird auch behauptet, daß unser Kalender dreizehn Jahre zu spät daran ist. Wir sind schon
in der elften Stunde, dem Vorabend der Erfüllung dessen, was in den vergangenen Jahrhunderten geweissagt
wurde.

Alle äußeren Zeichen des Endes werden als gegenwärtig
angesehen. Die Ereignisse der letzten Jahre sind das Vorspiel dessen, was geschehen wird. Was geschehen wird,
wird vielen grausam erscheinen, aber es gehört zu einem
natürlichen Prozeß, denn der Mensch hat durch seine Fehler allein den Grund für alles Unglück gelegt, das kommen
wird. Der größte Fehler war die Zerstörung des Mikrokosmos. Unter anderem hat der Mensch das Gesetz verletzt,
indem er das Atom spaltete. Mikrokosmos und Makro-
kosmos sind eng miteinander verbunden.

Der Mensch ist so weit gegangen, daß es für ihn unmöglich geworden ist, auf demselben Weg weiterzugehen und gleichzeitig zu überleben. Daraus werden sich die schlimmsten Katastrophen ergeben, denn es wird zu einem allgemeinen Atomkrieg kommen, der unsägliches Leid mit sich bringen wird. Die irdische Wissenschaft hat im Dienst des Egoismus eine solche Macht erreicht, daß das Massaker mit höchster Perfektion ausgeführt werden wird. Die Wissenschaft ist so weit fortgeschritten, daß dem Menschen die geistige Reife fehlt, sie unter Kontrolle zu behalten. Sie hat eine Stufe erreicht, über die sie nicht hinauskommen kann, sie hat den Punkt erreicht, in dem sie den Geist überflügelt hat. Der Mensch ist imstande, sich selbst auszurotten und die ganze Oberfläche seines Planeten zu zerstören. Er kann sogar der Galaxie schaden, der er angehört. Aber so weit wird es nicht kommen.

Das Schlimmste an der menschlichen Lage ist der Besitz von Kräften, mit denen er die ganze Erde verseuchen und auch noch anderen Weltraumbewohnern schaden kann. Daher ist das Ende der Zeiten nahe.

Es wird dem Menschen gestattet sein, alles zu verwirklichen, was er erfunden hat, ohne dabei die höheren Gesetze zu beachten, er wird seinen Haß gegen sich selbst wenden und von dem Haß getroffen werden, mit dem er sich umgeben hat von allen Seiten.

Die Folgen der Handlungen fallen immer auf die Täter zurück. So ist die Situation, in die sich die Menschheit gebracht hat, wie eine Sackgasse, an deren Ende das Wort »*Selbstzerstörung*« geschrieben steht.

Die Reaktion ist eine natürliche Folge, denn es kehrt zum Menschen zurück, was von ihm ausgegangen ist. Das ist zweifellos eine höhere Vorstellung als die jüdische Vorstellung vom Zorn und von der Rache Gottes, an der viele festgehalten haben. Aufgrund seines freien Willens kann der Mensch bis zur äußersten Grenze gehen, aber nicht so weit, daß er auch das Leben anderer Welten aus den Fugen bringen kann.

Was nun geschieht, ist die Erfüllung des Gesetzes. Im Evangelium steht, daß das alles notwendigerweise so kommen muß. Die Menschheit wird erst erwachen und begreifen, wenn sie sich in einer ausweglosen Situation befinden wird.

Alle wären rettungslos verloren, wenn nicht eine Hilfe käme, um die totale Vernichtung zu verhindern und die zu retten, die die neue Menschheit bilden werden. Nur mit dieser höheren Hilfe kann sich der Mensch aus seiner Lage retten. Aber diese Hilfe wird nur denen gegeben werden, die nach ihr verlangen, und erst dann, wenn der Mensch an der äußersten Grenze seines selbstzerstörerischen Wahnsinns angelangt ist. Wenn sie nicht verlangt oder nicht angenommen würde, wäre sie als Einmischung zu betrachten und damit eine Beschneidung des freien Willens.

Wer den Menschen helfen wird

Die den Menschen Hilfe bringen werden, befinden sich auf einer höheren Stufe im Leben und in der Hierarchie. Das Universum ist so unendlich groß, daß der Mensch nicht einmal die Zahl der Galaxien kennt. Im Kosmos kann es Lebensformen geben, die man weder sehen noch hören, noch sich vorstellen kann. Es gibt andere Orte im Weltraum, wo die Entwicklung harmonisch vor sich gegangen ist. Dort hat man einen höheren Bewußtseinsgrad erreicht. Dort ist geschehen, was auf der Erde nicht geschehen ist, und man ist weiter fortgeschritten. Der Mensch hat hingegen seinen Bewußtseinsgrad mißbraucht, um auf gewissen Wegen vorwärtszukommen, während er andere, wesentliche Dinge zurückließ. Andere Wesen haben seit Tausenden von Jahren das Stadium erreicht, in dem sich die Menschen von heute in tausend Jahren befinden werden. So haben die Bewohner der Venus einen höheren Bewußtseinsgrad als die Menschen auf der Erde. Sie verstehen das Gesetz und befolgen es. Sie können auch Reisen durch den Weltraum machen. Der Mensch nicht, denn ein bißchen über die Atmosphäre hinauskommen heißt noch nicht ins Weltall reisen.

Es gibt Wesen, die imstande sind, eine körperliche Gestalt anzunehmen und sie dann wieder aufzulösen, Wesen, die viel höher entwickelt sind als der Mensch. Sie leben nach dem Prinzip der Liebe und sind wie große Brüder immer bereit, denen zu helfen, die Hilfe brauchen.

»Wir sind Doppelwesen«, so sagen sie, »wir sind sowohl geistig wie körperlich, wir können uns auf diese zwei Arten zeigen.« Sie behaupten, mit vielen Menschen schon geistigen Kontakt durch Telepathie aufgenommen zu haben, während sie sich anderen körperlich genähert haben. Sie haben auch schon Weltraumbewohner auf die Erde gesandt, die nun unter den Menschen leben. Sie haben jedoch den Befehl, auf keine Weise in die menschlichen Ereignisse einzugreifen.

Wenn die Ereignisse einander zu überstürzen beginnen, wird es großes Leid geben, aber jeder Mensch wird in die Lage versetzt werden, die ihm vom geistigen Gesichtspunkt aus gebührt.

Das Zeichen für das Kommende

In naher Zukunft, noch vor dem Ende des Jahrhunderts, werden zahlreiche fliegende Untertassen erscheinen, und sie werden immer häufiger zu sehen sein. Jedermann wird sie sehen. Es wird normal sein, ganze Geschwader am Himmel zu beobachten. Demonstrationsflüge werden stattfinden, wenn die politische Lage der Erde so schlimm sein wird, daß ein weltumfassender Konflikt unvermeidlich ist. Es werden Demonstrationsflüge sein, die vielen Zwecken dienen werden, aber der Hauptzweck wird der sein, den Menschen bewußt zu machen, daß es viel höhere Dinge gibt als ihre kleinlichen Streitereien.

Das ist alles genau vorausgesehen worden, nichts wurde vergessen unter der Aufsicht der größten Geister der Hierarchie.

Die Gegenwart der fliegenden Untertassen ist eine Wahrheit von hohem moralischen Wert und eine Erfüllung des hierarchischen Gesetzes, nach dem die Wesen sich einerseits immer höher erheben, aber andrerseits denen helfen, die unter ihnen sind, ohne in deren Angelegenheiten einzugreifen, mit absoluter Rücksicht auf deren freien Willen und Unabhängigkeit.

Die dramatische Ankündigung der Ereignisse

»Das chinesische Volk ist augenblicklich der Machtfaktor auf der Erde, der das Gleichgewicht der Mächte stört. Die Welt geht einem Atomkrieg entgegen, dessen äußerste Folge wäre: Auslöschung jeglichen Lebens auf dem ganzen Planeten. Die Katastrophe zu vermeiden, scheint unmöglich zu sein ... Sehr bald – so heißt es in den Botschaften weiter – werden die großen Weltereignisse hereinbrechen. Sie werden ihren Ursprung in China haben und sich über Rußland und Europa ausbreiten, bis die Welt zur Hölle werden wird.« »Alles wird mit einem Krieg im Fernen Osten beginnen, der rasch in einen Atomkrieg ausarten wird.«

Diese Sprache ist kategorisch, unwiderruflich; der Sprecher ist sich dessen, was er sagt, ganz sicher. Aber in so viel Schrecken gibt es auch eine Hoffnung. Eine weiter fortgeschrittene Wissenschaft und Technologie sind bereit, den Menschen zu helfen, vor allem, weil sie weiter entwickelt sind und von dem Altruismus höherer Wesen kommen, die sich für alles interessieren, was im Universum geschieht.

»Wir sind«, so sagen die Kontaktwesen, »zu einer unmittelbaren und intensiven Vorbereitung einer riesigen Hilfsaktion aufgerufen, die in einem bestimmten Augenblick im Lauf der Prüfungen, die sich die Menschheit selbst auferlegt, vom äußeren Raum kommen wird. An diesem Punkt beginnen die fliegenden Untertassen ihr Werk: Die Erde wird evakuiert werden durch Ferntransporte auf Raumschiffen. Es wird Massenlandungen geben, wenn ›der Punkt ohne Wiederkehr‹ erreicht sein wird, und einer in der verzweifelten Lage ›auf den Knopf drücken wird‹.«

Der große Tag

Kein Fleisch könnte überleben, wenn jene Tage nicht abgekürzt würden. Die Nacht von Gethsemane ist das schreckliche Bild des menschlichen Leidens in jenen fürchterlichen Stunden. Viele werden sofort sterben wollen. Aber die Leiden werden nicht zu lange dauern können.

»Wenn die Verzweiflung den Gipfel erreicht hat, werden

wir aus dem Weltraum auf eine Weise kommen, daß uns die Menschheit sofort verstehen wird. Die Leute werden uns sehen, hören und uns finden können. Wir werden zu Werk gehen wie der Blitz von einer Sekunde zur anderen.«

»Wer auf uns hört und uns gehorcht, wird in die Luft gehoben werden, und von dort aus wird er die Läuterung der Erde durch das Feuer erleben. Danach wird er wieder auf die Erde zurückgebracht, und er wird sein Leben in einem neuen Geist wiederaufnehmen.«

»Die auf der Erde geblieben sind, werden wir massenweise in riesigen Raumschiffen evakuieren, die eigens zu diesem Zweck hergestellt worden sind.«

»Die Leidenden, die Kranken, die Getroffenen, auch die Krüppel und die von Geburt an Siechen usw. werden geheilt und ganz normal werden, nachdem sie die Raumschiffe betreten haben: Das ist eine Folge der Karmischen Läuterung der Erde und das Prinzip der Gnade, das zu wirken beginnt.«

»Während die Läuterung der Erde stattfindet, wird den Leuten in den Raumschiffen eine materielle und geistige Hilfe zuteil werden, so daß sie dann vollkommen gesund und mit einem neuen, total veränderten Geist auf die Erde zurückgebracht werden können.«

Die Erde wird stillstehen und dann schwanken

Nach der Evakuierung wird die Erde einen Augenblick lang stillstehen. Dann wird sie sich drehen, dann schwanken. Die Schwankung wird blitzschnell geschehen. Aber dann wird alles vollkommen verändert sein: Wo Land war, wird Meer sein, und wo Meer war, wird Land sein.
Die Erdoberfläche wird gereinigt sein. Alles, was das

menschliche Denken geschaffen hat und was von dem bisherigen falschen Bewußtsein beeinflußt war, wird verschwinden. Wenn das nicht geschähe, würden diese Einflüsse wieder im Bewußtsein derer, die auf die Erde zurückkehren, zur Wirkung kommen, und alles würde wieder so anfangen wie zuvor.

Der ätherische Leib der Erde, die Atmosphäre, wird auch von der Radioaktivität befreit werden und ebenso von jeder anderen Verunreinigung, die der Mensch verursacht hat. Daher ist es so notwendig, mit der Macht des Denkens vorsichtig umzugehen. Worte und Gedanken sind lebendige Wesen, Impulse, das Prinzip der Schöpfung.

Die Neue Erde wird ein erneuerter Planet sein, auf dem fortgeschrittenere Menschen leben können.

Wer wird mitgenommen und wer zurückgelassen werden?

Im *Evangelium* heißt es, daß von zwei Menschen einer genommen und der andere gelassen werden wird. Aber in vielen Fällen wird weder der eine noch der andere den Grund dafür verstehen.

Die Prüfungen, die der Mensch durchzumachen hat, sind notwendig für seine Entwicklung. Aber einige werden sie bestehen und andere wieder nicht. Aber keiner wird verlorengehen, nicht einmal die, die ihre Augen auch im letzten Augenblick nicht öffnen.

»Um die Prüfung zu bestehen, indem man sein Bewußtsein auf eine höhere Stufe erhebt und so die Rettung erlangt, muß man folgende Forderungen erfüllen: 1. Den Namen und die Existenz Gottes aus eigenem Willen erkennen und anerkennen; 2. sich dem göttlichen Gesetz unterwerfen. Das genügt für die Rettung und die Weiterführung des Lebens auf der erneuerten Erde. Wer zur Besinnung kommt, und sei es im letzten Augenblick, wird gerettet werden.« Das ist das Prinzip der Gnade. Der Mensch wird von Gott wieder in Gnaden aufgenommen werden. Es wird mehr Freude herrschen über einen Sünder, der Buße tut, als über 99 Gerechte. Wem bewußt wird, daß er schlecht gehandelt hat und wer dann seine Taten bereut und sich vornimmt, nie mehr so zu handeln, der hat das Ziel der Unterweisung erreicht.

Alle, die die Bedingungen des Gesetzes nicht erfüllen, werden zwar für die Erde verloren sein, nicht aber für Gott. Der Eintritt ins Neue Zeitalter bleibt ihnen versagt, und sie werden ihre Entwicklung an einem anderen Ort weiterführen. Auf anderen Planeten, die nicht zu unserer Galaxie gehören, werden sie wieder einen Leib annehmen und auf ihrer Stufe in der Hierarchie weiterleben. Der Ort, wo sie sein werden, wird die gleiche Entwicklungsweise haben wie die Erde und wird mit ihrer jetzigen irdischen Lebensweise zusammenpassen. Aber auch sie werden früher oder später die nächsthöhere Stufe erreichen. Sie können tausend Jahre dazu brauchen, aber der Aufstieg ist sicher. Sie werden nicht einmal wissen, was passiert ist. Die Erinnerung an die Vergangenheit wird ihnen ausgelöscht werden, sie werden nicht mehr leiden, sondern von neuem in einer Welt des Irrtums leben, weil sie selbst es so gewollt haben. Sie haben mit der Masse gelebt, gehandelt und getötet, weil sie unfähig waren, allein zu handeln und unabhängig ihren Weg zu suchen.

Wer stirbt, wird mit seinen Leiden weiterleben, bis er zu der Erkenntnis kommt, daß die geistigen Werte und Kräfte, die jeder besitzt, bewußt für die Suche nach Gott eingesetzt werden müssen. Dann werden die Leiden enden.

Die einen werden die Auflösung ihres Karma schnell erreichen, andere werden es länger tragen müssen. Das hängt vom Verhalten eines jeden ab, das er in bestimmten Situationen an den Tag legt. Wer nicht fähig ist, das Prinzip der Liebe zu verwirklichen, der bleibt noch auf einer unteren Entwicklungsstufe stehen.

Eine gewaltige Hilfe wird auch auf materieller Basis gegeben werden, damit der Aufbau des Neuen Zeitalters auf der neuen Erde rascher verwirklicht werden kann.

Die Menschen, die die Prüfung bestanden haben, haben tausend Jahre Zeit, um sich bis zu der Stufe zu erheben, auf der kein physischer Leib mehr nötig sein wird.

Eine unheilvolle planetarische Konzentration in den Jahren 1982/83?

Der bekannte französische Astrologe und Verfasser mehrerer Bücher, André Barbault, hat kürzlich eine *Weltastrologie* (Fayard, Paris) veröffentlicht, auf deren 332 Seiten er unter dem Untertitel »Das große planetarische Ungleichgewicht in den Jahren 1982/83« keineswegs günstige Ereignisse für diesen Zeitraum ankündigt.

Der Autor vertritt die Meinung, daß das universale Leben im Rhythmus zyklischer Bewegungen verläuft. Jeder Planet des Sonnensystems vollzieht in seinem Umlauf um die Sonne, Mittelpunkt dieses Systems, einen bestimmten Zyklus. Gleichzeitig kommt es vor, daß in bestimmten Epochen die Planeten in einer eng begrenzten Himmelszone in Gruppen zusammentreffen, »sie ballen sich zusammen«: das sind die Perioden planetarischer Konzentration. Der Autor hat diese Phänomene erforscht und sich dabei eines mathematischen Index bedient, der die reziproken Positionen der Planeten in ihrer Bewegung betrachtet. Diesen Index stellt er den historischen Ereignissen gegenüber. Das verblüffende Ergebnis dieser Studie war, daß jedesmal, wenn diese planetarische Konzentration vorliegt, die Erde und ihre Bewohner den unerwünschten Wirkungen gegensätzlicher Kräfte unterliegen. Nach Barbault wiederholt sich die astrologische Konzentration alle fünf Jahrhunderte in verschiedenen Abschnitten des Zodiakus und in verschiedenen Konfigurationen. Der Autor hat festgestellt, daß dies in der Vergangenheit immer zu bemerkenswerten Mißverhältnissen auf wirtschaftlichem und sozialem Gebiet geführt hat. Die Geschichte der Menschheit, behauptet er, hat das durch nachprüfbare Ereignisse bewiesen.

Wenn man besonders die planetarische Konzentration von 1982/83 betrachtet, werden die Planeten Jupiter, Saturn, Uranus und Neptun zwischen dem Ende der Waage und dem Beginn des Steinbocks, das heißt innerhalb von sechzig Grad des Tierkreises, zusammentreffen. Die anderen Planeten Mond, Merkur, Venus und Mars sowie die Sonne werden diesen Teil im November 1982 durchqueren. Der Astrologe beschränkt sich auf die Aussage, daß sich wegen dieser außergewöhnlichen Planetenkonzentration auf der Erde gegensätzliche Einflüsse bemerkbar machen werden. Er geht weder auf Einzelheiten ein noch präzisiert er Fakten und Ereignisse, die in den genannten Jahren geschehen sollen. Er fügt nur an, daß das Ende der achtziger Jahre für die Sowjetunion eine »wesentliche Etappe« sein wird, ohne jedoch näher auszuführen, in welchem Sinne. In diesem Zeitraum wird sich nämlich eine Konjunktion von Saturn und Neptun ergeben, die in der Geschichte Rußlands immer Ereignisse von weittragender Bedeutung gekennzeichnet hat.

Barbault hat seine Theorie an den historischen Ereignissen der letzten zwanzig Jahrhunderte überprüft und hat belegt, daß sie überzeugend ist.

In dem Augenblick, in dem Judas sich zum Verrat anschickte, hat Jesus zu ihm gesagt: »*Was du tust, das tue bald!*« Für einen beschränkten Geist könnte das nach einem Aufruf zum Verbrechen klingen, doch das Werk Judas' *mußte vollbracht werden* – aufgrund einer höheren Notwendigkeit, und als solches gehörte es zu einem höheren Plan. Der Ansporn, sich zu beeilen, hatte diese Bedeutung. In dem göttlichen Plan, innerhalb dessen der Mensch handelt und sich bewegt, gibt es Fixpunkte, auf die der Plan selbst sich stützt, auch wenn die Variationen unzählige sein mögen. Die Hand des unsichtbaren Schöpfers, der das universale Leben steuert, schlägt den Takt zur Erfüllung dieses Plans; die göttliche Hierarchie, die die Evolution der Welten lenkt, bedient sich derer, die durch ihren Entwicklungsstand dazu geeignet sind zu tun, was vollbracht werden muß.

Seit Jahrtausenden ist vorhergesagt worden, was jetzt geschieht. Für die unmittelbare Zukunft gibt es keine guten Aussichten; im Gegenteil, man spricht von Naturkatastrophen und Kriegen, von Verwüstungen, Heimsuchungen und Blut. Die Epoche freudvoller Brüderlichkeit ist eine unfehlbar sichere Tatsache, doch sie betrifft eine ferne Zukunft, die nach den schmerzlichen Ereignissen liegt. Die von allen erwartete Neue Ära wird kommen, sobald der alles fortreißende Sturm sich gelegt haben wird. Dann wird es ein neues Leben geben; es wird eine totale Veränderung auf allen, sowohl materiellen als auch geistigen Ebenen bedeuten.

Diejenigen, die behaupten, daß es Kriege, Naturkatastrophen, Sittenverfall und anderes zu jeder Zeit gegeben hat, und daraus schließen, daß es heute ist, wie es immer schon war, sind sich nicht klar darüber, daß dies eine außergewöhnliche Epoche ist, sie können nicht sehen, daß die gegenwärtigen Ereignisse ein Vorspiel auf eine völlige Erneuerung der Menschheit sind. Das Phänomen geht weit hinaus über das begrenzte Fassungsvermögen eines, der in einer materialistischen Vorstellung lebt.

Wir befinden uns am Abschluß eines für die Menschen und für die Erde selbst wichtigen Zyklus: Es handelt sich um den Übergang von einer Epoche zur anderen. Das ist der notwendige Weg des ewigen Fortschreitens des Großen Lebens. Die verheerenden Ereignisse sind ein Übel, wenn man sie aus der Nähe und oberflächlich betrachtet, doch in der Zusammenschau und in ihrem Zweck sind sie der Schatten, der das Licht in einem Bild stärker hervorhebt. Jede Zerstörung trägt den Keim eines Wiederaufbaus auf den Fundamenten in sich: Es wird die Neue Ära voll Liebe und Frieden sein.

Es ist notwendig, das Alte niederzureißen, um das Neue aufbauen zu können: Es ist die Nacht vor dem Tag.

Der Punkt, an dem die Menschheit heute angelangt ist, ist der tiefste des Yuga; die ganze Parabel ist durchlaufen, auch wenn der Tiefpunkt noch nicht erreicht worden ist. Danach wird der Wiederaufstieg beginnen. Darum sollten die gegenwärtigen Zeiten nicht dramatischer gesehen werden, als sie es wirklich sind, sondern als eine notwendige Durchgangsphase, die vor dem Wiederaufstieg kommt.

Jedes Wachstum ist immer ein mühevoller Prozeß. Nach den nächsten zwei Jahrzehnten voller Plagen soll alles Unglück aufhören und einer Ära des Friedens Platz machen.

Ohne Erneuerung gäbe es einen verwesenden Stillstand. Alle spüren das Bedürfnis nach frischer Luft, nachdem sie längere Zeit in einer vergifteten Atmosphäre gelebt und geatmet haben. Die Strukturen der Gesellschaft sind unter jedem Aspekt, dem politischen, religiösen, kulturellen, so lähmend geworden, daß sie für die Menschen von heute nicht mehr erträglich sind. Die Situation hat sich so entwickelt, daß man ohne einen Bruch und eine völlige Erneuerung nicht mehr darüber hinausgehen kann. Das Gefühl des Provisorischen ist heute weit verbreitet und in jeder menschlichen Aktivität sichtbar. Nichts scheint mehr über mehr als eine kurze Zeit standzuhalten, alles tut man, um es bald schon wieder zu erneuern.

Das ist das Lebensgesetz: Nichts endet, alles wandelt sich. Dieser Zyklus geht vorbei, es kommt ein anderer, dann wieder ein anderer. Alles erneuert sich.

Es sind keine Strafen

Gewisse Vorhersagen, die von Menschen in gutem Glauben gemacht werden, in denen jedoch Bibellektüre und monastischer Zwang reale oder imaginäre Visionen hervorgerufen haben können, die in verschiedenen Versionen die antiken Prophezeiungen wiederholen, sollten mit Vorbehalt und Mißtrauen betrachtet werden.

Sie beziehen sich nie auf Wohlstand, Überfluß, Gesundheit und Liebe zu schönen Dingen, so als wären diese nicht auch ein Teil des Lebens, sondern sie künden immer von Seuchen und Erdbeben, von Kriegen und Katastrophen mit den darauf folgenden Bränden, Plünderungen und Verwüstungen.

Ein weiterer Grund dafür scheint in der Tatsache zu liegen, daß der Weissagende nur moralische Absichten hatte: zu dem Zweck, bei den Menschen eine Besserung ihrer Laster unter der Drohung göttlicher Strafen zu erreichen.

Es stimmt sicher nicht heiter, daß Hauptthema vieler Prophezeiungen die Katastrophen und Kataklysmen und das

Weltende sind – nur unter dem Gesichtspunkt der Strafe gesehen.

Hier herrscht die alte, niedrige Vorstellung des göttlichen Zorns vor, das archaische Bild von der himmlischen Rache. Hier ist nichts vorhanden von der gerechteren und menschlicheren Vorstellung einer Entwicklung des Lebens hin zu neuen, höheren Zielen, die Vorstellung einer für jedes Wachstum des Lebens notwendigen Erneuerung.

Wenn man von Gott spricht, der Rache nimmt, der von Zorn ergriffen und überwältigt ist, dann heißt das, den Begriff der Gottheit auf die Ebene der weniger entwickelten Menschen von kümmerlicher moralischer Erziehung zu bringen. Das ist die Sprache der Religionen im Umgang mit den Massen, die man wie Kinder ansprechen muß. Es ist eine Sprache, die für die erwachsen gewordene Menschheit, die sich dagegen wehrt, keine Gültigkeit mehr hat.

Der Mensch mit eng begrenzter Sichtweise kann sich nur schwer zu der Erkenntnis durchringen, daß es kein Gott von außen ist, der ihn bestraft, sondern daß seine eigenen Handlungen die Ursachen sind für das, was ihn quält. Er erleidet das, was er hervorgerufen hat, zu ihm kehrt zurück, was von ihm ausgegangen ist.

Die Handlungen, ob gute oder schlechte, enthalten in sich selbst Belohnung und Strafe und werden unvermeidlich zur rechten Zeit eingelöst – durch das Wirken eines Gesetzes, das den Dingen selber innewohnt, ohne daß es einen gäbe, der sich ärgert oder rächt, der wohlwollend ist oder sich eifrig bemüht, Belohnungen oder Strafen zu verteilen.

Statt daß die Menschen sich selber die Ergebnisse ihres Unverstandes zuschreiben, projizieren sie sich in die Gottheit, indem sie ihr die eigenen Gefühle zuschreiben und es wagen, ihr Handlungen zur Last zu legen, die nur weniger Entwickelte, getrieben von Zorn, Rachsucht etc., begehen würden.

Eigentlich hätte die von Jesus gebrachte Botschaft der Liebe in den Menschen die Vorstellung von Gott wandeln müssen. Dennoch ist man zweitausend Jahre lang mit der jüdischen Denkweise vom alten Jahwe fortgefahren, der jähzornig und rachsüchtig bei seinen Feinden Rache nimmt, und man kam sogar zu den theologischen Verirrungen, ewige Strafen und ähnliches anzunehmen. Menschen, die eine so erbärmliche Vorstellung von Gott haben, noch wirklich primitive Menschen, verurteilen sich selbst, primitiv zu bleiben. Wie kann die Menschheit mit diesen so rückschrittlichen Ideen weiterkommen? Wie kann man mit dem Bild eines solchen Gottes, der so verwerflich und auf einem schlimmeren Niveau als die Menschen ist, zur Liebe und zur Vergebung anhalten?

Zur Liebe muß man zurückkehren, zum Wort Christi, dem anvertraut, der es vergessen und verraten hat.

Vaterliebe und Mutterliebe werden angesichts der unsinnigen Handlungen ihrer Kinder nicht geringer, im Gegenteil ist die Liebe zu dem, der auf Abwege geraten ist, stärker, wie Jesus selbst eindeutig im Gleichnis vom verlorenen Sohn und in dem vom Hirten, der die neunundneunzig Schafe verläßt, um das eine verlorengegangene zu suchen, gezeigt hat.

Die Gesellschaft der Zukunft wird auf die Liebe gegründet sein und eine höherstehende Vorstellung von Gott haben, nämlich die, daß die Göttliche Gerechtigkeit alles zum Wohl dessen, der voranschreiten soll, in dem Gesetz der Liebe ausgleicht.

Wenn wir heute richtig handeln, haben wir den Schlüssel zur Zukunft in der Hand. Nur die Gegenwart zählt. Handlungen und Ereignisse haben eine wechselseitige Verbindung, die von Ursache und Wirkung. Wie die Gegenwart das Resultat der Vergangenheit ist, so wird das zukünftige Geschick von jedem einzelnen mit seinen Handlungen in der Gegenwart erbaut.

Der Angelpunkt, um das eigene Schicksal in den Griff zu bekommen, besteht allein darin, gut zu handeln. Jede Unordnung fordert eine Reaktion heraus, es gibt keine disharmonische und außerhalb der richtigen Evolutionslinie liegende Handlung, die nicht als automatische Konsequenz die Rückkehr zur vorausbestimmten Ebene hätte und nicht notwendig Leid verursachen würde. Es ist nicht, wie manche noch gefühlsmäßig glauben, eine von außen kommende Kraft, die agiert, sondern ein Gesetz, das das Leben regiert, ein Gesetz, das den Dingen selbst innewohnt. Wenn man es um jeden Preis personifiziert sehen will, ist es ein Gesetz, das Gott in die Dinge gelegt hat, auf den alles zurückgeht und aus dem alles seinen Ursprung hat. Es ist die Immanenz, töricht negiert von dem, der Gott noch als einen orientalischen Despoten, der nach eigener Willkür und Lust regiert, darstellen will.

Die tausend glücklichen Jahre auf der erneuerten Erde

»Selig diejenigen, die zum Hochzeitsmahl des Lammes geladen
sind.«
(Apokalypse XX)

Der Drache wird bald in Ketten gelegt werden; damit wird
der harte Kampf, der sich in den letzten Jahren seiner Freiheit entfesselt hatte, zu Ende gehen, und die tausend
glücklichen Jahre werden anbrechen, in denen endlich
Friede auf Erden herrschen soll.
Aber in dem letzten Abschnitt unseres Jahrhunderts ist
das Ungeheuer noch ungehindert am Werk und tobt mit
ständig wachsender Wut bis zu dem Augenblick, in dem
man es in Ketten legen wird. Dann wird die erste Auferstehung erfolgen, von der in der Heiligen Schrift zu lesen
steht.

Die erste Auferstehung

»Und ich sah einen Engel vom Himmel fahren, der hatte
den Schlüssel zum Abgrund und eine große Kette in
seiner Hand. Und er griff den Drachen, die alte
Schlange, das ist der Teufel und Satan, und band ihn
tausend Jahre und warf ihn in den Abgrund und ver-
schloß ihn und tat ein Siegel oben darauf, daß er nicht
mehr verführen sollte die Völker, bis daß vollendet
würden tausend Jahre. Danach muß er los werden eine
kleine Zeit.

Und ich sah Throne, und sie setzten sich darauf, und ihnen ward gegeben das Gericht. Und ich sah die Seelen derer, die enthauptet sind um des Zeugnisses von Jesus und um des Wortes Gottes willen und die nicht angebetet hatten das Tier noch sein Bild und nicht genommen hatten sein Malzeichen an ihre Stirn und auf ihre Hand; diese wurden lebendig und regierten mit Christus tausend Jahre. Die anderen Toten aber wurden nicht wieder lebendig, bis daß die tausend Jahre vollendet wurden. Dies ist die erste Auferstehung. Selig ist der und heilig, der teilhat an der ersten Auferstehung. Über solche hat der zweite Tod keine Macht; sondern sie werden Priester Gottes und Christi sein und mit ihm regieren tausend Jahre.« (Offenbarung, XX, 1-6)

Das Neue Zeitalter

»Wenn man dem Prinzip der Großen Wochen folgt, nach dem für das Zeitalter des Adamsgeschlechtes nun sechs Tage von je tausend Jahren vergangen sind, dann muß jetzt ein Ruhetag kommen, das wäre das Jahrtausend, das von 2001 an einen Zeitraum von tausend Friedensjahren bringen soll.« So schreibt G. Barbarin. Das ist das Goldene Zeitalter, die ewige Sehnsucht der Menschen aller Zeiten, die sich nach so vielen Kämpfen Frieden wünschen, das Paradies auf Erden, der Traum aller während der irdischen Plagen, es ist der Siebente Tag der Bibel, an dem »Gott ruhte«. Alle Prophezeiungen stimmen in diesem Punkt überein.

Das Neue Zeitalter ist eine vielgestaltige Wiederholung anderer Epochen, die, weil sie den höchsten Punkt ihrer Entwicklung erreicht hatten, verfallen sind. Die Entwicklungsphasen wiederholen sich scheinbar, denn insgeheim sind die Ereignisse, die geschehen, zwar die Wiederholung gewisser Phänomene, aber sie sind doch nicht mehr dieselben Phänomene. Das Leben ist eine Gottesgabe, deren wahren Wert nur wenige zu schätzen wissen; und nur eine kleine Gruppe begreift die Schönheit, die in der synthetischen Schau des Ganzen liegt.

»Und ich sah einen neuen Himmel und eine neue Erde; denn der erste Himmel und die erste Erde vergingen, und das Meer ist nicht mehr.«

Die Welt der Materie ist verschwunden. Wir befinden uns in einer anderen Umgebung, wo das Leben in einem anderen Licht pulsiert und die Geschöpfe leuchtender sind, weil sie erhöht wurden.

Was bringt das dritte Jahrtausend

Die neue Menschheit wird besser sein als die heutige, denn sie wird aus gerechteren Menschen bestehen, die über die tierische Stufe hinausgewachsen sind. Sie haben eine höhere Lebensstufe erreicht.

Die Bewußtseinsänderung bei denen, die die bevorstehenden Prüfungen bestehen werden, wird natürlich auch Veränderungen körperlicher Art mit sich bringen. So wird durch die Entwicklung der Teile des menschlichen Gehirns, die heute noch nicht benutzt werden, die praktische Anwendung des gesamten Schleimhautkomplexes und der Zirbeldrüse möglich werden. Der Mensch wird also auf die Vibrationen der Astralsphäre antworten können, die für unsere heutigen Sinne nicht wahrnehmbar sind. Die Registrierung von Schallfrequenzen und visuellen Eindrücken, die unser Gehirn heute nicht aufnimmt, wird alltäglich sein. Das Leben wird dadurch eine unglaubliche Erweiterung erfahren.

Die Bedeutung von Zeit und Raum, dem heutigen Gefängnis des Menschen, wird dadurch tiefgreifend verändert werden. Alle Fähigkeiten werden sich steigern und neue werden auf der neuen Entwicklungsstufe dazukommen. Das Leben des Menschen wird länger dauern. Wenn eine Existenz an ihrem Ende angelangt ist, dann wird der Wechsel bewußt vor sich gehen, und der Mensch wird einen anderen Leib annehmen, sobald ihm die Zeit für diesen Wechsel gekommen zu sein scheint. Ein Prozeß der Wiedergeburt nach göttlichem Plan. Der Tod wird überwunden sein, und man wird verstehen, daß das Leben wirklich ewig ist.

Alles wird sich ändern

Das Nervensystem wird sich zu einer derartigen Sensibilität entwickeln, daß es auch auf äußerst feine und blitzschnelle Vibrationen reagieren wird, im Vergleich zu denen unsere heutigen Wahrnehmungen grob und ungeschlacht erscheinen werden. Schon heute gibt es höher entwickelte Menschen, die mit sensibleren Empfangsantennen ausgestattet sind. Leider fühlen sich diese Leute in der Umgebung, in der sie heute zu leben gezwungen sind, nicht wohl, und sie leiden mehr als die anderen, da ihre feinen Nerven keine Stöße, Erschütterungen und Vergiftungen vertragen. Wenn sich die Umgebung nicht ändern würde, könnten diese Leute nicht überleben.

Bis heute hat die Großzahl der Menschen auf einem Niveau gelebt, das nicht viel höher ist als das der Tiere. Die Notwendigkeiten der materiellen Existenz absorbierten einen großen Teil der Aktivität und viele Energien. Kämpfe und Konflikte waren die Folge davon. In Zukunft werden viele, heute vorherrschende Tätigkeiten keine Existenzberechtigung mehr haben, denn die neue Gesellschaft wird andere Ziele und andere Ideale haben. Die zukünftigen Menschen werden sich zum größten Teil mit Kunst und Wissenschaft beschäftigen. Die Kenntnisse auf dem Gebiet der Physik, der Chemie und der Mathematik werden erweitert und vertieft werden. Daraus wird der Mensch wohltuende und für alle heilsame Kräfte von wirklich außerordentlicher Tragweite zu ziehen wissen.

Diese Vorhersagen über die zukünftigen Zeiten wurden in prophetisch inspirierten Mitteilungen und von vielen Sehern verkündet.

Das Prinzip der Liebe

Die Menschen von morgen werden sich an die Vergangenheit ungefähr so erinnern, wie wir an die Menschenfresser und Höhlenmenschen denken. So werden wir den Mitgliedern der zukünftigen Gesellschaft erscheinen, denn sie wird aus besseren Menschen bestehen, deren Lebenszweck nicht Geld, Besitz, Macht, Genuß und die Unterdrückung derer ist, die sie als Hindernis für ihre eigenen egoistischen Zwecke fürchten.

Die arme Menschheit wird endlich ihr Ideal erreichen, das Ideal, das sie verfehlte, obwohl es Christus schon gepredigt hatte.

Der Mensch wird aus seinen Erfahrungen lernen, daß Liebe und Geistigkeit die höchste Stufe des Lebens sind, denn nur, wenn er seinen Nächsten liebt wie sich selbst, wird er automatisch alle sozialen Probleme des irdischen Lebens lösen können. Die Liebe ist die göttliche Kraft, die diejenigen vereint, die durch das Gehirn und den Egoismus getrennt sind. Daher kann eine menschliche Gesellschaft nur Bestand haben, wenn ihr Fundament die Liebe ist. Alles, was nicht die Kraft hat, in der Liebe wieder zu erstehen, geht unter, denn nur die Liebe ist Leben. Erst wenn die Menschen das verstanden haben, haben sie wirklich ihr Heil erreicht.

Nachdem das Bewußtsein eine höhere Stufe erreicht hat, wird eine vollkommene Harmonie zwischen allem Lebenden herrschen: Die Menschen werden harmonisch miteinander, aber auch in Frieden mit den Tieren und der Natur leben. Im Reich der Liebe gibt es keine Unterschiede, denn alles ist von Gott geschaffen, auch wenn es sich auf verschiedenen Lebensstufen befindet.

Wenn der Egoismus einmal überwunden ist, der in der Vergangenheit die Norm der Existenz und Ursache und Ursprung aller Streitigkeiten war, dann wird die Menschheit wirklich eine Familie sein. Das glückliche Zeitalter wird wiederkommen, in dem der Löwe friedlich neben dem Lamm weidete und die Erde Frucht in solcher Fülle gab, daß eine Weintraube von zwei Männern getragen werden mußte. Die Harmonie und das Glück, die auf der Erde herrschen werden, übersteigen unsere Vorstellungskraft.

Die formellen Religionen mit ihren Trennungen und Gegensätzen, so wie sie uns bis jetzt bekannt waren, werden der Vergangenheit angehören. Nachdem die infantilen Formen der Religion im Geist wie in der Praxis überwunden sind, werden die Menschen der zukünftigen Gesellschaft im Innersten von der Religion durchdrungen sein, denn sie wird die Essenz ihres Lebens bilden.

Die Vereinigung wird sich auch und vor allem auf gedanklicher Basis vollziehen; zwischen weit voneinander entfernten Menschen wird die Telepathie das normale Verständigungsmittel sein. Das wird zu einer unvorstellbaren Erweiterung der menschlichen Beziehungen führen.

In den Botschaften von Borup heißt es jedoch, daß nicht

alle zur gleichen Zeit dieselbe Stufe erreichen können. Daher wird nach den tausend Jahren wieder eine Auslese notwendig sein. Sie wird nicht den Tod bringen, sondern auf physischer Ebene vor sich gehen: Es wird die zweite Auferstehung sein.

In Richtung auf eine Neue Ära

Die Gesellschaft von morgen wird ihre Fundamente auf eine andere Basis gründen als diejenige, auf die sich die gegenwärtige stützt. Die Basis wird nicht mehr Sex, Geld und Macht sein, sondern brüderliche Liebe und gegenseitiges Verständnis, die wahre menschliche Solidarität, deren Ziel die individuelle und kollektive Evolution ist. Solange es nämlich noch geistig gering entwickelte Menschen gibt, wird sich die Menschheit nicht völlig befreit vom Joch der Materie nennen können. Deshalb fühlt sich einer, der den anderen vorangeschritten ist, verpflichtet, sich in brüderlichem Geist dem zuzuwenden, der zurückgeblieben ist, um ihm die Hand zu reichen und ihm beim Aufstieg zu helfen.

Die ideale Gesellschaft

Die Demokratie, wie sie heute verstanden und praktiziert wird, basiert auf zwei Lügen:
1. daß alle Menschen gleich sind; 2. daß die Mehrheit die Nation regiert. In der Realität ist das nicht wahr. Die Menschen sind nämlich zwar geistig gleich, jedoch aufgrund ihrer unterschiedlichen Fähigkeiten auch voneinander verschieden.
Das jedoch rechtfertigt nicht die großen Ungleichgewichte

und die absurden sozialen Ungerechtigkeiten, die Individuen und Nationen quälen.

Im Hinblick auf das Gesetz, vor dem alle Bürger eigentlich gleich sein sollten, spielen dagegen verschiedene Faktoren eine Rolle, die eine unterschiedliche Behandlung der einen und der anderen mit sich bringen. Es existieren noch immer absurde Immunitäten, Privilegien von Gruppen und einzelnen, die daraus ungerechte Vorteile gegenüber denen ziehen, die tatsächlich »gleich« bleiben.

In jeder Demokratie ist es grundsätzlich eine Minderheit, die die Mehrheit mit Gerissenheit und Demagogie beherrscht, und diese Minderheit setzt sich nicht nur innerhalb jeder Partei, sondern auch anderen Gruppen gegenüber durch. In Wirklichkeit sind es wenige Personen, die die Nationen regieren, und das wäre durchaus lobenswert, wenn sie die besten wären; doch solche Machtpositionen werden – in vielen Fällen – durch Intrigen, Falschheit und Vorspiegelung, durch Lüge, Feilschen um Wohlwollen und Begünstigung, durch Unehrlichkeit und Bestechung erreicht.

Es ist wohl wahr, daß es in jeder Diktatur, ob rot oder schwarz, eine Minderheit ist, die durch Gewaltanwendung und Verbreitung von Angst herrscht; doch das geschieht wenigstens ohne die Heuchelei und Verstellung der falschen Demokratien, die zwar die Souveränität des Volkes proklamieren, in Wirklichkeit aber in der Hand weniger listiger Agitatoren und Zauberkünstler sind, die aus reinem Machthunger und zu ihrem persönlichen Vorteil herrschen und zuerst (und vielleicht allein) an sich selbst denken und dann erst an das Volk, dem sie dienen sollten.

In der Gesellschaft von morgen wird es ebenfalls eine Minderheit sein, die die Mehrheit lenkt, doch sie wird es mit Intelligenz, mit Weisheit und mit den allerhöchsten geistigen Fähigkeiten tun; nicht mit dem Schwert des Beherrschers, nicht mit der Schläue der Heuchelei, sondern mit der Autorität, die natürlicherweise aus dem Wissen und aus der Liebe erwächst.

Die menschliche Rasse steht vor der Befreiung von ihrem Karma. Ein Großteil der Menschheit wird eine neue Wiedergeburt erleben. Und das wird die ideale Gesellschaft sein.

Das Licht der Geistigkeit

Das eigentliche Ziel der Evolution ist es, den Menschen aus der Tierhaftigkeit heraus auf die Ebene des Geistes zu führen. Das wird für die geschehen, die für würdig befunden werden, auf die neue Stufe emporzusteigen. Von diesen Menschen wird ein neues Licht ausstrahlen, das geistige Licht eben, das eine feinere Schwingung ist. Die Gabe der Geistigkeit, die sich in den heutigen Menschen noch nicht entwickelt hat, wird typisch für die Menschen von morgen sein. Die Geistigkeit steht über der Wissenschaft, über den Emotionen und über der Intelligenz. Heute eignet sie nur wenigen, während sie im dritten Jahrtausend die hervorstechende Eigenschaft aller Menschen sein wird.

Die geistigen Fähigkeiten werden sich immer mehr erheben, und schließlich wird der Geist die Materie vollkommen beherrschen.

Das dritte Jahrtausend ist von außergewöhnlicher Bedeutung für den weiteren Fortschritt des Menschen nach dem göttlichen Entwicklungsplan.

Wegen des veränderten Zeitempfindens werden dem neuen Menschen die tausend glücklichen Jahre mit der Schnelligkeit eines Blitzes vergehen, und seine Entwicklung wird sich auf höhere, schnellere Weise vollziehen –

so heißt es in einigen prophetisch inspirierten Mitteilungen – als im Lauf der vorhergehenden 50 000 Jahre seiner Existenz auf dieser Welt. Es ist ein Gesetz: Je höher man steigt, desto rascher ist der Fortschritt. Mit der Erweiterung des menschlichen Verständnisses, das immer noch zunehmen wird, wird der Mensch dem Leben des Universums und Gott immer näher kommen.

Nach den tausend Jahren . . .

Nach den höheren Plänen, die der Mensch in seinem jetzigen Stadium nicht verstehen kann, ist alles Bestehende ein Mittel für das große Leben.
Die Existenz wird in immer neuen abwechselnden Zyklen weitergehen, sie werden sich immer erneuern und auf verschiedenen Ebenen befinden in einer spiralförmigen, immer schnelleren Bewegung, die den Menschen immer weiter nach oben tragen wird. Im wechselvollen Auf und Ab des Lebens wird alles fallen und sich umwandeln. Aber alles wird leben . . . durch das offensichtliche und das geheime Leben in den sichtbaren Formen zwischen den zahllosen Galaxien, die das Universum bevölkern, und in den unsichtbaren Formen der unendlichen Himmel.
Das Leben ist ewig . . . und das Gute, das sein Gesetz ist, wird fortfahren, die negativen Kräfte, flüchtige und täuschende Schatten des großen Lebens, zu besiegen.

Zum Abschluß . . .

Das Warten auf einen Schaden ruft immer Angst und
Schrecken hervor. Das ist natürlich. Aber so, wie es Leute
gibt, die wirklich Angst haben müssen vor den angekündigten Ereignissen, gibt es auch solche, die sich wirklich
nicht zu fürchten brauchen.

Wer weiß, daß der Pfeil, der ins Schwarze trifft, treffen
müßte und nicht zufällig traf, weiß auch, daß keine Angst
sich derer zu bemächtigen braucht, die an Gott glauben,
nach dem Guten streben und vom Willen zum Guten be-
seelt sind. Ihnen wurde der Friede auf Erden gebracht und
nicht den anderen; und diesen Frieden wird keiner aufhe-
ben, und er wird durch nichts gestört werden können.
Wer nach der Lehre Christi das Gute sucht, hat keinen
Grund zur Furcht. Jede Operation, auch die schmerzhafte-
ste, ist heilsam, weil sie der Genesung dient und sich später in Freude verwandelt.

»Die Gottlosen mögen sich fürchten«, deren Rechtsbasis
die geistige und materielle Gewalttätigkeit, die Ungerechtigkeit und der Betrug sind. Fürchten mögen sich die Bösen, die glauben, sie könnten mit der Macht der Gewalt
oder des Betruges herrschen, die nur danach streben, das
Leben zu genießen, vergängliche Güter anzuhäufen, und
hartnäckig an den Gütern hängen, die sie für immer zu besitzen glauben. Sie haben allen Grund, zu fürchten und zu
zittern, denn sie werden getroffen werden, und zwar genau da, wo sie es fürchten, denn das ist die Stelle, die es zu
heilen gilt. Das Gesetz ist gerecht: Das Gute, das einer getan hat, kommt zu ihm zurück, und auch das Böse fällt auf

seinen Urheber zurück. Nicht aus Rache werden sie getroffen werden, sondern zu ihrem eigenen Nutzen, denn durch die persönliche Erfahrung werden sie lernen, die wirklichen Werte des Lebens zu erkennen und die richtigen Mittel wählen, um sie zu erreichen. Wenn die Loslösung von den vergänglichen Dingen nicht bewußt und aus eigenem Willen vollzogen wird, dann geschieht sie durch das Wirken des Gesetzes, das Liebe ist.

Deshalb werden sich die Gläubigen in der günstigsten Lage befinden: Ihr Glaube wird sie angesichts jeglichen Ereignisses in einen Zustand glücklicher Gelassenheit versetzen. Das Gegenteil wird den Ungläubigen und den Skeptikern geschehen. »Die Feinde werden von der Panik ergriffen werden, und ihre Erniedrigung wird ohnegleichen sein.« So heißt es in einer prophetischen Botschaft aus Deutschland.

Was auch geschehen mag, jeder wird nach seinem Verdienst behandelt werden. Wer den Willen zum Guten hat, braucht nicht zu zittern, wo immer er sein und was immer passieren mag. Was bedeuten ihm schon Verfolgung, Kataklysmen, Verlust seiner Güter oder gar des Lebens? Was können ihm die schrecklichsten Ereignisse anhaben, auch wenn sie unmittelbar drohen, wenn er rechtzeitig für ein höheres und bewußteres Leben auf der Ebene des Geistes vorgesorgt hat?

»Der Böse wird keinen schlimmeren Feind haben als sich selbst«, sagt G. Barbarin. Alles, was über ihn kommen wird, ist nichts anderes als seine eigenen schlechten Taten, die auf ihn zurückfallen. Wir leben jetzt im Zeitalter der Wirkungen und nicht mehr der Ursachen, trotzdem kann jeder noch im Umkreis seiner persönlichen Freiheit handeln, um im letzten Moment die Folgen seiner vergangenen Irrtümer zu modifizieren.

Unser gegenwärtiges Leben wird von unserer Vergangenheit beherrscht, und unsere Zukunft hängt von unserem gegenwärtigen Handeln ab. Wir werden nur für unsere Taten bestraft. Sie sind unser Schicksal. Jeder hat sich schon selbst den Panzer gemacht, der ihn verteidigt, oder dem, der ihn treffen wird, eine verwundbare Stelle gelassen.

Die Gelassenheit des Weisen bei allen Wechselfällen des Lebens beruht auf diesen Prinzipien, die, da sie Wahrheiten sind, allen gehören. Das ist die höchste Moral, höher als die, die auf der Angst vor einem Rachegott beruht, wie er sich wütend und parteiisch in den alten Mythologien zeigt und wie er leider über das Judentum auch ins Christentum einging und die Idee von einem wahren liebenden Gott verdrängt hat.

Das christliche Ideal von der Liebe als Beweggrund für das Handeln ist von unvergleichbarer Erhabenheit, aber leider wird es nur von wenigen verstanden und verwirklicht.

Die infantilen Formen, unter denen in der Vergangenheit die Gottheit dargestellt wurde, werden heute mit Recht abgelehnt. Aber trotzdem gibt es noch viele, die sich nicht zu einem höheren Gottesbegriff erheben können. In den Prophezeiungen für das Volk wurde diese Sprache weithin benutzt, den Menschen von morgen wird es als absolut infantil erscheinen.

Wenn die Angst vor der Strafe und die Verlockung mit Belohnung nicht mehr existieren, die typisch für den Zustand geistiger Minderjährigkeit sind, dann wird eine höhere Ebene moralischen Lebens verwirklicht. Wenn man versteht, daß das Geschick des Lebens automatisch an die Handlungen gebunden ist, dann wird man auch verstehen, wie wichtig es ist, recht zu handeln.

Jetzt, wo die Welt jegliche moralische Kontrolle verloren hat, auf individueller Basis wie auf nationaler, ist eine klare Wahl nötiger denn je. Die Unterscheidung zwischen den vergänglichen und den wesentlichen Werten, zwischen dem, was bleibt, und dem, was fällt, zwischen den illusorischen und den wirklichen Dingen, ist das Wichtigste, das wir zu tun haben. Wer diese Wahl nicht getroffen hat, wird zum Spielball der Mächte, die die Existenz bedrohen, was immer die Zukunft bringen mag, und er wird eine Beute der Angst sein, die Dinge zu verlieren, an denen er so sehr hängt.

Wer glaubt, ist sicher, daß er nichts verlieren wird, denn das Vergängliche hat keinen Wert, und er wird alles, was Wert hat, immer bei sich haben. Niemand wird es ihm je nehmen können.

Die Unterscheidung bei der Wahl der Werte ist der erste Schritt auf dem Weg zu den »Hoch-Straßen«, den hinaufführenden, wohin die menschliche Kleinlichkeit nie gelangen wird.

Es gibt nur einen Schluß, und der steht in den Veden, den uralten heiligen Büchern der Inder, und wir wollen ihn unseren Lesern zur Meditation empfehlen, wenn sie gelassen über allen menschlichen Wechselfällen stehen wollen:

»Die Ozeane werden austrocknen, die Berge einstürzen, der Stern des Nordens wird herunterfallen, und die Gestirne werden zu Staub werden; verschwinden werden die Erde, die Menschen und die Götter; und bleiben wird nur das Absolute!

O Mensch, wende dich dem Absoluten zu, denn es ist dein Geschick!«

Bibliographie

Adelung, J. C. *Geschichte der menschlichen Narrheit.* 7 Bände. Leipzig 1785.

Barbarin, G. *Le profezie della Grande Piramide ovvero La fine del mondo adamitico.* Atanor, Rom 1960.

Barbarin, G. *L'Anticristo e il giudizio finale.* Atanor, Rom 1960.

Barbault, A. (Rumelius) *Ce que sera l'avenir du monde.* Editions Fulgur, Paris 1956.

Barbault, A. *Les astres et l'histoire.* J. J. Pauvert, Paris 1967.

Barbault, A. *Astrologie mondiale.* Fayard, Paris 1979.

Bellesheim, A. *Geschichte der Katholischen Kirche in Irland.* 1. Band. Mainz 1890.

Besant, A. *L'avenir imminent.* Ed. Théosophiques, Paris o. D.

Bergkirch, *Prophetenstimmen.* Paderborn 1849.

Bormann, W. *Die Nornen.* Leipzig 1909.

Bruchi, V. *Le profezie di S. Malachia sui Papi da Celestino II. (1143) a Pio XI (1939) e . . . quelli che verranno.* Libreria editrice Ticci, Siena o. D.

Centurio, A. *Nostradamus, Prophetische Weltgeschichte.* Bietigheim 1971.

Cristiani, L. *Maghi e indovini.* Edizioni Paoline, Vicenza 1956.

Ciuffa, G. *Le Sibille e le predizioni che si vanno avverando.* Desclée, Rom 1911.

Clericus, W. *Das Buch der Wahr- und Weissagungen.* Regensburg 1923.

Daniel, Elie *Serait-ce vraiment la fin des temps?,* Paris 1932.

Davidson, D. *The Great Pyramid, Its Divine Message.* London 1927.

De Broglie, A. *Le profezie messianiche.* Con prefazione e note di A. Largent. 2 Bände. Rom, Desclée, Lefebre e C. editori 1906.

Del Fante, A. *La procellarie del futuro.* Bologna 1936.

Dennis, G. *La fine del mondo. Come? Quando? Quale prima? E dopo?,* Laterza, Bari 1933.

de Sabato, M. *Confidenze di un veggente.* Edizioni Mediterranee, Rom 1972.

Devigne, R. *Un continente scomparso: l'Atlantide, sesta parte del mondo.* Spartaco Giovene, Mailand 1945.

Dittmar, H. *Die Weltgeschichte in einem überschaulichen, in sich zusammenhängenden Umriß.* Heidelberg 1880[12].

Dixon, J. *Sulle soglie del futuro. Vita e profezie raccontate a* René Noorbergen. Edizioni Mediterranee, Rom 1972.

Dorato, M. *Gli ultimi papi e la fine del mondo nelle grandi profezie.* Rom 1950.

Ferriem, Madame de, *Mein geistiges Schauen in die Zukunft.* Berlin 1905.

La fine dei tempi: Rivelazioni urgenti del Cristo. I dischi volanti ci salveranno. Edizioni K, Rom 1970.

Fontbrune, J. Ch. de, *Nostradamus, Historien et Prophecien.* Monaco 1980.

Forman, H. J. *Les prophéties à travers les siècles.* Payot, Paris 1938.

Forman, H. J. *Storia della Profezia.* Sonzogno, Mailand 1939.

Gabriel, J. *San Damiano, faro di amore e di speranza.* Edizione Parvis, Bulle (Schweiz) o. D.

Gibbon, E. *Decline and Fall of The Roman Empire.* 1896.

Godard, A. *Le prophétisme et les temps nouveaux.* Paris 1935.

Grey, E. H. *Visions, Previsions and Miracles.* London, L. N. Fowler 1915.

Guardini, R. *Das Ende der Neuzeit.* München 1950.

Guarighlia, G. *Prophetismus und Heilserwartungsbewegungen*

als völkerkundliches und religionsgeschichtliches Problem. In: Wiener Beiträge zur Kulturgeschichte und Linguistik. Vol. XIII, Verlag Ferdinand Berger, Wien 1959.

Guénon, R. *Die Krisis der Neuzeit.* Köln 1950.

Hübscher, A. *Die große Weissagung.* München 1952.

Il Vaticinatore, nuova raccolta di profezie e predizioni etc. Tip. Italiana di F. Martinengo. Turin 1862.

Joachim von Floris (Gioacchino da Fiore), *Tractatus super IV Evangelia.* Hg. E. Buonaiuti. 1930.

Joachim von Floris *Liber Figurarum.* Hg. L. Tondelli. 1940.

Vaticinia Sive Prophetiae Abbatis Joachimi u. Anselmi Episcopi Marsicani etc. . . . Venetiis 1539, apud Hieronymum Porrum.

Gioacchino da Fiore *Aforismi e Presagi* (in italienischer Sprache). Lanciano 1927.

Karmohaksis, *Le prime luci della terza era.* Rom 1959.

Kellen T. *Nostradamus-Bibliographie in: Börsenblatt für den deutschen Buchhandel* Nr. 22 vom 28. 1. 1904.

Kemmerich, M. *Prophezeiungen.* München 1924.

Klinckowstroem, C. v. Nostradamus-Bibliographie, in: *Zeitschrift für Bücherfreunde,* IV. F. 4,2 (1913).

Klitsche de la Grange Annesi, D. *Una mistica dell'Ottocento, la venerabile Elisabetta Canori Mora.* Rom 1953.

Kniepf, A. *Die Weissagungen des Altfranzösischen Sehers Michel Nostradamus und der Weltkrieg.* Hamburg 1915.

Lyttelton Dame E., *Some Cases of Prediction.* London, G. Bell 1937.

Macaluso, G. *Considerazioni evangeliche sulla fine del mondo.* Rom 1964.

Montgomery, R. *A Gift of Prophecy: The Phenomenal Jeane Dixon.* New York, Wm. Morrow 1965.

Moult, T. J. *Prophéties perpétuelles très curieuses et très certaines* etc. . . . Paris 1771.

B. Nardini: *Misteri e dottrine segrete.* Firenze 1976.

Nostradamus, Michel *Les Vrayes Centuries et prophéties.* Rouen 1649.

Nostradamus, Michel *Centuries.* Lyon, Verlag Macé Bonhomme 1555.

Piobb, *Le secret de Nostradamus.* Ed. Adyar 1927.

Piantanida, D. *Nostradamus predisse la fine dei tempi.* Atanor, Rom 1969.

Putzien, R. *Nostradamus.* München 1968.

Riffert, G. *Great Pyramid Proof of God.* London 1932.

Rissaut, P. J. *La fine dei tempi. Profezie e predizioni di Nostradamus.* Padua 1948.

Ruir, E. M. *Nostradamus, les proches et les derniers évènements.* Editions Médicis, Paris 1953.

Scott-Elliot, F. *Storia dell'Atlantide.* Editrice Libreria Sirio, Triest o. D.

Salvaneschi, N. *Le Stelle, la Sfinge, la Croce. Il destino dell'umanità.* »Corbaccio« dall'Oglio editore. Mailand 1952.

Sanchez, F. *Ventura y Pascual. Le apparizioni di Garabandal.* Edizioni Abete. Rom 1967.

Schmöger, P. *Das Leben der gottseligen Anna Katharina Emmerich.* Freiburg 1873.

Sibyllen, *Predizioni delle Dodici Sibille ecc.* Ed. Giovanni Mazzucchelli 1872.

Spadafora, F. *Suor Elena Aiello, 'A monaca santa.* Città Nuova edit., Rom 1964.

Stearn, J. *The Door to the Future.* Garden City, New York. Doubleday 1963.

Stearn, J. *Edgar Cayce, l'uomo che ha previsto tutto ci svela il futuro.* De Vecchi ed., Mailand. 1971.

Varema, M. *Gesammelte Prophezeiungen.* Freiburg i. Br., Hermann Bauer Verlag 1959.

Victor: *Profezie di tutti i tempi.* Rom 1971.

Vulliaud, P. *La fin du monde.* Payot, Paris 1952.

Weissagungen, Sonderheft *Süddeutsche Monatshefte*, August 1932.
Widler, W. *Buch der Weissagungen*, München 1950.
Winkler, B. *Nostradamus und seine Prophezeiungen für das zwanzigste Jahrhundert*, Görlitz 1939.

Weitere Bücher von A. Voldben:

L'arte del silenzio e l'uso della parola – A. Rotondi, Roma 1964, Via Merulana 82.
Saggezza di Roma antica – A. Rotondi, Roma 1965, Via Merulana 82.
Saggezza dell'antica Grecia – A. Rotondi, Roma 1965, Via Merulana 82.
Amore e saggezza nel pensiero cristiano – A. Rotondi, Roma 1966, Via Merulana 82.
Il Giardino della saggezza – A. Rotondi, Roma 1967, Via Merulana 82.
Fanciulli prodigio e reincarnazione – Edizioni Mediterranee, Roma 1976.
Un'arte di vivere. Via segreta alla serenità – Edizioni Mediterranee, Roma 1976.
La Coppa d'oro: Insegnamenti dei Maestri – Roma 1979.
Saggezza dell'Oriente – 2ª edizione, Astrolabio edit., Roma 1981.
Dopo Nostradamus: le Grandi Profezie sul futuro dell'Umanità – Edizioni Mediterranee, Roma 1976. Settima edizione riveduta e ampliata 1981.

In Vorbereitung:

La Chiave della vita.
Il Protettore invisibile.

La chiaroudienza. (La misteriosa voce che parla dentro di noi).

Pagliuzze d'oro. Pensieri minimi per la salute dello spirito.